Julia Behringer
Barbecue mit Indianern

JULIA BEHRINGER

BARBECUE MIT INDIANERN

Wie ich die Ranch meiner Träume fand

Lübbe

MIX
Papier aus verantwortungsvollen Quellen
FSC® C019821

Dieser Titel ist auch als E-Book erschienen

Originalausgabe

Textredaktion: Sylvia Gredig, Köln
Umschlaggestaltung: Guter Punkt, München | www.guter-punkt.de
Unter Verwendung einer Fotografie von © Dagmar Titsch
Bilder im Innenteil: © Julia Behringer und Dagmar Titsch
Satz: hanseatenSatz-bremen, Bremen
Gesetzt aus der Scala
Druck und Einband: Druckerei C.H. Beck, Nördlingen

Printed in Germany
ISBN 978-3-431-04103-3

5 4 3 2 1

Sie finden uns im Internet unter: www.luebbe.de
Bitte beachten Sie auch: www.lesejury.de

Für meine Eltern Uwe und Ursula,
die eine große Abenteurerin aus mir gemacht haben,

und für meine Großmutter Anna,
die mir ein Leben lang zur Seite stand.

Es ist eine gefährliche Sache, Frodo, aus deiner Haustür hinauszugehen.
Du betrittst die Straße, und wenn du nicht auf deine Füße aufpasst,
kann man nicht wissen, wohin sie dich tragen.

Bilbo in »Der Herr der Ringe« von J.R.R. Tolkien

Prolog

Es war ein gewöhnlicher grauer Wintersonntag. Der Tag begann in den frühen Morgenstunden, ohne auch nur den leisesten Anschein zu erwecken, dass heute irgendetwas Besonderes geschehen könnte. Draußen vor dem Wohnzimmerfenster hatte der Schnee schon zu schmelzen begonnen und tropfte behutsam von den Zweigen der ausladenden Tanne. Ich saß daheim im Schwabenland mit einem Becher Cappuccino in der Hand auf meinem guten weißen Sofa und blickte gedankenverloren in den Garten.

Sonntage dieser Art waren für mich eine besondere Herausforderung, da ich es an ihnen meist nicht gut schaffte, meiner inneren Leere zu entrinnen. Im Alltag hatte ich Ablenkung, stand mit meinen sechsunddreißig Jahren mitten im Geschäftsleben, war ständig unterwegs und von früh bis spät beschäftigt. An den Wochenenden gelang mir die Flucht vor mir selbst nur eingeschränkt, und ich wurde immer wieder aufs Neue von den lästigen Fragen, die höchst unwillkommen aus meinem Innersten hervorsprudelten, gestört. Selbst von einer ausgedehnten Joggingtour musste ich irgendwann zurückkehren, um zu Hause unter die Dusche zu steigen. Und dann war es sofort wieder da, dieses Grübeln, ein Drehen und Wenden des Sachverhalts, ein endloses Analysieren meiner Lebensumstände, ein immerwährendes Überlegen und Nachdenken – mache ich denn die Dinge richtig? Habe ich die Weichen richtig gestellt? Das immerwährende Gefühl, irgendwo falsch abgebogen zu sein, aber wann genau und wo? Und wohin sollte ich mich jetzt am besten wenden, um endlich mal wieder glücklich zu sein und fröhlich? Diese Fragen, auf die ich keine vernünftigen Antworten wusste, quälten mich seit Jahren.

Ich drehte mich immerfort im Kreis. Dabei war mir in meinem bisherigen Leben nichts wirklich Schlechtes widerfahren, ich konnte weder über böse Eltern, verheerende Beziehungen noch Scheidungskriege klagen. Auch hatte ich mein Dasein bislang ziemlich schlau und ertragreich eingefädelt, lebte nach süddeutschem Standard also durchaus erfolgreich, und es fehlte mir an nichts. Lange Zeit hatte ich mir einen Partner gewünscht, einen Lebensgefährten, vielleicht einen Ehemann. Dieser Wunsch hatte sich trotz aller Bemühungen nicht wirklich erfüllt, und auch hierzu zerbrach ich mir immer wieder den Kopf. Hätte ich damals an der Uni den Heiratsantrag dieses sanftmütigen Professors vielleicht annehmen sollen, der einzige Mann, der mich je hatte heiraten wollen? Oder hätte ich anstatt Betriebswirtschaft vielleicht doch lieber Medizin studieren sollen? Vielleicht hätte sich mein Leben dann etwas erfüllter entwickelt? Hatte ich die Chance zum Glücklichsein schlichtweg verpasst? Ich zog meine Strickjacke mit einem flauen Gefühl im Magen enger um meine Schultern.

Mit meinem Lebensabschnittsgefährten Hans-Dieter, der an diesem Wochenende mal wieder seine Mutter besuchte, war Heiraten kein Thema. Hans-Dieter war mein langjähriger Studienkollege gewesen, einer, der immer da war und immer ein offenes Ohr hatte und für allen Kummer Verständnis, einer, der sich ähnlich erfolglos wie ich nach einer festen Beziehung sehnte. Mangels Alternativen sind wir dann irgendwann aus Einsamkeit zusammengekommen und dann auch zusammengezogen. Aber glücklich – nein, glücklich war ich mit ihm nicht. Mir rann in dieser Zweckgemeinschaft die kostbare Lebenszeit wie in einer Sanduhr davon.

Ich rutschte unruhig auf meinem Sofa hin und her und griff gedankenversunken nach einer Ausgabe meiner Lieblingszeitschrift vor mir auf dem antiken Holztisch. Mit etwas Psychologie, viel Spiritualität und einer ordentlichen Portion an Inspiration war dieses Blatt ideal, um mich, eine hart arbeitende Geschäftsfrau, aus diesem wiederkehrenden Gefühl der Sinnlosigkeit zu befreien. In jeder Ausgabe gab es mindestens einen Beitrag, der mir geradezu aus der Seele sprach. Ich schlug das Magazin auf und las die ersten Zeilen eines Artikels, der mich sofort aus meiner Schwermut hob und meine Sinne schärfte. Wenn Sie die Orientierung in Ihrem Leben verloren haben, blicken Sie zurück in Ihre Kindheit, auf die Wünsche, Ziele und Träume, die sie damals hatten. In Zeiten, in denen das Leben wie eine ausweglose Sackgasse erscheint, ist man gut beraten, bei seinen Kindheitsträumen wieder anzusetzen.

Diese Worte trafen mich tief ins Mark. Ich wusste ohne jeden Zweifel, dass der Artikel die Wahrheit sagte und ich den dort beschriebenen Rat befolgen musste. Schon im nächsten Moment tauchten wie von selbst vertraute Bilder vor meinem inneren Auge auf: Wie ich im Dörfchen Reusten inbrünstig die Shetlandponys vom Bauern nach dem Kindergarten striegele, wie ich wehmütig am Koppelzaun der großen Pferde stehe, in der Hoffnung, es möge eines näher an den Zaun herankommen, sodass ich heimlich hinaufklettern könnte ... Selbst die furchteinflößenden schwarzen Hunde vom ansässigen Schäfer waren vor mir nicht sicher. Sie wurden gesattelt und eingeritten, und meine Mutter stellte immer wieder kopfschüttelnd eine obsessive Begeisterung für Reittiere aller Art fest. Auch alle Fernsehsendungen mit Pferden, Cowboys und Indianern hätte ich am liebsten heimlich verschlungen. Vollkommen verzaubert war ich von der US-amerikanischen Westernserie »Bonanza«, ein Straßenfeger in damaliger Zeit.

Während meine Eltern brav auf der Baustelle unseres neuen Hauses arbeiteten, lief die Sendung meines Herzens im Abendprogramm, und ich sattelte mit unbändiger Begeisterung die Sofalehne im Wohnzimmer, bestieg mein Behelfspferd, schwang mein Springseil als Lasso über dem Kopf und brach laut johlend zusammen mit den Söhnen der Serienfamilie Cartwright von der Ponderosa-Ranch auf in den Wilden Westen. Meine Mutter hatte mir die Sendung eigentlich streng verboten.

Während andere Mädchen zu Hause mit Puppen spielten, hatte ich längst angefangen, Ställe auszumisten, Reitunterricht zu nehmen und nachts heimlich Karl Mays »Winnetou« unter der Bettdecke zu lesen.

Ich musste daran denken, wie enttäuscht ich gewesen war, als meine Eltern mit uns Kindern für einige Jahre in die Vereinigten Staaten zogen, keineswegs in den Wilden Westen, wie ich es mir aus tiefstem Herzen gewünscht hatte – nein, es ging an die regnerische Ostküste, weit ab in den Norden der Neuengland-Staaten mit grausam eisigen Wintern. Pferde und Cowboys gab es dort weit und breit keine, und meine große Leidenschaft für die Reiterei musste erst einmal zum Erliegen kommen. Vermutlich waren auch deshalb die Jahre in der Fremde für mich wenig erbaulich. Weder mit dem amerikanischen Schulsystem noch mit der Mentalität der gleichaltrigen Jugendlichen konnte ich etwas anfangen.

Das schafften auch meine abenteuerlichen Eltern nicht wettzumachen, die voller Begeisterung die Naturwunder dieses beindruckenden Landes erforschten. Mit gemieteten Wohnmobilen streiften wir durch die Nationalparks und Wildnisgebiete, fuhren durch Städte, Dörfer und die endlosen Prärien. Kaum ein amerikanischer Bundesstaat blieb von der Reisewut meiner Eltern verschont. Es wurde in den

Rocky Mountains gewandert und im Grand Canyon gegrillt, im Yellowstone-Park gezeltet und im Yosemite-Park Hirsche gestreichelt. Auch erinnerte ich mich schmunzelnd an einen Familienausflug bei Vollmond mit nächtlichem Verstecken hinter Büschen am Teich, um Biber beim Hausbau zu beobachten. Es kamen mir wieder die Angelausflüge im Kanu in den Sinn, bei denen mein Vater seine Angel in den See warf, in der Hoffnung, es würde kein Fisch anbeißen, denn dies hätte unweigerlich zu Heulattacken bei seinen beiden Töchtern geführt, denen der arme Fisch so leidtat.

Es wurden also die Vereinigten Staaten in jedem Winkel erkundet, aber nirgends gefiel es mir so gut, wie in den Weiten des Wilden Westens. Die unberührte Natur, in die es mich schon als Kleinkind so sehr gezogen hatte, war dort am vollkommensten und zog mich nur mehr in ihren Bann. Hinter jeder Wegbiegung stießen wir auf Cowboys und Indianer und auf Menschen, die im Geiste noch in diesen Zeiten lebten. Dies erschütterte mich zutiefst, denn es fühlte sich so an, als ob ich in die Welt meiner Bücher und Filme wie von Geisterhand hineingefallen war, und ich wollte so gern ein Teil davon werden. Aber wie es eben so ist mit kindlichen Wünschen, Träume bleiben Fantasie und Sehnsüchte ein tiefes unerfülltes Verlangen in der Magengrube, das sich anfühlt, als hätte man Reißnägel gegessen.

Nicht selten habe ich mich später gefragt, was wohl geschehen wäre, wenn meine Familie in den Westen der USA gezogen wäre. Vermutlich hätte ich mich geweigert, je wieder nach Deutschland zurückzukehren, und wäre eine stolze Ranchbesitzerin und Rinderzüchterin geworden. Der Wilde Westen, auf dem Rücken eines Pferdes durch die Prärie reitend, mit Cowboys und Indianern an meiner Seite – das war der Traum meiner Kindheit.

Mit fünfzehn Jahren zurück in Deutschland dachte ich oft sehnsüchtig an die Weite der Prärie, die es bei uns zu Hause so gar nicht gab. Nur beim Reiten über Wiesen und Felder empfand ich die Enge in meinem Innersten nicht mehr. Mein allerbester Freund der Jugendzeit wurde daher auch Daimler, ein schwergewichtiger sanfter rotbrauner Wallach.

Daimler war mutig und unerschrocken, er begleitete mich durch die wilden Jahre meiner Teenagerzeit, selbst mitten hinein in den örtlichen Jugendclub. Er donnerte mit mir über die Springparcours der lokalen Turniere und passte auf, dass ich mir nicht das Genick brach, ich gab nur höflich die Fahrtrichtung an. Mit Daimler erkundete ich die Wälder des Schwabenlandes, besuchte entlegene Höfe, um mit den Landwirten ein Glas Apfelmost zu trinken, während mein Ross im Kuhstall einen Eimer Hafer bekam. Ich fühlte mich frei wie ein Vogel und genoss mein Leben in vollen Zügen und dachte, es würde für immer so weitergehen.

Dass ich dieses herrliche Gefühl von Freiheit mit den Jahren verlieren würde, war mir bereits am Ende meines Studiums klar. Die Vorfreude meiner Kommilitonen, bald ins Berufsleben einzusteigen, konnte ich so gar nicht begreifen. Ich selbst war am Boden zerstört und kann mich noch gut an den Tag erinnern, als ich meine Diplomarbeit im Prüfungsamt der Universität Hohenheim einreichte, um gleich danach in dem herrlichen Schlosspark zu sitzen und die Tränen fließen zu lassen. Denn ein wunderbarer Lebensabschnitt war zu Ende gegangen.

Ein paar Monate später heuerte mich ein großer amerikanischer IT-Konzern an, und die Stunden, die ich für mich und meine Freuden zur Verfügung hatte, waren gezählt. Ich arbeitete meist bis tief in die Nacht in einem Großraumbüro mit den Ausmaßen eines Fußballfeldes, oft bis der Nachtwächter mich aus dem Gebäude warf. Zu Hause angekommen, ratterten mir die Zahlenreihen durch den Kopf und an den Wochenenden verschlief ich die freien Stunden. Trotz meines spärlichen Gehalts konnte ich einiges ansparen, denn für Shoppen, Ausgehen, und Urlaube war keine Zeit.

Einige Jahre später wechselte ich in die Fahrzeugindustrie und lebte als Wirtschaftsprüferin in allen Herren Ländern die meiste Zeit des Jahres aus dem Koffer. So abenteuerlich diese Zeit auch war, für meine Leidenschaften oder gar eine erfüllte Partnerschaft blieb kein Raum, da mich mein Job häufig monatelang irgendwo ans Ende der Welt fesselte. Es gab nur fremde Büros und noble Hotelzimmer, Bars und Clubs und mal ein gutes Restaurant. Manchmal war ich so allein, dass ich mich, um nicht vollkommen zu vereinsamen, mit den Hotelangestellten unterhielt oder mich zu wildfremden Leuten an die Bar setzte. Mein Leben bestand aus Arbeit, mehr Arbeit und noch mehr Arbeit in düsteren Büros und auf lauten Flughäfen. Die Jahre verstrichen, ohne dass ich wirklich etwas davon mitbekam. Nur manchmal, wenn ich in den Spiegel blickte, zuckte ich erschrocken zusammen, denn die beruflichen Herausforderungen der letzten Jahre hatten deutliche Spuren in mein Gesicht gezeichnet.

An diesem einschlägigen grauen Sonntag hatte ich also mal wieder mein ganzes Leben durchdacht. Aber dieses Mal quälten mich keine Fragen, auf die es keine Antwort gab. Jetzt ließ ich mich von meinen Kindheitsträumen tragen und konnte mich darauf besinnen, was das kleine quirlige Ding mit den dunkelbraunen Knopfaugen und Beinen so dünn wie Zahnstocher damals glücklich gemacht hatte.

In den folgenden Wochen recherchierte ich jeden Abend, zog alles aus dem Internet, was irgendwie an Information zu meinem Vorhaben zur Verfügung stand und verfestigte meine

Entscheidung mit jeder gelesenen Zeile und jedem betrachteten Bild noch tiefer und unwiderruflich. Denn ich hatte vor zu reisen, auszubrechen, abzuhauen und durchzustarten – zumindest für eine gewisse Zeit. Mein Plan war es, zurückzukehren in meine Vergangenheit, zu den Wurzeln und den Freuden meiner Kindheit, um dort wieder anzusetzen, so wie es meine Lieblingszeitschrift empfohlen hatte. Ich hatte vor, für eine Weile aus meinem guten deutschen Leben auszusteigen, um meine Kinderträume zu suchen, um meinem Glück ganz woanders eine Chance zu geben, um der wahren Abenteurerin in mir Raum und Luft zum Atmen zu geben.

Und dann hatte ich eines Nachts gefunden, wonach ich gesucht hatte. Ich glaubte, den Ort ausfindig gemacht zu haben, der die Sehnsucht meiner Kindheit beflügeln würde. Ja, es existierte in meinem Geiste nicht der leiseste Zweifel mehr, dass dieser Ort, dessen Bilder ich auf dem Bildschirm hier vor mir sah, genau das Richtige für mich war. Vor mir, in zahllosen Nächten ausgearbeitet, skizziert und durchgeplant lag das größte Abenteuer meines Lebens, eine große Reise in den Wilden Westen der Vereinigten Staaten, eine Reise in das Herz und die Seele dieses mächtigen Kontinents, eine Reise in die Wildnis von Montana.

1. TEIL

Die Überquerung der
Rocky Mountains

Der weite Weg gen Westen

Es ist Anfang Juni 2012. Ich sitze in einer United-Airlines-Maschine über dem Atlantik und fliege in den Nordwesten der Vereinigten Staaten, in den abgelegenen, dünn besiedelten und wenig bereisten Bundesstaat Montana. Meinen Lebensabschnittsgefährten Hans-Dieter habe ich zu Hause gelassen, denn auf dieser Reise kann ich niemanden außer mir selbst gebrauchen. »Geh du nur mal auf Abenteuerreise«, hatte er gesagt, »ich hüte so lange Haus und Hof.« So ist Hans-Dieter, verständnisvoll, treu und unaufgeregt und leider auch ohne jeglichen Tatendrang und Enthusiasmus für die Herausforderungen des Lebens oder auch nur sonst irgendetwas, was ihn aus unserem kleinen Stadtteil in Stuttgart herausgeholt hätte.

Ich aber war zu der Erkenntnis gekommen, wenn ich die Träume meiner Kindheit suchen und finden wollte, musste ich dort anfangen, wo der Wilde Westen der USA vielleicht noch intakt und die Zeit stillgestanden ist, wo es noch die großen Weiten an unberührten Gebirgen, Wäldern und Prärien gibt – mit Bären, Elchen und Luchsen und natürlich auch Indianern.

Es ist schrecklich eng in der Holzklasse, und ich sitze zusammengefaltet, mit den Knien fast an den Ohren, auf meinem Fensterplatz und versuche, den schmerzenden Rücken bestmöglich zu ignorieren. Der Flug wird ewig dauern, und ich muss überraschenderweise nur zweimal umsteigen. Vor mich hin träumend, wird mir immer wieder bewusst, wohin ich gerade fliege. Ein Schauder der Freude durchzieht mich jedes Mal, ich kann mein Glück kaum fassen und mich schon gar nicht erinnern, wann ich mich das letzte Mal so losgelöst gefühlt habe. Verschämt schiele ich aus den Augenwinkeln zu meinem Sitznachbarn hinüber, einem älteren Herrn. Ich bin doch sonst keine Heulsuse, und jetzt weine ich doch tatsächlich vor Freude.

Es gab Zeiten, da war mir nur der Gedanke an ein Flugzeug der absolute Graus. Während meiner Zeit in der Wirtschaftsprüfung musste ich manchmal mehrmals die Woche einen mehr oder weniger weiten Flug antreten. Oft war ich so übermüdet, dass ich irgendwo einschlief und beim Aufwachen nicht mehr wusste, wo ich war. Einmal, auf einem Flug nach Rom, erlitt ich eine Panikattacke, weil ich nach dem Aufwachen nicht mehr wusste, wo ich eigentlich hinflog. Am gleichen Abend schlief ich hinter dem Steuer ein und landete samt Fahrzeug auf einer Verkehrsinsel. All diese Aversionen sind hier und jetzt wie weggeblasen. Quietschvergnügt nage ich an meinem lausigen amerikanischen Sandwich und trinke meine zuckersüße Cola.

Nach etlichen Stunden, in denen ich nur beseelt zum Fenster hinausblickte, landet der kleine Flieger in Newark, New Jersey. Es ist kaum zu glauben, ich habe tatsächlich amerikanischen Boden unter den Füßen, es ist ein stark zerschlissener Teppich in einer undefinierbaren Farbe, aber er fühlt sich toll an unter meinen Cowboyboots.

Ich muss durch die *Imigration Services*. Freudig zeige ich mit einem *»Good day to you, Sir«* dem schwarzen Hünen hinter dem hohen Tisch meinen Pass, den er mit verächtlicher Miene durchblättert. Er blickt abweisend zu mir auf und schielt über seinen Brillenrand. *»Miss Julia, would you follow me, please.«* Beim Vornamen sind wir also auch schon angekommen, ich bin leicht irritiert. Wohin soll ich folgen?

Der Beamte führt mich in ein Nebenzimmer, in das auch gleich noch ein weiterer, diesmal weißer Hüne hinzustößt. Was um alles in der Welt ... Die beiden Herren fangen an, mich mit Fragen zu bombardieren. Was ich beruflich mache, ob ich liiert sei, was ich in den USA zu suchen habe und warum mein Partner nicht dabei sei. Es geht hin und her und in alle Richtungen, der Ton der Herren ist scharf. Ich werde langsam unsicher, komme ins Stottern, und Sorge steigt in mir auf. »Warum, Miss Julia, haben Sie ein chinesisches und ein indonesisches Arbeitsvisum?«, fragt mich der eine. »Miss Julia, wie kommt es, dass Sie so viele arabische Stempel im Pass haben?«, hakt der andere nach.

Da sind wir dem Rätsel meines Abtransports also nähergekommen. Es sind die zahlreichen Stempel aus verschiedenen nordafrikanischen Ländern und arabischen Golfstaaten, die sich über die Geschäftsjahre so angesammelt haben. Auch habe ich oft meine Schwester besucht, die in den Vereinigten Arabischen Emiraten lebt, von wo aus ich gelegentlich in andere arabische Länder weiterziehe. All das versuche ich den Beamten zu erklären. Ich will dem Leser die Odyssee ersparen, die ich die nächste Dreiviertelstunde mitmache. Aber ich weiß nun, wie es sich anfühlt, in einem düsteren Raum verhört zu werden. Irgendwann sind die schweren Jungs zufrieden, und ich darf einreisen.

Am Gepäckband wartend, rufe ich gleich meinen Vater an, um mich lautstark über die Methoden der amerikanischen Behörden zu beschweren. Was die mit einer ehemaligen Mitbürgerin machen! Okay, das damalige Langzeitvisum meiner Kindertage ist in meinem Pass natürlich nicht vermerkt.

Nach all der Aufregung setze ich mich in der Flughafenhalle auf einen Plastikstuhl und gönne mir zur Beruhigung meiner Nerven einen monströsen Burger. Fast vier Stunden muss ich ausharren, bis ich weiterfliegen kann, aber ein entzückender kleiner Buchladen mit herrlichen amerikanischen Klassikern vertreibt meine Ungeduld. Ich setze mich auf einen Hocker, der vermutlich als Leiter für die Bücher der oberen Regale gedacht ist, und lese andächtig in Harper Lees *»To kill a Mockingbird«* (»Wer die Nachtigall stört«). Das hochgelobte Werk stimmt mich ein in die 1930er-Jahre des amerikanischen Südens, und so seltsam es auch erscheinen mag, ich fühle mich sofort wieder heimisch. Ab jetzt und hier gehöre ich wieder dazu. Gerade fliege ich mitten hinein, hinein in meinen ganz eigenen American Dream.

Viele Stunden später, angekommen in Denver, Colorado, schicke ich dem opulenten Burger noch eine amerikanische Pizza hinterher. Der Zwischenstopp in Denver wird fünf Stunden dauern. Damit auf keinen Fall das Gepäck auf halber Strecke verloren geht oder irgendwo hängen bleibt, habe ich lange Pufferzeiten zwischen den Flügen eingebaut. Es wäre nicht auszudenken, wenn ich ohne meine Spezialausrüstung im Wilden Westen ankäme, ich wäre verloren, und die Expedition durch die amerikanische Wildnis könnte nicht starten. Ich sitze am Gate nach Great Falls, Montana, und bin dem vielen Lesen langsam doch überdrüssig. Die Klimaanalage bläst eisig auf mich herab, und ich frage mich, was passieren würde, sollte ich mir hier eine Erkältung einfangen.

Aufmerksam beobachte ich die vorbeiziehenden Menschen. Der typische Amerikaner trägt meist weich gefederte knallbunte Sportschuhe und bequeme weite Hosen, nicht selten auch nur Shorts mit weißen Tennissocken bis kurz unter das Knie gezogen. Die Füße des Standardamerikaners sind beim Laufen seitlich nach außen gedreht, den Oberkörper lehnt er leicht nach hinten. In der Regel ist er übergewichtig, selten elegant, dafür praktisch veranlagt. Er spricht laut in sein

Mobiltelefon, und es ist ihm in keinster Weise peinlich, dabei den halben Flughafen zu unterhalten. Ich blicke belustigt auf ein wandelndes modisches Desaster nach dem anderen, für eine europäische Geschäftsfrau im Boss-Anzug, Louboutins und mit Gucci-Tasche die blanke Ironie. Aber Amerikaner haben dieses Selbstverständnis, diese ach so nützliche und beneidenswerte Selbstsicherheit, die ihnen schon im Kindergarten eingeimpft wird. »*You are special! You are great! Nice try, next time better!*« Sie sind einfach entzückend, so wunderbar unkompliziert und meist auch recht zugänglich. Und sie sind beladen mit iPods, iPads und iPhones in allen Größen und Varianten und was es sonst noch an einschlägiger Elektronik dieser Tage so gibt. Ich muss schmunzeln und denke, dass schon morgen keines dieser »Is« auf meiner Reise mehr funktionieren würde. Daher habe ich sie erst gar nicht mitgebracht, bis auf das Handy für die Flugstrecke.

Allerdings befindet sich in Denver, Colorado, gelegentlich zwischen all den turnschuhbunten und übergewichtigen Individuen auch ein Exemplar des hochattraktiven lässigen Cowboytypen, mit engen Jeans zu schmaler Wespentaille, Knackpo, Cowboyhut und natürlich todschicken Stiefeln. So ein Prachtkerl würde ganz hervorragend zu mir passen, denke ich. Also lächle ich von meinem Sitz jedes Mal freundlich nach oben, wenn so ein Traummann vorübergeht, um im Gegenzug jedoch nur völlig ignoriert zu werden.

Nach einer Weile nehmen eine ältere Amerikanerin und ihr Mann neben mir Platz, die trotz Schlabberhosen und Turnschuhen sehr gepflegt und fast schon elegant wirken. Schnell sind wir mitten in einem kurzweiligen Gespräch. Carol und ihr Mann sind Farmer und haben ihre Ländereien in der Nähe von Great Falls, Montana. Sie kommen eben von einem Besuch bei ihrer Tochter zurück. Welch Glück, ich frage den beiden ein Loch in den Bauch über Montana und die Gegend, die ich erkunden werde. Sie sind sehr überrascht, als sie von meinem Vorhaben erfahren. »*Oh my goodness,* Sie müssen aber eine mutige Abenteurerin sein!«, ruft Carol in breitem Amerikanisch erstaunt, und ich nicke lachend. »Sind Sie sich mit Ihrem Vorhaben ganz sicher?«, fragt sie und will auch wissen: »Haben Sie Kinder?« Ich verneine, und sie nickt mir für einen Moment mitleidig zu, doch dann plappert sie auch schon wieder fröhlich weiter.

Am Ende laden mich die beiden ein, mich vom Flughafen in Great Falls in ihrem Truck mit zu meinem Hotel zu nehmen. Denn durch die Verspätung des Flugs wird der letzte Shuttlebus wohl schon abgefahren sein. Über so viel Gastfreundschaft, die mir entgegengebracht wird, kaum dass ich auf amerikanischem Boden stehe, bin ich ganz gerührt.

Endlich eingestiegen ins Flugzeug nach Great Falls, einem Flieger nicht viel größer als eine Cessna mit vielleicht zwanzig Plätzen, bin ich von schwergewichtigen amerikanischen Soldaten umgeben. Sie haben den großen Luftwaffenstützpunkt in Great Falls zum Ziel, wie ich von dem schwarzen Hünen neben mir erfahre. Hoffentlich ist dieser netter als der letzte, denke ich. Er bringt es bestimmt locker auf hundertdreißig Kilo und drückt mich auf meinem Fensterplatz zwangsläufig ordentlich an die Wand.

Wie mit Carol und ihrem Mann, die irgendwo hinter mir auf ihren Plätzen sitzen, komme ich auch mit diesem Sitznachbarn sofort wieder ins Gespräch. Was um alles in der Welt eine deutsche Lady allein in Nord-Montana zu suchen habe, will er wissen, und ich erzähle ihm von meinem Vorhaben. Er lacht und schüttelt immer wieder den Kopf. »*Lady, you are crazy!* Das ist eine sehr riskante Sache, was Sie da vorhaben. Sie sollten das unbedingt noch mal überdenken. Nein, Sie sollten das lieber nicht tun.« Dies verkündet er mir mit solch einer Überzeugung in der Stimme, dass ich zum ersten Mal, seitdem ich meine Entscheidung getroffen habe, ins Straucheln komme.

Ist mein Vorhaben wirklich zu wahnwitzig? Ist es zu gefährlich, zu blauäugig oder gar leichtsinnig? Wenn solch ein imposanter GI mit fast zwei Metern Stockmaß, an normalen Tagen vermutlich bis an die Zähne bewaffnet und eben aus Irak oder Afghanistan heimgekehrt, zu Umdrehen und Umdisponieren rät, wird da vielleicht etwas dran sein. Es macht sich ein flaues Gefühl in meinem Magen breit. »*My, my*, ich hätte ja nicht gedacht, dass ihr europäischen Frauen so *tough* seid!«, sagt er laut. Noch immer leicht eingeschüchtert, antworte ich in seiner Sprache: »Nun ja, eigentlich sind wir zum Großteil hoffnungslos verweichlichte Großstadtgören.«

Der Miniflieger landet auf dem Miniflughafen von Great Falls, und wie befürchtet ist der Flughafen um ein Uhr in der Nacht wie ausgestorben. Die GIs werden von einem Militärbus abgeholt. Ich schüttle herzlich die tellergroße Hand meines Sitznachbarn, während er mir zum Abschied mit der anderen Hand mehrere Male auf die Schulter klopft, sodass ich aus dem Gleichgewicht gerate. Als er leise und mit tiefer Soulstimme »*Welcome to the United States, Miss Julia*« in mein Ohr raunt, wird es mir ganz feierlich ums Herz.

Mit gefalteten Händen und einem Stoßgebet bange ich erneut am Gepäckband, ob auch die ganze Ausrüstung mitgekommen ist. Carol und ihr Mann haben ihres längst vom Band fischen können und holen schon mal den Truck. Nach einer gefühlten Ewigkeit kommt endlich auch mein Seesack und der Monsterkoffer gemächlich angefahren, und meine Erleichterung ist grenzenlos. Ich nicke noch hochachtungsvoll dem monströsen ausgestopften Grizzly zu, der in einem Glaskasten ausgestellt ist, und wende mich zum Ausgang.

Ich bin nun einmal um die halbe Welt geflogen, und meine Erschöpfung zwingt mich langsam in die Knie. Ohne meine neuen Freunde wäre ich wirklich aufgeschmissen. Carol und ihr Mann packen sich mein beachtliches Marschgepäck und laden es auf die Rampe des knallroten Pick-up-Trucks. Ich hüpfe auf die Rückbank, und wir fahren zum Comfort Inn, in dem ich mir aufgrund des viel gelobten American Breakfast ein Zimmer für die Nacht reserviert habe. Die beiden versprechen noch, mich zu besuchen, sollten sie mal nach Deutschland kommen. Wir drücken uns fest, und wenig später springe ich auch schon in mein fluffiges Hotelbettchen – es wird für lange Zeit mein letztes ordentliches Bett sein.

Nach einer unruhigen Nacht, in der ich sorgenvoll über die Worte des Soldaten nachgedacht habe, päpple ich mich mit einer großen Portion Bacon & Eggs, Toast und, leider wie üblich hier, sehr dünnem amerikanischen Kaffee so gut wie möglich auf. Genießen kann ich das Frühstück nicht besonders, denn ich sitze wie auf heißen Kohlen. Ich kann es kaum erwarten, zu meiner großen Expedition abgeholt zu werden.

Zurück im Hotelzimmer komme ich nicht einmal auf die Idee, mich noch kurz bei Hans-Dieter oder meinen Eltern zu melden, jede Faser in mir sehnt sich nur noch nach Aufbruch und dem Loslassen meines alten Lebens.

Endlich klingelt die Rezeption an. Rene Henderson ist da, eine kleine Frau um die sechzig mit hübschen jugendlichen Gesichtszügen. Sie gehört zu der Familie, mit der ich die nächsten Wochen die Rocky Mountains überqueren werde, allerdings ist sie nur für das Abholen der Gäste vom Flughafen zuständig. Sie trägt schlecht sitzende Karottenjeans, ein kariertes Flanellhemd, eine Baseballmütze und natürlich Cowboyboots. Und sie sieht genauso aus, wie ich mir eine Farmerin aus dem Mittleren Westen der Vereinigten Staaten vorgestellt habe. Dass sie eine durchtrainierte Reiterin ist, erkenne ich sofort an ihrer guten Haltung und Muskulatur. Sie ist ohne Zweifel sehr sportlich. Aber schüchtern und etwas misstrauisch ist sie auch, sie weiß anscheinend noch nicht so recht, was sie mit mir anfangen soll. Nicht allzu oft kommen Ausländer in diese einsame Gegend, wie ich später erfahren werde.

Great Falls ist eine für europäische Verhältnisse wenig attraktive Kleinstadt im Nordwesten Montanas. Im Pick-up-Truck tuckern wir im Schneckentempo über die breiten Asphaltstraßen Richtung Flughafen, wo Rene zwei weitere Teilnehmerinnen der Expedition einsammeln will. Ich mache es mir auf dem plüschigen Autositz gemütlich und schaue mir während der Fahrt die einfach gebauten Holzhäuser mit ihren wenig gepflegten Vorgärten und den Fahnenmasten vor dem Haus an. In fast jeder Einfahrt steht ein überdimensionierter Wagen, mit dem man in der Stuttgarter Innenstadt niemals einen Parkplatz finden würde.

Ich muss an meine Jahre in den Neuengland-Staaten denken. Auch dort hatten wir ein kleines weißes Holzhaus auf grünem Rasen. Die Außenwände waren so instabil, dass im wahrsten Sinne des Wortes die Bilder von den Zimmerwänden fielen, wenn wir Kinder von draußen Bälle an die Wand warfen. Einmal fuhr mein Vater mit einem Fahrrad auf dem Autodach gegen das Garagentor, und beinahe wäre das ganze Haus eingestürzt.

Ohrenbetäubender Lärm mehrerer Düsenflugzeuge, die gleichzeitig von der Startbahn abzuheben scheinen, lässt keinen Zweifel aufkommen, dass wir den Flughafen von Great Falls erreicht haben – und dass sich diese Nation im Krieg befindet. In Deutschland würde eine solche Lärmbelästigung ja niemals geduldet werden. Rene lenkt den Wagen an den Straßenrand. Auf dem Gehweg stehen zwei Frauen – und ich muss unwillkürlich an Thelma und Louise aus dem gleichnamigen Roadmovie denken, ein Kinofilm aus den 1990er-Jahren. Die Ähnlichkeit der beiden mit den Filmheldinnen ist verblüffend. Allerdings bin ich auch etwas erschrocken, denn die Frauen sind eher im Alter meiner Mutter. Bedenken, ob sie den Strapazen einer Tour durch die Wildnis gewachsen sind, gehen mir durch den Kopf.

Bei der Begrüßung dann stellt sich Thelma als Gail und Louise als Ana vor. Ana ist groß und hellblond, vereinzelt durchziehen graue Strähnen ihr krauses schulterlanges Haar. Sie ist schlank, fast mager, aber drahtig, ihre Oberarme, die sich durch das eng anliegende T-Shirt abzeichnen, sind sehnig und stark – ob sie wohl eine Marathonläuferin ist? Gail, die das genaue Gegenteil von Ana ist, hat kurze dunkle Haare und wirkt mit ihrer kräftigen Gestalt bei höchstens 1,60 Meter Größe durchaus robust. Später werde ich erfahren, dass die beiden langjährige Freundinnen sind und begeisterte Kanufahrerinnen auf sämtlichen Flüssen und Seen des nord- und südamerikanischen Kontinents.

Ich habe mit Rene vereinbart, dass wir an einem Outdoor Shop halten, denn ich möchte noch ein paar brauchbare Gegenstände für die Expedition einkaufen. Wir fahren auf den Parkplatz eines monströsen Supermarkts, der sich bei näherem Hinsehen tatsächlich als Outdoor Shop entpuppt. Ich marschiere strammen Schrittes durch die Eingangstür und bin erschlagen von all den fabelhaften Gegenständen, die hier zum Kauf angeboten werden. Nein, so ein Geschäft habe ich in Europa noch nie gesehen. Es ist das Paradies, der Garten Eden des Outdoor-Bedarfs, und es gibt einfach alles.

Von hohen Stangen hängen Daunenschlafsäcke von bester Qualität für den Polarkreis herab, man kann Zelte aller Art erstehen, Angelausrüstungen und Angelköder in den schönsten Farben und Formen, Trapper Equipment, Gummihosen, die bis unter die Arme reichen, um damit in den Fluss zu steigen. Es gibt Campingausrüstung, Pferdezubehör, Wohnwagen-Accessoires, Regenjacken, Gummistiefel und natürlich Hunderte von Schusswaffen samt Munition. Was braucht man in diesem Einkaufsparadies Gucci, Prada oder Strenesse! Vorbei sind die Stunden in Stilettos, Blusen und engen Röcken. Ich trage meine älteste Jeans, fast durchgescheuert an Knien und Hinterteil (dennoch mit hervorragendem Schnitt versteht sich), eine tarnfarbene Fleecejacke, natürlich Cowboyboots, und, nicht zu vergessen, meinen grandiosen schwarzen Cowboyhut, der mich einst in South Carolina ein kleines Vermögen gekostet hat.

»*Hi there*«, sage ich selbstbewusst zum jungen Mann hinter dem Waffentresen, der gerade ein Präzisionsgewehr lädt. Mit Gänsehaut gehe ich raschen Schrittes am dickbäuchigen Käufer der Waffe vorbei und hoffe, dass er nicht plötzlich den Verstand verliert und das hässliche schwarze Ding ausprobiert. Kopfschüttelnd hechte ich in den nächstbesten Seitengang, unfassbar, dass man ein solches Mordwerkzeug einfach mal in einem gewöhnlichen Laden kaufen kann! Was denken sich diese sonst so fortschrittlichen Amerikaner nur dabei, wenn solch Tötungsgeräte von allen Bürgern jederzeit erworben werden können und auch gleich mehrfach in jedem Haushalt in der Regel anzutreffen sind? Wie man weiß, kommt es in den USA recht häufig zu furchtbaren Unfällen mit Todesfolge durch Waffengebrauch, sogar unter Kindern. Während ich möglichst weit vom Waffentresen hinwegeile, hoffe ich, auf dieser Reise ein wenig mehr Einblick in diese archaischen und antiquierten Denkmuster zu gewinnen, denn die berüchtigte Waffenmanie der Amerikaner ist für eine Europäerin wie mich absolut unbegreiflich. Gedankenverloren wandle ich weiter durch die Gänge und vergesse beinahe die Zeit und den Grund, warum ich überhaupt in diesen Laden gekommen bin – ach, ich brauche ja Bärenabwehrspray!

Bevor ich diese Reise antrat, habe ich mir einige Dokumentarfilme von Andreas Kieling, dem berühmten deutschen Abenteurer und Tierfilmer, angesehen. Insbesondere seine Filmaufnahmen über Alaska hatten mich restlos fasziniert. Er filmte unter anderem Grizzlys und Braunbären aus nächster Nähe und begleitete sie tagtäglich über den Zeitraum von mehreren Monaten. Ich hatte sogar das Glück, Andreas Kieling letztes Jahr bei einem Vortrag in Stuttgart erleben zu dürfen, er stellte dort vor großem Publikum einen Teil seiner Expeditionen vor. Ich hatte ihn daraufhin unweigerlich zu meinem Idol auserkoren. Und Andreas Kieling war es gewesen, der immer wieder auf das überlebenswichtige Mitführen von Bärenabwehrspray hingewiesen hatte. Jetzt stelle ich fest, dass die Bürger Montanas tatsächlich davon Gebrauch machen, denn ich bin nun an einem ganzen Regal, von oben bis unten gefüllt mit Flaschen und Dosen in allen Größenordnungen und Varianten, angekommen. Andreas Kieling hätte seine wahre Freude an diesem Regal gehabt, und Rene, die mich gesucht hat und plötzlich neben mir steht, meint nachdrücklich: »Kaufe lieber eine große Flasche Bärenspray, die kleinen sind leer, bevor sie ihren Zweck erfüllt haben.« An dieser Stelle wird es Zeit zu sagen, dass Montana gleich hinter Alaska die Gegend der Vereinigten Staaten mit der höchsten Bärendichte ist. Und auf Bären habe ich es abgesehen.

Ich kaufe zusätzlich zur großen Flasche Bärenspray noch eine kleine Flasche mit extrastarkem Moskitospray für die wüsten Black Flies dieser Gegend und ein kleines Kaffeeservice für die Wildnis. Es ist eine hübsche blaue Blechkanne mit kleinen weißen Punkten und passender Tasse. Man kann sie mit Wasser und Kaffeepulver füllen und einfach ins offene Lagerfeuer stellen. Das Kaffeepulver sinkt dann, wenn man Glück hat, nach unten, und man kann die braune Brühe trinken.

Mit Ana und Gail auf der Rückbank fahren wir weiter – immer weiter in den Westen, raus aus der Kleinstadt und hinaus in die Einöde von Montana, Stunde um Stunde, vorbei an verlassenen Farmen und wildem Prärieland. Am frühen Abend erreichen wir unser Ziel – Augusta.

Augusta – wo sich Fuchs und Hase Gute Nacht sagen

Augusta ist eine kleine *Western Town* im Nordwesten Montanas mit Saloons, Pferdegeschirrladen und Allzweck-Minisupermarkt (auch hier Schusswaffen en masse inklusive). In den Vorgärten stehen überall Pferdetransporter, ab und zu kleine Flugzeuge sowie komplett verrostete Oldtimer, und alles ist stark heruntergekommen. Ja, diese Gegend ist wahrhaftig das Ende der Welt. Wir fahren zum einzigen Hotel des Dorfes, das halbzerfallene Bunkhouse Inn. Außer Ana, Gail und mir haben sich dort noch ein paar weitere Teilnehmer der Tour eingefunden. Wir treffen uns alle in der Lobby des Inns, sitzen auf zerschlissenen altenglischen Blümchensofas und harren mit Blick auf die staubigen Brokatvorhänge andächtig der Dinge. Und da höre ich es: Deutsch! Das darf doch nicht wahr sein! Da fliege ich einmal um die halbe Welt und fahre auch noch mit dem Pick-up-Truck bis an das Ende der montanischen Prärie, um jetzt mit Hessen an meiner Seite die Wildnis zu erforschen! Ich drehe mich entrüstet weg, ignoriere die beiden und tue so, als sei ich Amerikanerin.

Alle sitzen schweigend da, niemand weiß so recht, was er sagen soll und was er zu erwarten hat, bis die Tür aufgeht und eine Frau von etwa Mitte vierzig, mit Pferdeschwanz, engen Jeans, sportlicher Jacke, Baseballmütze und natürlich Cowboystiefeln den Raum betritt. *»Hi everybody, my name is Amy Henderson.«* Wir erfahren von ihr, dass es ein Restaurant auf der anderen Straßenseite gibt, dort sollen wir hingehen. Auch sollen wir unser Gepäck aufteilen und nur das mitnehmen, was wir unbedingt für die Nacht benötigen würden, alles andere müsse auf die Ladefläche des Pick-up-Trucks. Und niemand dürfe mehr Gewicht mitnehmen als vierzig Pounds. Das sind gerade mal achtzehn Kilo! Nachdem ich dies schon vor Reiseantritt wusste, habe ich meine Ausrüstung im Vorfeld entsprechend aufgeteilt.

Für den morgen beginnenden ersten Teil meiner großen Reise habe ich einen kleinen Seesack mit überlebenswichtiger Spezialausrüstung gepackt, um für die bevorstehende Expedition angemessen gerüstet zu sein. Denn ich werde einen beträchtlichen Teil der Rocky Mountains zu Pferd überqueren und durch die gigantischen Weiten der dortigen Wildnisgebiete reiten, hinauf in die schneebedeckten Gebirgszonen und wieder hinab in die waldigen Täler, mit ihren Flüssen, Seen und Graslandschaften. Meinen riesigen Koffer werde ich bei Amy in der Garage lagern. Diesen werde ich erst später für den zweiten Teil meiner Reise benötigen, der mich in den Süden von Montana führen wird, wo ich eine Zeit lang auf einer Rinderranch in den flachen Weiten der Prärie leben – und tatkräftig mitarbeiten werde.

»Denkt daran, morgen früh um sechs geht es los! Wir haben einen sehr straffen Zeitplan zu erfüllen!«, ruft Amy zum Abschied in die Runde und ist auch schon wieder fort. Mir kommt sie nervös und etwas ungeübt in ihrer Rolle als Teil der Expeditionsleitung vor, was mich leicht verunsichert. Vertrauenerweckend war ihr Auftritt nicht.

Dem Rest der Reisegruppe, es sind insgesamt neun Teilnehmer, scheint es ähnlich zu ergehen – alle sitzen noch einen Moment unschlüssig da, bevor die Ersten aufstehen. Der ältere Herr neben mir, ein drahtiger Amerikaner mit vollem weißem Haar, schaut mich freundlich an, und ich höre mich fragen: »Darf ich mich Ihnen zu Steak und Bier im Restaurant anschließen?« Und so marschieren wir, nachdem wir einander noch mit Namen vorgestellt haben, als Erste der Reisegruppe zum Restaurant auf der anderen Straßenseite.

Im ersten Moment erinnert mich das Lokal mehr an eine kleine Lagerhalle als an ein gemütliches Restaurant. Die beiden großen Tische und die Stühle sind einfache Gartenmöbel, die Tischdecke aus Plastik leuchtet bunt. Jim und ich nehmen an einem der beiden großen Tische Platz, und ich habe eine gute Sicht auf die vielen alten Schwarzweißfotografien ergattert, die an der Wand gegenüber hängen. Es sind vor allem Bilder von Rinder- und Büffelherden, Cowboys mit Pferden und schönen alten Autos.

Nach und nach trudeln auch die anderen ein und setzen sich zu uns, und die Stimmung lockert sich ein wenig auf. Jetzt spüre ich auf einmal, wie erschöpft ich bin, und auch die anderen machen den Eindruck, eine aufwendige Anreise hinter sich zu haben. Ich bestelle zur Stärkung ein Rib Eye Steak. Wie sich herausstellt, eine gute Wahl, es schmeckt vorzüglich, und ich frage Jim, der ebenfalls auf einem Stück Fleisch herumkaut, ob dies nun ein supergutes Steak sei oder nur ein durchschnittliches. Er meint nach längerem Überlegen, dass das Steak durchschnittlich sei. Für mich ist es ein Gaumentraum, denn so feine Steaks kenne ich nur aus Südafrika.

Nach dem Essen verlassen alle recht zügig das Lokal, große Lust auf lange Gespräche hat hier keiner mehr. Und ich bin anscheinend die Einzige, die nicht gleich in ihrem Zimmer verschwindet, sondern zum Abschminken noch eins der beiden Badezimmer im Hotel aufsucht. Kritisch betrachte ich meine langen schwarzbraunen Haare, die schon seit meiner Abreise in Deutschland zu einem Zopf geflochten sind, anders hätte ich sie schon nach kürzester Zeit nicht mehr durchbürsten können. Nachdem ich heute früh in Great Falls nur kurz in der Badewanne geplantscht habe, beschließe ich aufgrund meiner wackeligen Knie, das Haarewaschen erneut zu verschieben. Es ist mir zu diesem Zeitpunkt noch nicht klar, welch große Herausforderung das Waschen der Haare in den nächsten Wochen sein wird.

Mit einem flauen Gefühl im Bauch, was der nächste Tag wohl bringen mag, krabble ich unter die amerikanische Wolldecke samt Leintuch darunter (welch ungeschickte Vorrichtung). Die Bettfedern der antiquierten Pritsche stoßen mir unangenehm in den Rücken, es ist alles schrecklich unbequem, und ich bin nervös. Die Hitze macht mich zudem fast wahnsinnig. Ach, wie sehr werde ich mich bald nach dieser Hitze zurücksehnen.

Um fünf klingelt der Handywecker. Jeder Muskel und jedes Gelenk schmerzt mich nach dem langen Flug und der unruhigen Nacht. Ich schnappe meinen Kosmetikbeutel, stürme zum Bad und finde es natürlich belegt und verschlossen vor. Aus dem Nebenzimmer tönt eine Frau: *»I am next in line!«* Mist, das wird wohl nichts mehr heute früh. Ich ziehe meine halb English-Style-, halb Western-Style-Reitausrüstung an – schwarze Reithose mit Lederbesatz am Hinterteil und auf der Oberschenkelinnenseite sowie elegante Stiefeletten, lederne Wadenchaps und Radsporen. Des Weiteren trage ich ein kariertes kurzärmeliges Hemd mit todschickem schwarzen Cowboyhut und Pilotensonnenbrille. Geschminkt wird ab jetzt ohnehin nicht mehr, aber ich gefalle mir auch so ganz gut in meinem imposanten Outfit. Ich stapfe hocherhobenen Hauptes mit klirrenden Sporen die Treppe hinunter und fühle mich wie John Waynes Reinkarnation persönlich. Die ältere Dame hinter der Rezeption schaut argwöhnisch an mir hinauf und verweist mich kühl in das Restaurant auf der anderen Straßenseite zum Breakfast. Ich trete hinaus auf die Hauptstraße von Augusta und blicke dem Sonnenaufgang entgegen. In der Ferne sehe ich die mächtige Silhouette der Rocky Mountains in einem dunkel verschwommenen Blauton. Davor zeichnet sich endlose Weite ab, Graslandschaft ohne Baum und Strauch. So sieht es also aus in Nord-Montana. Wieder packt mich ein inniges Gefühl der Freude.

Im Restaurant angekommen, sind die meisten Mitreisenden schon da und sitzen vor aufgestapelten Türmen aus Pancakes mit Blaubeeren und Ahornsirup. Ich rufe ein herzliches *»Good Morning, everyone, did ya all sleep well?«* in die Runde. Immerhin, Jim hebt fröhlich die Hand zum Gruß, ansonsten ernte ich eher entgeisterte Blicke – ob wegen meiner frohnatürlichen Art oder meines Outfits erschließt sich mir nicht. Durch und durch erfüllt von ungetrübt freudiger Erwartung vertiefe ich mich schließlich andächtig in meinen eigenen Berg Pfannkuchen. Jetzt macht es mir auch gar nichts mehr aus, gepflegtes Hessisch neben mir zu hören, und ich wende mich freundlich an meine zwei deutschen Mitstreiter, Dagmar und Ulf, und stelle mich als Stuttgarterin vor. Sie sind beide sichtlich überrascht, auf einmal eine Landsfrau vor sich zu haben. Nach dem ersten Schrecken aber freuen sie sich, ihre ersten Eindrücke mit mir teilen zu können.

Beim Anblick von Dagmar muss ich schmunzeln. Sie ist perfekt ausgestattet für eine afrikanische Safari. Ihre nagelneue deutsche Reitausrüstung ist wohlabgestimmt khakifarben, bestens getarnt für die Wüste, und sie trägt einen ausladenden Safarihut gegen die Sonne, kombiniert mit einem hübschen beigen Rüschenblüslein. Ulf hingegen scheint gar nicht ausgestattet zu sein, er erinnert eher an einen Spaziergänger im deutschen Harz. Er trägt Hosen aus grauem Segeltuch, schwarze Halbschuhe mit weißen Tennissocken, lockeres Freizeithemd und eine Baseballmütze. Ulf wird in ein paar Stunden zu meinem Schrecken tatsächlich so aufs Pferd steigen. Aber nicht nur ich habe die Outfits der Mitreisenden an diesem Morgen beäugt, auch Dagmar wird mir später sagen, dass sie mich durch ihr Hotelfenster im Morgengrauen auf der Straße beobachtet hat und ich ihr so authentisch erschienen bin, dass sie nur noch auf den vorbeirollenden Präriebusch gewartet hat.

Kurz vor sechs steht Amy vor dem Bunkhouse Inn mit einem uralten verrosteten Van, in dem es aufdringlich nach Hund riecht. Dorthinein laden wir das nur noch bescheidene Gepäck und quetschen uns auf die Rückbänke. Mir zu Füßen liegt ein großer struppiger Rüde mit undefinierbarer Fellfarbe und nicht einzustufender Rasse. Er knurrt ärgerlich, als ich für meine bespornten Füße einen Platz zwischen Sitz und Hund suche.

Die lange Fahrt führt uns durch die endlose Graslandschaft von Nord-Montana, vorbei an Seen, Teichen und saftigen Grashügeln mit unzähligen Wildtieren. Ich sehe Hasen und Hirsche, große Greif- und Wasservögel, es ist fast wie in einem afrikanischen Safaripark, nur eben real und mit den hiesigen Tierarten, und wir fahren und fahren in Richtung der majestätischen Silhouette der Rocky Mountains.

Obwohl ich erst gestern angekommen bin, erscheint mir Europa so weit weg, als wäre ich schon Tage unterwegs. Es fühlt sich an, als ob mit jedem Atemzug der guten sauberen Luft ein Teil meines heimischen Lebens von mir abfällt. Meine vielen kleinen und etwas größeren Sorgen zerren nicht mehr an mir wie schwere Eisenkugeln, die mit Ketten an mein Bein gefesselt sind. Ich fühle Wärme in mir aufsteigen, ich weiß genau, hier bin ich richtig, hier wird alles gut werden, hier kann ich loslassen. Der Van hüpft stark gefedert auf und ab, und ich schlafe doch tatsächlich ganz beruhigt bei diesem Geholper ein, bis mich auf einmal laute Stimmen wecken.

Auf einem Hügel vor dem Autofenster haben Ana und Gail

zwei riesige Wapiti entdeckt, große Hirsche aus der Gattung der »Elk«. Ihre imposanten Geweihe ragen ausladend empor, und die beiden Männchen blicken furchtlos zu uns herüber. Alles scheint in Montana größer zu sein als in Europa. Auch die Wasservögel an den vorbeiziehenden Teichen haben beträchtliche Ausmaße, und wie sich später herausstellen wird – auch die Bären. Wir fahren über mehrere Stunden durch die Graslandschaft und befinden uns schon bald in den Ausläufern der Rockies. Es wird bergig, und die helle Graslandschaft wird von dichtem dunkelgrünem Nadelwald abgelöst. Auch in diesen Wäldern stehen immer wieder Hirsche furchtlos am Straßenrand. Laut Amy müssen wir bis zu einem Außenstützpunkt namens »Benchmark« fahren, der der Startpunkt unserer Tour sein wird. Von dort aus werden wir in das eigentliche Wildnisgebiet eindringen.

Endlich nach mehreren Stunden Schotterpiste kommen wir am letzten Außenstützpunkt der Zivilisation an. Es gibt nur ein Gebäude an diesem Ort, der aus einem Parkplatz und einem kleinen Gartenhaus besteht. Das Gartenhaus, so erfahre ich, ist ein *Outhouse*, ein Plumpsklo, und die anderen fünf Frauen unseres Expeditionsteams liefern sich ein Rennen, wer am schnellsten dort ist und als Erste hineindarf. Das Geschaukel und Gehoppel hat mich ganz schwindelig gemacht, und um einen klaren Kopf zu bekommen, trinke ich erst einmal aus meiner großen Outdoor-Wasserflasche, in die mir die Kellnerin heute früh heißen Pfefferminztee gefüllt hat.

Auf dem Parkplatz stehen zahlreiche große Pferdetransporter, und man hat mit Stahlzaunelementen eine Pferdekoppel konstruiert. Daran festgebunden warten um die vierzig Pferde und Maultiere in allen Größenordnungen. Ich sehe gescheckte Tiere in Schwarzweiß und Braunweiß, mausgraue Exemplare und auch rabenschwarze, es gibt sie in verschiedenen Beigetönen und auch in gesprenkeltem Weiß. Das Arrangement an Vierbeinern ist ein einziges faszinierendes Farbenspiel. Die meisten von ihnen haben Tragegerüste auf dem Rücken, die auf dicke Wollfilzdecken geschnallt sind, damit sich die Tiere am Gepäck nicht wund scheuern. Darauf befestigt sind nämlich zahllose Kisten, Seesäcke und mit Plastikplanen umwickelte Gegenstände. Der Umfang des Gepäcks ist fast so groß wie die Maultiere selbst. Ich empfinde Mitleid mit den tapferen Tieren, die die riesigen Mengen an Expeditionsausrüstung über das Gebirge tragen müssen. Zwischen den Packtieren stehen auch einige Pferde mit ausladenden Westernsätteln auf dem Rücken und daran festgeschnallten Satteltaschen.

Wir laden die restlichen Gepäckstücke aus dem Van und schnüren sie zu großen Bündeln zusammen, da auch dieser Teil des Gepäcks noch auf ein paar Maultiere verteilt werden muss. Amy sagt nach wie vor wenig, sie ist immer noch angespannt. »Wir müssen uns beeilen!«, ruft sie. »Wir müssen das White River Camp vor Einbruch der Dunkelheit erreichen, sonst werden wir massive Schwierigkeiten bekommen!« Ich schaue auf die Uhr, es ist jetzt immer noch früher Morgen.

Dann werden die Pferde verteilt. »Julia, du bist mit Pferden ja recht erfahren, ich gebe dir Greenlegs.« Amy führt mich zu einem kleinen hellrötlichen Fuchs, ein Exemplar der Rasse der Quarter Horses, was mit einem Blick auf sein kräftig gebautes Hinterteil und vergleichsweise schmächtiger Vorhand leicht zu erkennen ist. Auch den übrigen Mitreisenden werden Pferde zugeteilt. Das Auswahlkriterium ist unter anderem das Gewicht des Expeditionsteilnehmers. *»The bigger the passenger, the bigger the horse!«* Die Anmerkung scheint niemanden zu beleidigen, denn alle sind nun hochbeschäftigt, ihre Satteltaschen mit Wasser und Proviant zu beladen und natürlich das tapfere Ross kennenzulernen, dem wir hier für die nächsten Wochen Leib und Leben anvertrauen. Auf einen Reiter zu Pferde kommen vier Maultiere, die die Küchen- und Angelausrüstungen, Zelte, Schlafsäcke und vieles mehr tragen müssen. Nur das Nötigste darf mit, denn jedes Kilo ist beschwerliche Last und muss wohlüberlegt sein.

Nachdem wir alles verpackt haben, stellt uns Amy noch den Rest der Familie Henderson vor. Es sind vier Männer dreier Generationen, Amys Mann Tucker, dessen Vater Ron und sein Bruder Ray sowie Tom, der Sohn von Amy und Tucker. Mit Amy zusammen werden die Männer unsere Tour durch die Rocky Mountains leiten. Außerdem gehören noch zwei Hunde dazu, die den Cowboys helfen, die Reittiere zusammenzuhalten.

Die Hendersons sind eine ganz besondere Farmerfamilie aus dem hintersten Winkel Montanas. Sie sind, wie schon erwähnt, unsere *Outfitters*, die uns durch die Wildnis führen werden. Von der Landwirtschaft allein können sie nämlich kaum leben, und ihre große Liebe zu Pferden hat ihre stolze Herde mittlerweile auf fast achtzig Pferde und Maultiere anwachsen lassen. Ein paar wenige Male im Jahr veranstalten sie aufwendige Expeditionen durch die angrenzenden Wildnisgebiete der Rockies, um einer Hand voll abenteuerlustigen und naturverbundenen Normalbürgern die Welt jenseits der Zivilisation zu zeigen oder aber im Herbst blutrünstigen Jägern die Möglichkeit zu geben, Bären und Hirsche zu erlegen.

Wie sich bald herausstellen wird, besteht unsere Gruppe keineswegs aus neurotischen Großstädtern, außer mir selbst vielleicht. Die Teilnehmer sind bodenständige, naturverbundene Amerikaner, die in den meisten Fällen selbst am Rand der Wildnis leben und sich bestens auszukennen scheinen mit der hiesigen Natur und den Wildtieren. Nein, für echte Großstädter wäre die soeben beginnende Expedition eine Höllenqual und sicherlich der blanke Albtraum und in keinster Weise die Erfüllung eines schon immer schwelenden Lebenstraums. Schon vor Monaten hat Amy begonnen, die Tour bezüglich Logistik und Verpflegung zu planen und zu organisieren. Die Henderson-Männer sind für Pferde und Maultiere zuständig, für die Routen und für den Aufbau des Camps. Dies ist ein harter Knochenjob, es müssen im Vorfeld alle Pferde und Maultiere beschlagen und mit Hufeisen versehen werden, ansonsten hätten die Tiere nur geringe Chancen, den beschwerlichen weiten Weg über die Rocky Mountains zu meistern.

Unsere kleine Gruppe wird durch die Bob Marshall Wilderness reiten, ein riesiges Naturschutzgebiet von viertausend Quadratkilometern mit unberührten Wald- und Gebirgslandschaften entlang der kanadischen Grenze im Nordwesten Montanas. Auch werden wir durch das riesige Gebiet der Scapegoat und der Great Bear Wilderness kommen sowie durch den Lewis and Clark National Forest. All diese Naturschutzzonen mit nur schwer greifbaren Größenordnungen verbieten strikt motorisierte und mechanische Fahrzeuge aller Art und sonstige moderne Maschinerie. Nur Wanderern und Reitern ist der Zutritt erlaubt. Selbst Flugzeugen ist der Überflug verboten. Wer hier draußen einen Unfall erlebt, hat schlichtweg Pech gehabt, man würde den Unglücklichen gar nicht finden können in diesen ungeheuren Weiten an Gebirgszügen und Flusstälern.

Das Wildnisgebiet gilt als eines der schönsten und unberührtesten Gebiete Nordamerikas und beherbergt neben unzähligen anderen Tierarten Bären, Wölfe, Kojoten, Wildkatzen, Wildtiere wie Hirsche und Wapitis, seltene Bergziegen und Dickhornschafe. Die Bob Marshall Wilderness, die Kernzone unserer Expedition, wurde nach ihrem Gründer benannt, dem Förster, Schriftsteller und Naturschutzaktivisten

Robert Marshall (1901–1939). Als Sohn eines jüdischen Einwanderers aus Bayern entdeckte »Bob« schon als Kind seine große Liebe zur Natur, zum Bergsteigen und zu unberührter Wildnis. Er widmete einen beträchtlichen Teil seines Lebens der Schaffung und der Bewahrung von Naturschutzzonen unter seinem persönlichen Credo: »Es gibt nur eine Hoffnung, die abscheuliche Ambition der menschlichen Zivilisation, jede noch so kleine Nische auf dieser Welt erobern zu wollen, abzuwenden. Diese Hoffnung besteht aus dem Zusammenschluss wohlgesinnter Menschen, die bereit sind, unaufhörlich für die Freiheit der Wildnis zu kämpfen.

Mit diesem feierlichen Aufruf zum Kampf für die Freiheit der Wildnis in den Ohren stehe ich nun am Eingang zu einer der größten »menschenfreien« Schutzzonen dieser Welt. Nur dass der Eingang kaum zu erkennen ist, so unauffällig liegt er vor uns. Es ist ein kleiner Trampelpfad, der vom Parkplatz aus hinwegführt, gerade so breit, dass ein Pferd zwischen den Bäumen hindurchpassen kann. Ich schmunzle in mich hinein. Ja, so ist es doch immer im Leben, die wahrhaft großen Dinge dieser Welt sind auf den ersten Blick ganz unscheinbar.

Der Eingang zum Paradies

Bevor ich die Expedition antrat, musste ich etliche Dokumente unterschreiben, dass all meine Aktivitäten auf eigene Gefahr erfolgen, dass mir die Gefahr bewusst ist und dass ich nach eigenem Willen handle. Gern und mit freudigem Herzen habe ich alles unterzeichnet, denn das Leben außerhalb der Zivilisation ist eben keine Reise in den Harz, sondern ein Eindringen in eins der abgelegensten Gebiete unserer Erde, die noch so sind, wie der liebe Gott sie erschuf, in all ihrer Wildheit, mit all ihren Gefahren und ihrer unbeschreiblichen Schönheit. Nach einem Sommer am Strand von Mallorca mit Bettenburgen und betrunkenen Jugendlichen habe ich nun auch wahrlich nicht gesucht.

Alle Teilnehmer sitzen im Sattel, der Proviant ist verstaut und die Packmaultiere beladen und aneinandergebunden. Der beeindruckende Track aus über vierzig Tieren setzt sich nun zügig in Bewegung und durchschreitet majestätisch den schmalen Eingang zum Wildnisgebiet, der nur mit einer kleinen Holztafel gekennzeichnet ist und mit der Aufforderung, man möge keinen Abfall zurücklassen und keine unbefestigten Feuer errichten.

Ich habe mich am vorderen Ende des Tracks positioniert und mich hinter unserem Anführer samt Pferd aufgereiht. Dies wird sich bald als gute Entscheidung herausstellen, da die schmalen Pfade unter den Pferdehufen große Staubwolken aufwirbeln. Ich muss über mich selbst schmunzeln, sogar in dieser Wildnis kann ich mein Naturell nicht ablegen, recht gern die Erste sein zu wollen (in diesem Falle die Zweite in der Reihe). Dann besinne ich mich wieder. Ich trete nun ein ins Paradies auf den kleinen flinken Hufen meines Pferdes Greenlegs. Ein tiefer Atemzug, den Rücken gerade gerichtet, Schultern zurück und Schenkel ran ans Pferd und mit einem ermunternden *»Let's go Greenlegs, we need to reach White River Camp by nightfall«* trabt der kleine kupferfarbene Fuchs auf seinen kurzen Beinen drauflos, um mit dem Leitpferd wieder aufzuschließen.

Vor mir reitet Ron Henderson auf seinem hellen Falben und führt unseren langen Track an. Er ist dreiundsiebzig, Amys Schwiegervater und das Oberhaupt der Familie. Genüsslich kaut er auf einem langen Grashalm, der weit aus seinem Mundwinkel heraushängt. Dabei trägt er einen weißen Cowboyhut zu lässigen schmutzigen Jeans, ein ausgewaschenes kariertes Hemd und Hosenträger darüber und – wie könnte es auch anders sein – Cowboyboots. Noch nie habe ich einen so attraktiven Dreiundsiebzigjährigen gesehen.

Ich versuche, ein wenig Kontakt zu ihm aufzunehmen, aber er ist offensichtlich schwerhörig und dreht sich nur ab und zu um, um mir zuzulächeln oder ein Handzeichen zu geben. Vielleicht möchte er auch gar nicht sprechen. Ich sehe von hinten, wie er andächtig abwechselnd nach links und nach rechts blickt, um die Natur in sich aufzusaugen. Er blickt zufrieden und wohlwollend von seinem Pferd herab, wiegt sanft seinen Oberkörper im Einklang mit den Bewegungen seines Pferdes. Ich verstehe, dass dies alles nicht nur für mich ein großes Geschenk ist, sondern auch für Ron, der hier sein ganzes Leben zugebracht hat. Ich verstehe, dass Ron sich nie sattgesehen hat an der Schönheit und Erhabenheit dieser Landschaft. Im Verlauf der Expedition werde ich noch vieles über ihn erfahren, denn er ist ein ganz besonderer Mann.

Familienoberhaupt Ron gehört zu der nahezu ausgestorbenen Gattung der *Mountain Men*.

Während der großen Planwagenwanderungen über den amerikanischen Kontinent im 18. Jahrhundert spalteten sich manchmal einige besonders robuste und fähige Individuen ab, um als Einsiedler in den Bergen der Rocky Mountains zu leben und sich mit der Jagd und dem Fallenstellen durchzuschlagen. Sehr eindrücklich wird das Leben eines Mountain Man im berühmten gleichnamigen Werk von Vardis Fisher beschrieben, ein Dauerbestseller in den Vereinigten Staaten. Er erzählt von exakt der Gegend in Montana, durch die wir die nächsten Wochen hindurchreiten werden. Daher habe ich das Werk schon zu Hause eingehend studiert, nur um jetzt hinter jeder Wegbiegung einen kampfbereiten Blackfoot-Indianer zu vermuten. Auch Ron besitzt eine Blockhütte in den Bergen, seit seine Frau vor vielen Jahren verstorben ist. Er lebt dort als Mountain Man die meiste Zeit des Jahres in völliger Einsamkeit, ohne Radio und Fernseher, geschweige denn mit Telefon. Nur wenn sein Sohn Tucker Unterstützung benötigt, kommt er von den Bergen nach Augusta hinab, um die großen Expeditionen anzuführen.

Mit sanften tranceartigen Bewegungen, gut angepasst an unsere Pferde, reiten wir nun auf den steinigen Pfaden hinein ins Gebirge – Stunde um Stunde zwischen Bäumen, Blumen und Felsen. An manchen Stellen geht es steil bergauf und dann wiederum seitlich senkrecht bergab. Die Pferde und Mulis sind durchtrainierte Profis und bestens vertraut mit den schmalen Geröllpfaden. Anfänglich haben wir noch untereinander gesprochen, aber nun sind wir Reiter still geworden, alle hängen schweigend ihren Gedanken nach und nehmen die Landschaft gebührend in sich auf.

Wir durchstreifen Waldabschnitte, in denen es erst vor kurzem gebrannt hat. Die Baumstämme sind schwarz verkohlt und ragen wie riesige Pfeilspitzen tot in den Himmel hinauf. Der Boden um die schwarzen Stämme ist mit Millionen von lilafarbenen Blumen bedeckt, wie ein Teppich aus Flieder, der das Schwarz der Bäume noch hervorzuheben scheint. Der Kontrast der Farben ist verblüffend, ein Meisterwerk der Schöpfung. Dort, wo einst Tod und Zerstörung war, ist jetzt durch den Kreislauf der Natur eine besonders üppige Farbenpracht entstanden. Immer wieder kommen wir durch blumenbedeckte Täler in allen Farben mit rauschenden sprudelnden Gebirgsflüssen. Durch die kleineren Flüsse reiten wir hindurch, es scheint den Pferden zu gefallen, sich die Hufe und Beine in den Stromschnellen zu kühlen. Das Wasser reicht an manchen Stellen bis gut zu meinen Knien herauf, und ich schlage die Beine im Schneidersitz über meinem Sattelhorn zusammen, so wie einst Lawrence von Arabien auf seinem Kamel in der Wüste. Dennoch stellt sich mir die Frage, wie gut der kleine Greenlegs im Ernstfall schwimmen kann. Gierig senken die Pferde ihre Nüstern ins schäumende Wasser, um bei jeder Gelegenheit ein paar große Schlucke davon zu trinken.

In der Ferne höre ich tosendes Rauschen, wie von einem großen Wasserfall. Es ist der berühmte und sagenumwobene Sun River, an dessen Ufern Szenen der Robert-Redford-Verfilmung »Aus der Mitte entspringt ein Fluss« gedreht wurden. Als ich zwei Stunden später andächtig an seinem wilden Ufer stehe, weiß ich noch nichts von dieser großartigen Verfilmung aus dem Jahr 1992, die die Lebensgeschichte zweier Brüder in Montana erzählt. Viele Monate später, zurück in der deutschen Zivilisation, werde ich tränenüberströmt vor dem Bildschirm sitzen und ergriffen das Schicksal dieser tiefgläubigen montanischen Familie verfolgen.

Aufgereiht wie die Kavallerie zur Andacht stehen wir Reisenden am Ufer des Sun River und blicken sorgenvoll auf die reißenden Stromschnellen. Hier können wir unter keinen Umständen durchreiten. *»Don't worry«*, brüllt Ron durch das Tosen des Flusses hindurch, *»there is a wooden bridge a few yards down the trail!«* Und so ist es auch.

Nach ein paar weiteren Wegbiegungen stehen wir vor einer kunstvollen hölzernen Brücke aus hellen unbehandelten Baumstämmen. Sie sieht aus wie ein bizarres Element aus einem Fantasyfilm inmitten von Büschen und Bäumen und scheint hier gar nicht herzugehören. Die schweren Planken geraten mächtig ins Schwanken, als unsere vierzig Tiere dicht hintereinander darübermarschieren. Das Echo der Hufe hallt wie Kanonenschüsse bedrohlich durch das Tal und wird von den mächtigen Felswänden zurückgeworfen.

Nach etlichen Stunden und vielen Meilen an Gebirgspfaden über Stock und Stein zwischen Bäumen und Sträuchern bin ich hochüberrascht, als zwei Personen mit den größten fünf Maultieren, die ich je gesehen habe, unseren Pfad kreuzen. Es ist ein Ehepaar, wie ich aus der Unterhaltung der beiden mit Ron entnehmen kann. Das stark übergewichtige Paar reitet auf tiefschwarzen Maultieren und hat seine *Pack Mules*, wie auch wir die unsrigen, schwer beladen mit Expeditionsausrüstung zu einer Kette zusammengebunden. Der *Husband* erzählt, dass seine *»Wife«* unbedingt mal wieder den *»Bob«* auskundschaften wollte, sie würden mit ihren *»Mules«* regelmäßig Touren in die Wildnisgebiete von Montana vornehmen. Als ich das höre, wird mir ganz kribbelig ums Herz. Gibt es vielleicht noch mehr solche abenteuerlichen *Husbands* in Montana? Oder zumindest solche, die es gern werden würden?

Meinen Lebensabschnittsgefährten Hans-Dieter bekomme

ich mit Müh und Not ins Ferienhaus am Lago Maggiore, wo er nur mit wohltemperierter Kaltschaummatratze in Überlänge, Ohrenstöpseln, Schlafmaske und Beißschiene schlafen kann. Ein Zelt mit Schlafsack mitten in der Wildnis, ohne Bad und Toilette, wäre absolut undenkbar für ihn – von Pferden und Maultieren als Transportmittel gar nicht erst anzufangen. Schon vor Jahren habe ich die Erkenntnis gewonnen, dass der gemeine deutsche Durchschnittsmann hoffnungslos verweichlicht ist. Im Wilden Westen aber sind die Männer halt noch richtige Männer! Das beeindruckende Ehepaar reitet weiter, ihre *Mules* haben ein beachtliches Tempo drauf, und schon sind sie im dichten Gestrüpp verschwunden. Viele Tage später werden wir sie im White River Camp wiedertreffen und sie zu Zitronenlimonade aus Quellwasser einladen.

Es geht höher und immer höher hinauf in die Berge. Der dichte Wald wird langsam von kleinen vereinzelten Kiefern und Tannen abgelöst, die wie im Bilderbuch neben blühenden Büschen aus den saftigen grünen Bergwiesen emporragen. Es ist auch kälter geworden. Meine gesteppte Daunenjacke ohne Ärmel habe ich wohlwissend mit den Lederbändern an meinem Sattel festgebunden. Insbesondere für die Nacht und die frühen Morgenstunden werde ich sie noch gut brauchen können.

Dann überqueren wir doch tatsächlich Schneefelder. Sie sind rutschig und unberechenbar. Ich steige ab, um vorsichtig meinen Greenlegs darüberzuführen. Am Wegesrand steht plötzlich eine Hirschkuh, die uns entgeistert beobachtet, schließlich kommen nur selten Menschen in diese Gegend. Nicht einmal die zu unserem Trupp gehörenden Hunde Bandit und Huck, die unermüdlich zwischen den Pferdebeinen vor und zurück rasen. Die Hunde legen mühelos das Dreifache der Strecke zurück, und die Hirschkuh scheint verstanden zu haben, dass es sich bei diesen Vierbeinern nicht um Wölfe handelt.

Die gleichförmigen Bewegungen meines kupferfarbenen Greenlegs versetzen mich nach all den Stunden in einen Zustand der Ruhe, aber auch in einen Zustand größter Aufmerksamkeit. Ich sauge jeden Augenblick in mich auf und fühle regelrechte Glückswogen durch mich hindurchziehen. Ich weiß, hier bin ich richtig. Europa, mein Zuhause, die Firma mit ihren aggressiven Chefs und nicht zuletzt mein Lebensabschnittsgefährte, all das existiert nicht mehr.

Meine sonst unentbehrliche Handtasche mit Schminke, Handy, Kreditkarten und amerikanischen Dollar habe ich in Augusta gelassen bei Amy im Wohnzimmer. Hier draußen gibt es keine Verwendung dafür. Ich bin absolut frei von allem. Nur was ich fürs Überleben brauche, trage ich bei mir. Meinen Cowboyhut, zwei Schlafsäcke und Isomatte, Daunenjacke, Kompass und Schweizer Taschenmesser, Medikamente und Verbandszeug und – das Allerwichtigste – das Bärenabwehrspray.

Nach neun Stunden fast ohne Pause haben wir den höchsten Punkt unserer Gebirgsroute erreicht, die *Continental Divide*, die Wasserscheide der Vereinigten Staaten. An diesem Punkt teilt sich alles Wasser, und nur wenige Zentimeter entscheiden, ob sich die kostbaren Regentropfen nach langer Reise in den Pazifik oder in den Atlantik ergießen. Wir haben das Anspruchsvollste des heutigen Tages geschafft, von nun an geht es in eng gewundenen und von Vergissmeinnicht gesäumten Pfaden bergab. Um die Pferde zu entlasten, steigen wir ab und führen sie. Ich rutsche dem stark erschöpften Greenlegs voran auf meinen schicken Reitstiefeletten die Abhänge hinunter. Die Kollegen haben ihre Schuhwahl weit besser getroffen als ich und tragen grobe Wanderstiefel unter ihren Wadenchaps, während ich regelmäßig auf dem Hosenboden lande und von Glück reden kann, dass der tapfere Greenlegs bislang nicht über mich drübergefallen ist. Meine Güte, wie konnte ich mich nur so im Outfit vergreifen! Aber auch dieser beschwerliche Wegabschnitt geht zu Ende, und wir erreichen das Tal des rauschenden White River.

Das White River Camp

Es war der härteste Ritt meines Lebens. Jedes Gelenk und jeder Muskel schmerzt, als ich mich in Zeitlupe nach über neun Stunden aus dem Sattel gleiten lasse. Mein Hinterteil gleicht einer einzigen Schürfwunde. Meine Beine wollen mich nicht mehr tragen, und ich rutsche direkt aus dem Sattel auf die Knie. Wer je der Meinung war, dass Westernsättel weich und bequem sind, hat sich gewaltig getäuscht. Sie sind so hart wie ein Brett und überhaupt nicht gepolstert. Cowboys, so werde ich später erfahren, halten gepolsterte Sättel für ein Zeichen der Verweichlichung, und sie würden sich schämen, müssten sie darauf reiten. Meine guten deutschen Dressursättel habe ich hingegen immer als sehr angenehm empfunden, auch bei mehrstündigen Ritten, und ich habe sie mir heute des Öfteren herbeigesehnt.

Obwohl mich während der letzten Stunden die körperlichen Schmerzen ganz benommen gemacht haben, bedaure ich es jetzt, abzusteigen. Ich war so frei und so beseelt auf diesem Ritt, dass ich mich nur ungern seinem Ende füge. Ich brabble meine Gedanken in wirrem Englisch, als Tucker kommt, um mir den Sattel abzunehmen. »Mach dir keine Sorgen, Julia«, beschwichtigt er, »du wirst noch einiges an Meilen hier draußen zurücklegen.«

Wir haben das White River Camp inmitten der Bob Marshall Wilderness noch bei hellem Tageslicht erreicht, und unseren Outfitters ist die Erleichterung sichtlich anzusehen. Dies ist also der Ort, an den wir von unseren tageweisen Expeditionen durch die Rocky Mountains immer wieder zurückkehren werden. Das Camp besteht aus ein paar wenigen weißen würfelförmigen Zelten, die, wie es scheint, wahllos zwischen den Nadelbäumen angeordnet wurden und wie große Zuckerwürfel aus dem satten grünen Gras herausragen. Jedes der Zelte kann zwischen vier und sechs Personen beherbergen, nur ein Zelt ist wesentlich größer und länger als die anderen und hat einen urtümlichen metallenen Schornstein eingebaut. Dies ist das Küchenzelt.

Irritiert stelle ich fest, dass die Küche von einem engmaschigen Stromzaun eingezäunt ist, an dem eine auffällig große Batterie befestigt ist. Tucker, der gerade die Maultiere von ihren Kisten befreit, ruft zu mir herüber: »*Yeah*, man braucht einiges mehr an Volt, um die Bären fernzuhalten, als das, was man gewöhnlich für Rinder verwenden würde.« Aus diesem Statement entnehme ich, dass Bären wohl regelmäßige Gäste in unserem Camp sein werden. Nun, ich werde mein Bärenabwehrspray sachgemäß am Gürtel führen und auch mit in den Schlafsack nehmen, zusammen mit meinem Schweizer Taschenmesser, um für jeden Kampf gerüstet zu sein. Nur muss der Bär laut Betriebsanweisung recht nah rankommen, damit das Spray auch wirkt.

Für die Pferde und Maultiere ist aus einfach zusammengenagelten Fichtenstämmen eine Pferdekoppel in der Mitte des Camps errichtet, darin drängen sich die Tiere nun um eine alte hellblaue Badewanne herum, in die frisches Quellwasser mithilfe eines Schlauchs geleitet wird. Der lustig aussehende hellblaue Tuber, der so ganz und gar nicht in die Wildniskulisse passt, dient den Pferden als Tränke.

Die ranghöheren Pferde und Maultiere kämpfen um die besten Plätze an der Badewanne und versuchen, sich mit lauten Schreien und Bissen in den Hals gegenseitig zu vertreiben. Mein kleiner Greenlegs steht abwartend am Zaun, es ist offensichtlich, dass er zu den Rangniedrigsten der Herde gehört. Ich beobachte die Tiere interessiert und versuche auszumachen, ob zwischen den Pferden und Maultieren generell Unterschiede in der Rangordnung bestehen oder ob ein Maultier automatisch kraft Genpool der Schwächere oder Stärkere ist. Die Maultiere scheinen sich gut zu schlagen, sie sind möglicherweise sogar die Mächtigeren im Rudel, aber ganz sicher bin ich mir nicht. Mein armer Greenlegs muss sehr lange warten, bis er endlich das köstliche Nass genießen darf, aber zum Glück ist genug für alle da.

Nachdem mein kleiner Goldfuchs seinen Durst gestillt hat, lässt er sich auf die Knie fallen und rollt genüsslich im Staub hin und her. Nachdem er vorher klatschnass vom Schweiß war, ist er nun über und über mit Staub bedeckt und sieht aus wie ein paniertes Schnitzel. Und so schläft er auch gleich im Liegen ein. Es ist ein befremdlicher Anblick, so viele Pferde nahe beieinander schlafend auf dem Boden liegen zu sehen. Dies wäre unter anderen Umständen ganz undenkbar und mit dem Fluchtinstinkt der Pferde nicht vereinbar, sie könnten leicht angegriffen oder von Artgenossen verletzt werden in dieser hilflosen Position. Die absolute Erschöpfung treibt unsere Herde zu diesem ungewöhnlichen Verhalten und lässt sie beieinanderliegen wie ein Rudel Hunde.

Hinter dem Küchenzelt fließt ein nur zwanzig Zentimeter breites Bächlein, das sich verspielt durch hohes Gras und Blumen schlängelt. Das Bächlein wird unser morgendliches Waschbecken sein, an dem wir brav nebeneinander unsere Zähne putzen werden. Ich entdecke ganz in der Nähe ein kleines rechteckiges Zelt, unser Kühlschrank, wie ich wenig später feststellen kann. Das Zeltmaterial ist außen silbern und reflektiert die Sonnenstrahlen, innen ist es tatsächlich kühl, und die vakuumverpackten Steaks, Marmeladengläser wie auch die Butter- und Schlagsahnepäckchen können hier drinnen fein säuberlich übereinandergestapelt gelagert werden. Selbstverständlich befindet sich auch das Kühlschrankzelt innerhalb der Stromumzäunung.

Vor dem Küchenzelt stehen Campingstühle aller Art unter einer ausladenden Fichte um ein kleines Lagerfeuer herum. Was für ein herrlicher Ort, um abends bei Lagerfeuer und Budweiser Beer den Sonnenuntergang über dem White-River-Tal zu beobachten.

Es gibt noch ein Zelt im Camp, das mir ins Auge sticht, denn es besteht nur aus einem kleinen dreieckigen Segel, das zwischen einem Baum und einigen Holzpfosten gespannt ist. Wände hat das ungewöhnliche Konstrukt keine, dafür aber ein aus Ästen gebautes Bett mit einer dünnen Luftmatratze darauf. Ich frage nach und erfahre, dass Ron dort schläft. Der Mountain Man, so erzählt Tucker, kann es nur schwer ertragen, in geschlossenen Räumen zu schlafen. Daher nutzt er jeden Tag des Jahres, an dem es nicht gerade schneit, um draußen zu übernachten.

»*Thank goodness!*«, rufe ich erleichtert meinen Mitreitern zu. »*We really made it!*« Dann zerre ich meinen Seesack laut ächzend unter einem Haufen anderer Gepäckstücke hervor, um das »Frauenzelt« zu beziehen.

Wir Damen sind zu viert in einem der größeren Zelte untergebracht. Ich teile es mir mit Ana, Gail und Bernie, einer goldigen kleinen Lehrerin aus Minnesota mit Knopfaugen und kurzer Lockenfrisur. Jede bekommt eine Ecke im Zelt, und ich bin froh, eine der beiden hinteren zu ergattern, sollte mal ein Bär zur Tür hereinschnüffeln.

»Ich bin für frische Luft in der Nacht sehr dankbar«, sagt Bernie zu mir. »Außerdem muss ich alle paar Stunden aufs

Klo«, fügt sie noch hinzu und klingt etwas besorgt. Nachts allein durch das Camp zu schleichen, wäre auch für mich kein verlockender Gedanke. Wer weiß, wie viele Tiere wir anlocken, dringt doch aus jedem der Zelte sicher irgendein appetitlicher Duft. »Ich bin froh, dass du unseren Zelteingang im Falle ungebetener Gäste verteidigen wirst, liebe Bernie«, erwidere ich dann aber lachend, um sie aufzumuntern.

Ana ist zweifelsohne die Mutigste von uns, da sie schon einige größere Naturexpeditionen miterlebt hat. Sie schnappt sich gleich die andere Ecke am Eingang. »Wenn ein Bär hier hereinkommen will, werde ich ihn durch lautes Singen vertreiben. Oder vorher schon durch mein entsetzliches Schnarchen«, kommentiert sie ihre Schlafplatzwahl.

Ich wende mich beruhigt wieder den Inhalten meines Seesacks zu. An die rostigen Nägel in den Holzverstrebungen hänge ich meinen Kompass mit Höhen- und Temperaturmesser sowie meine Digitalkamera, Cowboyhut, Sporen und Bärenabwehrspray. Dann hole ich meinen ach so praktischen Kosmetikbeutel hervor, den man zu einem kleinen Taschenregal aufklappen und ebenfalls an einem Nagel aufhängen kann. Ein klein wenig Körperpflege muss ja schließlich sein bei all den attraktiven Cowboys hier in allen Altersklassen. Auch bin ich froh, doch noch ein kleines Fläschlein Wimperntusche in einer Seitentasche zu finden und ein Pröbchen meines liebsten englischen Parfüms, den Duft »London« von Burberry.

Die Maultiere haben steinharte klappbare Feldbetten aus Aluminium mitgeschleppt, die wir uns nun in unseren jeweiligen Schlafecken aufstellen. Amy meinte, wir würden sie brauchen, falls es regnen sollte und das Wasser dann durch die leicht abschüssigen Zelte ohne Boden rauscht. Ich hoffe, dass mir das erspart bleibt. Ich lege meine hauchdünne, eben aufgeblasene Isomatte auf mein Feldbett und packe beide Schlafsäcke aus, die ich fest schüttle und dann ineinanderstecke, um für die eisige Nacht gewappnet zu sein. Ach, es ist gemütlich in meinem Eckchen. Die Spezialskiunterwäsche für die Arktis habe ich auch schon bereitgelegt, später brauche ich dann nur noch in die Schlafsäcke zu steigen.

Doch an Ausruhen ist noch lange nicht zu denken. Eine dicke Staubschicht klebt auf meiner Haut, die Farbe meiner Kleider ist gar nicht mehr zu erkennen, und mein dunkelbrauner Zopf ist grau. Für Katzenwäsche habe ich mehrere Packungen feuchte und in Alkohol getränkte Tücher aus der Drogerie mitgebracht. Diese haben sich schon vor Jahren im staubigen Afrika bewährt, als ich mit einem kleinen grünen Igluzelt, meinen drei Freundinnen Benita, Eva und Marie-Pierre in einem alten Lastwagen samt Fahrer und Koch unterwegs auf Safari war. Die Tücher reinigen hervorragend, und man reibt sich einfach von oben bis unten mit ihnen ab, sollte man denn kein Wasser zur Verfügung haben. Diese Methode liefert ausreichend Hygiene und ist zudem auch schnell durchgeführt (auf teuflisches Brennen am Allerwertesten bei Anwendung der Tücher auf Schürfwunden möchte ich an dieser Stelle hinweisen!).

Auch bin ich immer wieder froh, keine Kontaktlinsen mehr aus- und einbauen zu müssen. Sie wären, wie schon einst im afrikanischen Busch, höchst lästig hier im Hochgebirge. Damals im Okavango-Delta von Botswana war das Reinigen und wieder Einbauen der Linsen im täglichen Staub und Dreck höchst mühsam und beschwerlich. Als dann mitten in der Nacht Flusselefanten um die Zelte strichen und in der Ferne Löwen brüllten, entschied ich mich endgültig in blinder Angst zu einer Laserbehandlung. Daher bleibt mir diese Mühsal heute erspart, und ich sehe auch ohne Hilfsmittel so scharf wie ein Adler.

Doch selbst der schmutztoleranteste Mountain Man würde

erkennen können, dass bei der dicken Dreckschicht auf meiner Haut diesmal keine Anwendung von feuchten Tüchern ausreicht. Hier hilft nur noch der eisige White River. Also schnappe ich meinen regalartigen Waschbeutel, Wassersandalen, Haarwaschmittel, mein orangefarbenes Handtuch (ich hatte gehört, dass grelle Farben Bären vertreiben) und natürlich das Bärenabwehrspray und stapfe hinunter zum Fluss. Auf die Idee, eine der Mitreisenden zu fragen, ob sie mich begleiten möchte, komme ich erst gar nicht, denn ich freue mich schon so darauf, all die Eindrücke der Wildnis allein und in der Stille in mir aufzunehmen. Ich genieße jeden Augenblick, in dem ich diese unglaublich schöne Natur ohne die kleinste Ablenkung erleben darf.

Schon der Sun River, den wir heute Mittag überquert hatten, hat mich schwer beeindruckt. Aber auch der etwas schmalere White River schlängelt sich imposant durch das steile Tal. Er windet sich um riesige Felsbrocken und formt an vielen Stellen größere Pools mit leuchtend türkisfarbenem Wasser darin, in denen sich Forellen tummeln. Die Ufer sind gesäumt von Beerenbüschen, Blumen in allen Farben, Nadelbäumen und zahlreichen Birken. Alles ist so unberührt, so sauber, nirgends liegt Abfall oder sonst irgendein Hinweis auf menschliche Zivilisation.

Ich richte den Blick stromaufwärts und kann in der Ferne den Wasserfall Needle Falls sehen, von dem in einigen Broschüren die Rede war. Der White River verschwindet oberhalb des Wasserfalls im Gestein und schießt durch eine schmale Öffnung im Berg in großer Höhe wieder hervor. Bei niedrigem Wasserstand ist es nur ein schmaler Strahl, der von der Ferne wie eine Nadel aussieht. Doch zu dieser Jahreszeit kann ich einen üppigen weißen Schleier erkennen.

Am Fuße des Wasserfalls haben sich mehrere große Pools

gebildet. Ich möchte später Tucker fragen, wie ich dort am besten hinkomme, um in ihnen zu planschen. Die Beerenbüsche am Ufer beunruhigen mich etwas, denn dies ist leckere Bärennahrung, und ich habe schon von Ron erfahren, dass die Bären in diesen Wochen gern ins Tal hinabkommen, um das reiche Nahrungsangebot zu genießen.

Ich lege also mein leuchtendes Handtuch gut sichtbar über die Steine und ziehe meine Kleider über dem grellgrünen Bikini aus. Nacktbaden erlaube ich mir nicht, kenne ich doch die Prüderie der Amerikaner, am Ende würde man mich hier draußen noch verhaften. Das Bärenabwehrspray lege ich griffbereit neben meine Kleider – bislang bin ich mir noch gar nicht sicher, wie man das Ding bedient.

Plötzlich kommt mir Amys Aussage wieder in den Sinn, dass sich der White River aus den Schneefeldern der höheren Gebirgszüge bildet. Dies stelle ich nun schockiert selbst fest, als mir das eisige Wasser bis zum Knie heraufreicht und so kalt ist, dass es weh tut. Und ich hatte vor, hier einzutauchen und meine Haare zu waschen. Wie mein Vater früher zu sagen pflegte: »Ein echter Indianer kennt keinen Schmerz«, also steige ich tapfer in die Fluten und halte beim Eintauchen meines Kopfes fest die Luft an.

Oh Gott, oh Gott, wie furchtbar. Es fühlt sich an, als ob mein Herz zu schlagen aufhört, und ich kann kaum atmen. Zügig schnappe ich mir das Shampoo auf dem Felsen und schäume drauflos. Danach lege ich mich flach mit dem Rücken aufs Wasser, um nicht den ganzen Körper ins eisige Wasser zu tauchen, und spüle das Haarwaschmittel aus. Es hat sich eine trübe Brühe um mich gebildet, und ich bedaure sehr, das Wasser mit Seife zu verschmutzen. Amy hatte darauf hingewiesen, dass wir biologisch abbaubares Shampoo mitbringen sollen. Ich habe solche Spezialprodukte in Deutschland aber nicht finden können. Auch muss ich meine dunkelbraune

Mähne irgendwie wieder durchkämmen können. Also reibe ich gleich noch eine gute Spülung in die Haare, was noch mehr zur Wasserverschmutzung beiträgt. *»I'm really sorry, guys!«*, rufe ich bibbernd im aufkeimenden Schwindelanfall den nicht sichtbaren Forellen zu – wenn das so weitergeht, werde ich noch ohnmächtig, ich bin mittlerweile schon stark unterkühlt. Dann hechte ich, so schnell ich kann, aus dem Wasser und setze mich zum Trocknen in die warme Abendsonne auf einen Stein.

Ich lausche den Vögeln, dem Pfeifen der kleinen Erdhörnchen und dem fröhlichen Gurgeln des Flusses. Was für ein wunderbar friedlicher Abend.

Amy war schon fleißig im Küchenzelt mit dem Abendessen beschäftigt, während ich mich im Fluss vergnügt hatte, und brät nun auf der Feuerstelle ein Hühnerbrust-Barbecue mit Kartoffelbrei. In einem riesigen gusseisernen Topf backt sie noch einen Rührkuchen, ebenfalls über dem offenen Feuer. Sie richtet Fertigsalat aus Tüten her, über den sie reichlich gute amerikanische Mayonnaise gibt, bis man vom Salat nichts mehr sieht – ja, so lieben es die Amerikaner. Ich hätte mir eher leichte französische Vinaigrette gewünscht, aber dies ist eben der Wilde Westen und kein Wunschkonzert im Elsass. Ich helfe Amy, den langen Holztisch im Zelt mit Campinggeschirr aus Plastik und Aluminium zu decken.

»Warum können wir nicht unter der Tanne dort essen?«, frage ich sie mit sehnsüchtigem Blick nach draußen.

»Da hätten wir nicht lange Freude am Essen, die Bären und Kojoten würden sofort auf uns aufmerksam werden, und dieses Risiko möchte ich lieber nicht eingehen.«

Ein schlagendes Argument, und ich stelle weiter Teller auf den Tisch. Amys Sohn Tom kommt zusammen mit seinem Großonkel Ray zu einer kurzen Trinkpause ins Zelt.

»Wir müssen noch einmal los und die Pferde zu einer höhergelegenen Weidefläche treiben«, sagt Ray. Er ist der Bruder von Mountain Man Ron. Ihn konnte ich noch nicht genau in Augenschein nehmen, weil er bislang am Ende unseres Trosses ritt. Jetzt schaue ich Ray überrascht an, und er erklärt lachend: »Unsere Pferde versorgen sich selbst. Aber hier unten im Tal gibt es zu wenig Gras für alle.«

Da es bis zum Essen noch ein wenig dauert, gehe ich mit Ray und Tom zur Pferdekoppel und schaue zu, wie Ray dem Leittier, einem unauffälligen braunen Wallach, eine Glocke um den Hals hängt. Dann öffnet er das Gatter der Koppel, und die stattliche Herde stürmt restlos befreit von jeglichem Zaumzeug hinaus.

Es ist ein so wunderschöner Anblick, dass er sich mir für immer einprägen wird. Unsere farbenfrohen grazilen Vierbeiner traben elegant und zielstrebig die Waldlichtung hinab und hinunter zum Fluss, um noch einen letzten Schluck eisiges Gletscherwasser zu trinken. Dann bahnen sie sich einen Weg durch die Flussfelsen und Stromschnellen, springen mit großen Sätzen auf der anderen Flussseite ans Ufer und galoppieren den kaum sichtbaren Pfad ins Gebirge hinauf, den schmackhaften Grasbüscheln auf den Hochplateaus entgegen.

Tom galoppiert seitlich der Herde entlang, Ray sichert den Schluss. Die Abendsonne wirft goldene Strahlen über die Baumkronen, und eine ockerfarbene Staubwolke schwebt funkelnd über dem Fluss, als sei dies alles ein Motiv aus einem alten Westernstreifen. In der Ferne ist noch leises Wiehern und Schnauben zu hören, bis sich alles in Stille auflöst und nur noch das Vogelgezwitscher in den Baumwipfeln zu hören ist und das Rauschen des mächtigen White Rivers. Das Gebirge und der dichte Nadelwald haben unsere Herde verschlungen.

Hungrig vom gnadenlosen Teufelsritt sitzen wir schließlich alle um den gedeckten Tisch und schaufeln freudig *Grilled Chicken and mashed Potatoes* in uns hinein. Die Tischmanieren machen Pause, alle plaudern mit vollem Mund eifrig über ihre Erlebnisse des Tages. Dagmar neben mir verkündet im holprigen Englisch, dass sie nach ein paar Stunden im Sattel viel besser mit ihrem Pferd Janson zurechtgekommen ist als noch auf den ersten paar Meilen des Herwegs. »Ich habe mich jetzt schon in Janson verliebt«, ruft sie über den Tisch, »er hat so viel Charakter und einen ganz eigenen Willen!« Amy erzählt, dass Janson ein echter Mustang ist und nicht etwa irgendeine amerikanische Züchtung. Dass Dagmars Ross alles andere als gehorsam ist, konnte ich gut beobachten, weil sie meist dicht hinter mir ritt.

Warum Amy ihren Mustang gerade der unerfahrensten Reiterin der Gruppe gegeben hat, ist mir völlig unklar und erscheint mir auch fahrlässig. Janson gefährdete mehrere Male die Sicherheit der ganzen Gruppe. Er war auf den steilen Gebirgspfaden regelmäßig eigenmächtig losgerannt und in das Pferd vor ihm hineingebrettert. Einmal auch in Greenlegs. Dies führte jedes Mal zu einem Tumult unter den Pferden, was an den steilen Abhängen extrem ungünstig war. Mehrere Male hatte ich Dagmar angeboten, unsere Pferde zu tauschen. Aber sie hatte sich nicht dazu bewegen lassen, von ihrem Janson abzusteigen.

Vom Hühnchen und dem Kartoffelbrei bleibt kein Rest übrig, fast alle nehmen nach und scheinen eine große Portion zu vertragen – und für den Nachtisch ist immer noch Platz. Für jeden gibt es ein Stück Rührkuchen, den jetzt knallroter Zuckerguss ziert. »Lasst euch den Red Velvet Cake schmecken – eine Spezialität hier bei uns in Montana«, sagt Amy.

»Ah, roter Samtkuchen«, nuschelt Ulf und versucht zu lächeln, während er auf dem harten Stuhl unglücklich hin und her rutscht. Auch er will sich die Schmerzen vom langen Ritt anscheinend nicht anmerken lassen, aber wir wissen alle, wie es den anderen geht.

Nach dem Essen bin ich mit Ron und Ray für den Abwasch eingeteilt und reibe brav mit einem kleinen karierten Handtuch die Teller trocken. Die beiden urtümlichen älteren Männer tragen nach wie vor ihren Cowboyhut auf dem Kopf, dazu knallgelbe Gummihandschuhe bis unter die Ellenbogen, und zwischen ihren Zähnen klemmt lässig ein Grashalm. Belustigt blicke ich aus den Augenwinkeln zu den beiden hinüber und beobachte, wie sie in den Plastikwannen mit dem Campinggeschirr planschen und ihre Sporen bei jedem Seitwärtsschritt melodiös an den Stiefeln klirren.

Dann räumt Ron die trockenen Teller in den Schrank. Er wiegt seinen Oberkörper bei jedem Schritt stark nach links und rechts, so als sei seine Hüfte vom vielen Reiten über die Jahre steif geworden. Seine Beine haben eine solch ausgeprägte O-Form, dass Ron jedem deutschen Fußballer Konkurrenz machen würde; man könnte ein ganzes Pferd mühelos zwischen seinen Beinen hindurchschieben. Das O-Bein-Vorurteil bei Cowboys ist also nicht nur einfach eine aus der Luft gegriffene Geschichte, wie ich höchst amüsiert feststelle.

Gespült wird übrigens mit kochendem Wasser und einem guten Schuss Chlor darin, also kein Spülmittel mit sanfter Hautpflege. »*We don't want anybody to catch anything out here, being so far away from town*«, erklärt Amy. Recht hat sie, ohne Arzt in der Nähe sollten wir möglichst gesund bleiben!

Am Abend sitzen wir in der Dämmerung auf Campingstühlen und Baumstümpfen um das Lagerfeuer herum, dick eingesprüht mit hochgiftigem Moskitospray, und trinken Budweiser Beer aus der Dose oder Quellwasser mit Zitronenlimonadenpulver. Unsere kleine Reisetruppe lernt sich langsam kennen.

Die Männer der Familie Henderson sind noch etwas zurückhaltend und misstrauisch mir gegenüber. So meine ich in ihren Gesichtern große Fragezeichen zu erkennen. Was will diese seltsame Frau aus dem fernen Europa bloß hier? Ganz allein ist sie angereist und stellt so viele Fragen ... Nun, meine Outfitters sind eben keine Robinson-Club-Animateure, sondern Rinderzüchter, Farmer, Ranger und Cowboys.

Mit Tom, Amys Sohn, komme ich viel leichter ins Gespräch. Er ist nicht nur Farmer, sondern seit Kurzem auch Lehrer an der Augusta Highschool, war schon Schulbusfahrer, ist ein preisgekrönter Rodeoreiter und eben Wildnisführer, zumindest in den Schulferien. Obwohl sein jungenhaftes Lachen auf mich sehr ansteckend wirkt, sehne ich mich doch nach meiner Schlafsackecke im Damenzelt. Jim spendiert noch eine Runde Whisky als Schlaftrunk, den er aus seiner Thermoskanne in die Kaffeebecher schüttet. Dann brechen wir vier Teufelsreiterinnen zu unserem Schlafzelt auf.

Ich beschließe, nichts dem Zufall zu überlassen. Die goldige Lehrerin Bernie hat uns schon beim Abendessen vorgewarnt, dass sie schlimm schnarche. Also stopfe ich mir meine mitgebrachten gelben Flugzeugohrenstöpsel in die Ohren, ziehe die Alaska-Skiunterwäsche noch etwas höher über die Hüften, denn es wird gut unter zehn Grad Celsius gehen heute Nacht. Über die Skiunterwäsche ziehe ich noch eine saubere Jeans und eine dicke Fließjacke mit Kapuze (in Amerika so nett *Hoody* genannt), die ich mir fest über den Kopf und die Ohrenstöpsel knote. Die dicken handgestrickten Wollsocken meiner Großmutter kommen auch zum Einsatz, und ich krieche mit Wonne in meine zwei Schlafsäcke. Auch habe ich mir noch eine Wärmflasche hergerichtet, mit dem restlichen Wasser aus der großen Eisenkanne, die Amy für Tee und Kaffee ins offene Feuer gestellt hatte. Die Wärmflasche mit dem plüschigen Überzug klemme ich mir nun zwischen die Beine.

Neben meinem Kopf befindet sich ein runder Holzblock als Nachttisch, der einfach von einem Baumstamm abgesägt wurde. Darauf habe ich meine Taschenlampe gelegt, deren Akku man mit einer Kurbel aufladen muss, schließlich gibt es hier draußen keinen Nachschub an Batterien. Daneben ist gut greifbar das Bärenabwehrspray platziert (ich weiß aber immer noch nicht, wie man das Ding bedient), und dann ... bin ich auch schon eingeschlafen.

Als ich am nächsten Morgen aufwache, sind alle Mitbewohnerinnen schon aus dem Zelt verschwunden. Das war der Schlaf der Gerechten – zehn Stunden lang, ich fühle mich ausgesprochen erholt. Flott ziehe ich mir etwas über und marschiere zum Küchenzelt.

Es ist traumhaftes Wetter. Die Morgensonne wirft ein rotgoldenes Licht auf den Wald und unsere Lichtung, und ich gewinne einen ganz neuen Eindruck von dieser Gebirgslandschaft. Die grauen Felsen, die das Tal bis in den Himmel hoch einzurahmen scheinen, funkeln wie rötlich leuchtende Edelsteine. Ein paar meiner Reisekollegen sitzen mit ihren Kaffeebechern vor dem Küchenzelt in der Sonne.

»Meine Güte, Julia, du hast letzte Nacht wahrhaftig etwas verpasst!«, ruft mir Ana schon von Weitem entgegen. Wie, was habe ich versäumt? Meine Mitbewohnerinnen erzählen, was heute Nacht während meines Tiefschlafs geschehen ist. Es waren wohl irgendwo im Zelt noch ein paar Kekse versteckt, vermutlich in der Seitentasche eines Rucksacks, was uns Tucker streng verboten hatte, und ein junger Bär hatte sie gerochen und seine Nase zum Zelt hereingesteckt. Ana, die gerade zur Toilette wollte, hatte das bemerkt und Alarm geschlagen. Die tapferen Mitbewohnerinnen gingen daraufhin laut schreiend mit ihren Taschenlampen auf den Bären los, um ihn zu vertreiben. »Ich habe in der Aufregung ganz vergessen zu singen«, fügt Ana ihrer Abhandlung noch nachdrücklich hinzu. »Ich habe nur laut wie am Spieß geschrien.« Die drei schauen mich erwartungsvoll an, die Aufregung ist ihnen immer noch ins Gesicht geschrieben.

Ich bin geradezu entsetzt und kann, was selten vorkommt, erst einmal gar nichts sagen. »Das ... das muss an den Flugzeugohrenstöpseln gelegen haben. Ich habe rein gar nichts gehört«, sage ich zu meiner Entschuldigung.

Auf den Schrecken hin, den ersten Bären der Tour verpasst zu haben, kann ich erst einmal nicht an das gemeinsame Frühstück denken und streife lediglich mit einer Blechtasse Kaffee à la Wildwest-Spülbrühe in der Hand ein wenig durch das Camp, das Bärenabwehrspray sachgemäß am Gürtel versteht sich. Jedes Detail unseres provisorischen Lagers nehme ich in Augenschein und werfe immer wieder sehnsüchtige Blicke in den Wald. Ob der Bär vielleicht noch mal zurückkommt? Nein, nur ein paar Hirsche interessieren sich für die Salzlecksteine, die Tucker für die Pferde ausgelegt hat.

Ich schlendere hinab zum Fluss, um mich dort auf einen Stein zu setzen und meinen Kaffee zu trinken – vielleicht habe ich am Ufer mehr Glück, auf einen Bären zu stoßen. Das Kaffeepulver, das in eine große Eisenkanne mit kochendem Wasser gestreut wurde, ist zum Glück mittlerweile abgesunken. Damit es etwas besser schmeckt, hatte ich noch einen Teelöffel leckere Swiss Miss Hot Chocolate hinzugefügt, so ist das Gebräu einigermaßen trinkbar.

Hier am Ufer des White Rivers wird mir so langsam klar, dass ich mich wirklich mitten im Herzen der amerikanischen Wildnis befinde, jenseits jeglicher Zivilisation, fern von einfach allem. Hier kann mich niemand finden, niemand erreichen, wegholen oder stören. Es gibt nur die Pferde, die Hunde und meine kleine Reisegruppe, alle von ihnen verwandte Seelen, *Soulmates* wie man im Englischen so schön sagt. Aber diese Verwandtschaft der Seelen werde ich erst später im Laufe meiner langen Reise erkennen.

Das energische Läuten der Glocke im Küchenzelt reißt mich aus meinen Gedanken. Zeit fürs Frühstück, mein Magen brummt inzwischen hörbar vor Hunger.

Es ist unglaublich, aber die Maultiere haben palettenweise Eier über die Berge geschleppt, und es gibt *Scrambled Eggs* mit *Bacon* in rauen Mengen und Buttertoast mit Marmelade. Ohne ihre Rühreier gehen die Amerikaner wohl gar nirgends hin, und selbst die abenteuerlichsten unter ihnen wollen auf American Breakfast zu keiner Zeit verzichten. Die Eier waren zwischen Pappe und Schaumstoff eingehüllt in Alukisten verpackt worden, es befinden sich Hunderte davon im Kühlschrankzelt. Ich wollte ja in der Wildnis mal etwas weniger essen und vielleicht ein paar Pfunde loswerden, da mein Appetit zu Hause dem der Cowboys gleicht. Dies scheint bei Amys hervorragender Campküche aber nicht zu funktionieren.

Auf dem groben Holzesstisch im Küchenzelt stehen für das Frühstück zudem noch etliche Flaschen an Fertigsoßen – von Tabasco bis Barbecue, von *Corn Syrup* bis zur Blaubeersoße, und natürlich darf Ahornsirup nicht fehlen –, die Amerikaner kippen sich fast alles auf ihr Essen und alles durcheinander. Es kommt nicht nur mir dabei das nackte Grausen, auch Dagmar und Ulf schütteln verächtlich den Kopf.

Nach dem Frühstück schnappe ich mir das letzte heiße Wasser aus der eisernen Kaffeekanne und richte mir in meiner alten Safariflasche eine Tagesration Pfefferminztee her. Dies, so habe ich im afrikanischen Busch gelernt, ist das beste Getränk für die Wildnis, da das Wasser sauber und abgekocht ist und die Minze herrlich den Magen beruhigt.

The noble Art of Fly Fishing

Die Pferde brauchen nach dem Kamikazeritt von gestern eine Ruhepause, sie dürfen in den Wäldern bleiben und sich ordentlich am Gebirgsgras satt essen. Zu trinken gibt es dort oben auch genug, überall sind kleine Bäche und Teiche, wie ich auf dem Weg hierher gesehen habe.

Heute dürfen also alle machen, was sie wollen. Das Ehepaar Don und Kathy, die sich bisher immer ein wenig abseits der Gruppe gehalten haben, möchte sich unten am White River dem *Fly Fishing* widmen. Ich erfahre jetzt erst, dass meine Zeltmitbewohnerin Bernie Kathys Schwester ist. Don und Kathy sind noch nicht lange verheiratet und machen hier draußen eine Art Wildnis-Honeymoon. Nun stehen Don, Kathy und auch Bernie in hohen Gummistiefeln und mit Cowboyhut vor mir, jeder mit einer Angelausrüstung in den Händen.

»Wollt ihr wirklich Fliegen angeln gehen?«, frage ich sie völlig perplex.

Die drei lachen. »Fly Fishing ist eine sehr ernste Angelegenheit in diesem Land!«, sagt Don mit gespielter Strenge.

»Komm doch mit uns, Julia, dann siehst du, wie es gemacht wird«, schlägt Bernie vor, und Don und Kathy nicken zustimmend.

Ich muss mich nicht lange überreden lassen. »Sehr gern!«

Auf dem Weg hinunter zum Fluss befrage ich Don dann ausführlich, was es mit dem Fliegenfischen auf sich hat. Er erklärt, dass bei dieser besonderen Art des Angelns eine künstliche, aber sehr bewegliche Fliegenattrappe, meist in einer schillernden Farbe, an eine ungewöhnlich schwere Angelschnur gebunden wird.

»Ah, ich glaube, ich konnte diese künstlichen Fliegen in ihrer Vielfalt schon im Outdoor-Shop bewundern. Es gab bestimmt hundert verschiedene Sorten dort ...«

»Ja, jeder passionierte Angler bevorzugt eine andere Form oder Farbe ... und natürlich auch jeder Fisch«, erklärt Don und lacht. »Und auch die Angelrute ist eher ungewöhnlich, sehr lang und biegbar. Aber das wirklich Besondere am Fly Fishing ist die Art und Weise, wie man den Köder ins Wasser wirft.« Er will es beschreiben, stockt aber immer wieder. »Na, du wirst es ja gleich sehen.«

Eine ganze Weile stapfen wir zusammen am Flussufer entlang. »Schaut mal, dort drüben ist ein guter Platz!«, ruft Bernie, die mit ihrer Schwester vorausgegangen ist.

Für einen Laien wie mich ist in erster Linie die Anmut beeindruckend, mit der Don die Angelleine auswirft. Er schwingt die Rute samt Schnur in einer raumgreifenden Schleife durch die Luft. Dies erfolgt nicht etwa in einer einzigen Wurfbewegung, Don wirbelt die riesige Schleife mehrere Male hin und her, dabei funkelt die Leine silbern in der Sonne. Erst als Don überzeugt ist, den Köder an der richtigen Stelle im Fluss platzieren zu können, wirft er ihn kraftvoll aus. »Man muss die Fliege dem Fisch direkt vor die Nase setzten!«, ruft Don begeistert. Er hat für einen kurzen Moment wohl vergessen, dass lautes Rufen bekanntlich die Fische vertreibt.

Auch Kathy und Bernie beziehen ihre Plätze zwischen den Felsen im Fluss. Das Auswerfen der Angeln mit der glitzernden Leine hat auch bei ihnen geradezu etwas Magisches, wie ein Strahl aus Licht, der aus einem Zauberstab hervorschießt, wie ein Tanz aus Sonnenstrahlen. Dann kehrt die Ruhe ein, die zum Angeln einfach dazugehört. Ich sitze auf einem flachen Stein am Ufer und nehme mir vor, das Ganze selbst auch zu erlernen, schließlich macht es Sinn, sich zur Not in der Wildnis selbst versorgen zu können.

»Unzählige Stunden können die Angler im Fluss verbringen«, hatte Don mir unterwegs erzählt. Und dass Fliegenfischer sagen, sie könnten auf diese Weise die immerwährende Gedankenflut abschalten und ganz im Hier und Jetzt sein, ganz bei sich selbst. Sie lassen ihre Seele baumeln und finden auf diese Weise ihre innere Ruhe. Der leise Klang von Wind und Wasser, die Konzentration auf die Strömung, das kaum merkliche Anbeißen der Fische, all das schärft die Sensibilität und die Aufmerksamkeit. »Da kann man plötzlich Dinge bemerken, die einem zuvor nie aufgefallen waren, auch an sich selbst«, hatte Don gesagt. Und während ich meine drei Anglerfreunde mit versunkenem Blick auf das dahinfließende Wasser so dastehen sehen, frage ich mich, welche Gedanken ihnen gerade durch den Kopf strömen.

Ich verlasse die drei nach ein, zwei Stunden und wandere in einem gemächlichen Schritt zurück zum Camp. Ich muss an die Zeit zurückdenken, in der ich abends oft noch auf dem schönen Sandplatz bei Tübingen geritten bin, unterhalb der Wurmliger Kapelle. Damals hatte ich regelmäßig einen ähnlich meditativen Zustand erlebt, wie ihn die Angler wohl kennen. Dann wurde ich ganz eins mit meinem Reittier und der Nacht, die mich umgab, mit den duftenden Getreidefeldern um mich herum und den Rufen der Eulen im angrenzenden Wald. Auch ich kannte diesen Zustand höchster Konzentration, gekoppelt mit absolutem Loslassen, wenn alles um einen herum verschwindet und nur noch der Moment, das Erleben, das Sein zählt.

Die Reiterei in ihrer Perfektion ist für mich durchaus so

zu verstehen, wie sie schon vor Jahrhunderten beschrieben wurde – der Menschenkörper wird eins mit dem Pferdekörper. Der mächtige Pferdekörper überwiegt den des Menschen, und es ist auf einmal so, als ob man selbst mit hoher Geschwindigkeit galoppieren und über weite Gräben springen kann. Der Geist des Menschen überwiegt den des Pferdes, und so ist es, als ob nur noch die menschlichen Gedanken das Pferd steuern, man nimmt die eigenen Befehle nicht mehr wahr, denn die beiden Körper sind wie zu *einem* perfekten Körper geworden, welcher die Eigenschaften des Menschen mit denen des Pferdes vereint.

Auch habe ich immer in meinem Innersten gewusst, dass man zur Natur und zur Erde, auf der man steht, einen besseren und intensiveren Zugang findet, wenn ein Pferd dazwischengeschaltet ist, ein Phänomen, das sich die Familie Henderson mit ihren Pferdewandertouren wohl eher unbewusst zu Nutzen macht. Im Gegenzug schenken sie ihren Expeditionsteilnehmern einzigartige Naturerlebnisse, die ohne die Pferde nicht möglich wären.

Auch mit Greenlegs hatte ich schon ein paar solcher Momente der Verbundenheit mit der Natur empfunden, als wir über die Gebirgspfade entlang steiler Abhänge geritten waren. Wie wir uns beide wie von selbst einen Weg um die zerklüfteten Felsen bahnten und wie wir uns mühelos an den tödlichen Abhängen entlangschlängelten, all das mit einem Gefühl tiefen Vertrauens und dem Wissen, dass wir in unserer Verbundenheit für diese Landschaft wie geschaffen sind. Ich kann es kaum erwarten, dieses Gefühl auf meiner Reise wieder und immer wieder zu erleben.

Am späten Mittag kehren auch Don, Kathy und Bernie fröhlich und stark durchnässt ins Camp zurück – von Fischen keine Spur. Ganz umsonst habe ich mich auf gegrillte Forelle gefreut, gestopft mit Waldkräutern und Zitronenscheiben. Es gibt in dieser Gegend zudem die strenge Regel, dass nur junge und kleine Fische gegessen werden dürfen. Ab einer bestimmten Größe muss man sie wieder hineinwerfen, damit sie zur Arterhaltung beitragen können, da wohl nur die großen unter ihnen die besten Erbanlagen sicherstellen. Doch auch kleinere Fische haben die drei nicht mitgebracht.

»Julia, du glaubst nicht, was uns am Fluss vorhin noch passiert ist!«, ruft Bernie und kommt auf mich zugestürmt. Ihre kurzen Locken wippen im Takt, weil sie so ungläubig den Kopf schüttelt. Sie erwartet keine Antwort, und die Worte sprudeln nur so aus ihr heraus. »Wir wurden von einem Bären überrascht, von einem mächtig großen! Wir hatten unseren Fang in einem Eimer am Ufer stehen, da kam dieser braune Riesenbär plötzlich aus den Büschen. Er hatte wohl den Fisch im Eimer gerochen. Kathy wurde panisch, aber Don konnte sie beruhigen.« – Inzwischen steht ein kleines Grüppchen um uns herum, alle wollen die Geschichte von dem Bären hören. – »Er war riesig, ein großer brauner Gigant, nicht wahr, Don?«

»Ja, das war kein Jungbär mehr. Zum Glück hatte er sein Frühstück schon gegessen, sonst wären wir vielleicht jetzt nicht hier«, sagt Don.

Ich kann es nicht fassen. Wäre ich am Fluss geblieben, hätte ich den Bären auch gesehen. Jetzt ist mir schon der zweite Bär durch die Lappen gegangen! Ich beschließe, mich heute Nacht auf die Lauer zu legen und eventuell Köder zu verteilen, in Form von schmackhaften Keksen zum Beispiel, eingetaucht in Erdnussbutter. Drastische Umstände verlangen drastische Maßnahmen. Nach einigem Überlegen will ich unser Schicksal nun doch nicht so leichtsinnig herausfordern, schließlich gab es schon schreckliche Unfälle mit Bären, ich hoffe daher einfach auf bessere Zeiten.

Mit Jim zu Fuß durch die Wildnis

Zum gemeinsamen späten Mittagessen gibt es einen traumhaften Eintopf aus Rindfleisch, Karotten, Sellerie und Kartoffeln – gekocht in einem der großen gusseisernen Töpfe, die man ins offene Feuer stellt, einem *Dutch Oven*. Mit höchst zufriedenem Lächeln setzt sich der alte Jim neben mich. »Zu Hause bekomme ich nie so gute Kost«, sagt er und greift nach dem Besteck. »Ich bin eben ein ziemlich schlechter Koch.«

Verständnisvoll nicke ich ihm zu. »Amy ist aber auch eine wirklich hervorragende Campköchin«, erwidere ich.

»Na, dann lasst es euch mal schmecken!«, ruft Amy zwinkernd zu uns herüber, sie hat unseren kleinen Plausch anscheinend gehört.

Jim hatte beim Frühstück schon angekündigt, eine Wanderung hinauf zum Gladiator Mountain und zu den Wasserfällen machen zu wollen. Während der Morgenstunden war er allerdings damit beschäftigt gewesen, seine zahlreichen Jagd- und Taschenmesser zu schleifen und seine Expeditionsausrüstung in Ordnung zu bringen. Ich frage ihn nach dem Essen, ob er seine Wanderung heute noch in Angriff nehmen möchte und ich ihn begleiten darf. Jim freut sich und lässt mich gern mitkommen.

Als wir gemeinsam das Küchenzelt verlassen, zucke ich beim Anblick eines Eimers, der in einer Ecke des Zeltes steht, zusammen. Es schwimmen mehrere tote Mäuse darin. Tucker hatte den Eimer mit Ködern und Wasser über Nacht hingestellt, und die hineingelockten Mäuse hatten aus eigener Kraft nicht mehr herausgefunden und waren ertrunken. Wie grausam diese Fangmethode ist!, denke ich mit Schaudern, ich hätte Tucker eigentlich etwas tierfreundlicher eingeschätzt.

Jim, den ich wie Ron und Ray auf um die siebzig schätze, trägt wie immer seinen schicken Safarihut auf seinem vollen weißen Haar und eine kleine Whiskyflasche am Gürtel.

Beim Anblick der kleinen Flasche muss ich unwillkürlich an die vielen Thermoskannen denken, die beim gestrigen Ritt durch das Gebirge am Sattel von Jims Pferd Hewy freudig klimperten. In den bunten Kannen befanden sich verschiedene edle Whiskysorten, ohne die Jim nicht in die Wildnis reisen wollte. Erstaunlich war, dass sich Jims stattliches Pferd von dem Geklimper der Kannen in keinster Weise irritieren ließ. Hewy, ein hellbeiger belgischer Kaltblutwallach, der mindestens eine Tonne Gewicht auf die Waage bringt, war gestern von den Packmaultieren kaum zu unterscheiden gewesen. Nur durch seine imposante Größe stach er aus der Gruppe der Lastentiere heraus. Den gestrigen Tag war er trotz enormer Gepäcklast und Eigengewicht überraschend leichtfüßig durch das Hochgebirge gestiegen. Denn Jim führt neben all den Whiskyflaschen seinen halben Hausstand am Sattel mit – Fernglas, Kamera, Messer, Baumsäge, Wasserflaschen und ein Zusatzset spezieller kleiner Satteltaschen, eigens für den Sattelknauf angefertigt, um seinen Proviant griffbereit zu transportieren. Und dann hat er noch ein Objekt am Knauf befestigt, um das wir ihn alle besonders beneiden: ein Westernsattelkissen, um auf der steinharten Sattelfläche etwas weicher zu sitzen. Ach, hätte ich mir nur auch so ein Polster mitgebracht ...

Heute fesseln jedoch nicht Jims Whiskybestände meinen Blick, sondern sein altmodischer Magnum Colt, den er an einem Lederriemen um die Brust geschnallt trägt. »Wir brauchen den, falls die Grizzlys Probleme machen«, sagt er trocken, als er meinen skeptischen Blick bemerkt. Die imposante antike Schusswaffe mit weißem Griff, vielleicht aus Elfenbein, und einer geschwungenen altertümlichen Gravur im Metall, bereitet mir ein eher unwohles Gefühl im Magen.

Jim erinnert mich an einen konföderierten Soldaten im amerikanischen Unabhängigkeitskrieg, wie man sie von historischen Bildern kennt.

Ich habe meine Wanderstiefel und eine lange Hose an – die Hendersons haben uns schon mehrfach vor der giftigen Efeu-Art, *Poison Ivy*, gewarnt, wovon man bei Berührung schrecklich brennenden Ausschlag bekommt. Leider weiß ich nicht mehr genau, wie diese Pflanze aussieht, die Ron mir gestern vom Pferd aus gezeigt hatte. Auf den Colt um die Brust habe ich verzichtet (nicht, dass ich einen im Marschgepäck mitgebracht hätte oder ihn auch nur bedienen könnte), dafür habe ich meinen Cowboyhut auf und halte einen Wanderstock in der Hand, den ich am Lagerfeuer heute früh gefunden habe.

In meinen kleinen Rucksack habe ich etwas Proviant gepackt, schlabbriges Weißbrot mit Erdnussbutter und Marmelade darüber, einen Schokoriegel und einen Apfel. Den Schokoriegel nehme ich in Anbetracht meiner kneifenden Wanderhose und den imposanten Figuren der Cowboys allerdings wieder heraus. Ach ja, und das Bärenabwehrspray an meinem Gürtel, das muss natürlich auch mit.

Gemächlich stapfe ich nun hinter Jim den Berg hinauf, der sich für einen schmalen Pfad entlang des White Rivers entschieden hat, in Richtung des Wasserfalls namens Needle Falls. Wir marschieren und marschieren zwischen Bäumen und Sträuchern, Kiefern und Föhren, Fichten und Tannen, Birken und Pappeln.

Die Erde unter unseren Füßen ist sandig und trocken, und überall wachsen Beeren, die ich mir im Vorbeigehen pflücke.

Kein Wunder, dass es den Bären hier so gut gefällt. Es gibt süße Blaubeeren, im Englischen *Huckleberries* genannt, eine Himbeerart, die sich vor allem durch die Größe ihrer Früchte hervortut, und auch viele Sträucher mit winzigen Stachelbeeren. Das Aroma jeder einzelnen Beere ist so unglaublich und kein Vergleich mit den gekauften Zuchtbeeren aus den heimischen Supermärkten. Während ich hier und da nach einer Beere hechte, plaudern Jim und ich über Gott und die Welt, und ich merke gar nicht, wie weit wir schon ins Gebirge vorgedrungen sind.

Plötzlich bleibt Jim stehen. Er starrt auf einen schwarzen Haufen Kot, der sich in der Mitte des Pfades befindet. »Ah, noch frisch«, flüstert Jim mit seinem breiten Akzent. »Von einem Schwarzbären oder einem Grizzly vielleicht.« Da habe ich also als Einzige vom Expeditionsteam immer noch keinen Bären vor die Nase bekommen, aber nun frisch abgelegten Bärenmist. Na, wenn das mal nicht enttäuschend ist, aber vielleicht ist der Verursacher ja noch in der Nähe. Immerhin flüstern wir nun nur noch und gehen mit aller Vor- und Umsicht weiter. Aber wie soll's auch anders sein: wieder kein Bär in Sicht.

Nach dem imposanten Bärenhaufen wird der Pfad immer steiler und anstrengender, doch ich lasse mir die Begeisterung für die Natur um mich herum nicht nehmen. Jim hofft auf einen grandiosen Ausblick auf die berühmten Needle Falls und marschiert stoisch den Berg hinauf. Trotz aller Beschwerden könnte ich immer so weiterwandern. Ganz unverhofft verbreitert sich der sandige Pfad, und wir kommen auf einer Art natürlicher Aussichtsplattform an, deren Felskante über dem Abgrund nur mit ein paar Stachelbeerbüschen umsäumt ist. Hinter den Büschen geht es senkrecht hinab in das White-River-Tal.

Jim hat sich nicht umsonst gefreut, der Blick auf den

Wasserfall und den gewaltigen White River, der sich von hier oben wie ein Rinnsal durch die Landschaft schlängelt, raubt mir fast den Atem. Doch dann muss ich lachen, sind die farbigen Punkte da unten nicht Dagmar, Ulf, Ana und Gail, die wie Ameisen das Tal entlangkrabbeln? Die vier müssen über die Felsen am Flussufer geklettert sein und erreichen gerade einen der Wasserfallpools. Jetzt plantschen sie auch schon in einem der Teiche, die über Millionen von Jahren aus dem Felsen herausgewaschen worden sind. Wie gern hätte ich auch ein Bad dort unten genommen, aber ich kann mir das lustige Spiel im Wasser nur von hier oben aus ansehen, denn es gibt keine Möglichkeit für einen sicheren Abstieg.

»Komm, Julia, wir stärken uns erst einmal!«, schlägt Jim mir vor, und wir suchen uns ein paar Felsen, die herrliches Panorama und gute Sitzflächen bieten. Bei Weißbrot mit Erdnussbutter und Marmelade sowie einer angemessenen Whiskyration neben dem mitgebrachten Quellwasser kommt Jim ins Erzählen.

Dass es nicht seine erste Expedition im Sattel über die Rocky Mountains ist, hatte ich schon mitbekommen. Er ist mit unseren Outfitters, der Familie Henderson, nun zum dritten Mal unterwegs, erzählt er. Er verrät mir, dass er sonst wie ein Einsiedler allein in einer Blockhütte in den Wäldern des Staates Washington lebt, nur mit einem Hund als Gefährten, denn sein Pferd musste er vor kurzem abgeben.

»Meine Frau ist vor drei Jahren an Krebs gestorben, daraufhin habe ich mein Leben in der Stadt aufgegeben, verstehst du? Ich musste in die Wildnis.« Der Schmerz über den Verlust macht seine Stimme für einen Moment brüchig. Dann fährt er mit fester Stimme fort: »Aber immer nur allein zu sein, das bekommt mir nicht, deshalb nehme ich manchmal an den Expeditionen der Hendersons teil. Ich bin mit ihnen schon lange befreundet und habe so viel mit ihnen gemeinsam.«

Ich hatte Jim schon am ersten Abend in Augusta ins Herz geschlossen und empfinde jetzt ein tiefes Mitgefühl mit ihm. Er erzählt mir noch von seinen Söhnen, die sich so liebevoll aus der Ferne um ihn kümmern, von der Zeit, als sie noch klein waren, als die Familie noch zusammen war und noch niemand in den Himmel entflohen war. Er kommt ins Träumen, und ich lausche seinem klangvollen und melodiösen Amerikanisch, während ihn die Erinnerungen an sein altes Leben einholen.

In dieser Wildnis, in dieser Weite findet wohl auch Jim wieder zu sich selbst. Hier scheut er nicht den Blick auf das Leben, wie es einmal war, wie es heute ist und vielleicht einmal sein wird. Hier draußen, jenseits der Zivilisation, ist Raum, um zu wachsen und zu verstehen. Und Jim ist ganz sicher nicht der Einzige unserer Gruppe, der hierhergekommen ist, um seine Gedanken zu sortieren und vielleicht auch Wunden der Vergangenheit zu heilen. Jim ist für mich viel mehr als der typische Amerikaner mit einem großen Herzen, gesundem naiven Idealismus und einem tiefen Glauben an das Gute – er ist bei dieser Wanderung für mich zu einem Seelenverwandten geworden, zu einem *Soulmate.*

»Meine Güte, Julia, jetzt habe ich dir meine halbe Lebensgeschichte erzählt«, sagt Jim, während er ächzend aufsteht. »Du hast mir von dir noch überhaupt nichts erzählt.«

»Ach, das holen wir nach«, antworte ich, »wir sind ja noch eine Weile zusammen unterwegs.«

Während des Abstiegs sprechen wir weniger miteinander, beide sind wir tief in unsere Gedanken versunken.

Die Amerikaner sind meist so offen und authentisch, so gar nicht verschlossen und verbohrt, wie man es oft unter uns kühlen Deutschen erlebt. Menschen, die sich seit Jahrzehnten kennen und doch nichts voneinander wissen, wohlgepflegte

Fassaden, die mit der Realität oft wenig gemeinsam haben. Nein, auf solche menschlichen Blockaden trifft man in den Vereinigten Staaten eher selten, dafür auf eine ernstgemeinte Herzlichkeit, die mir schon bei meinen vielen Geschäftsreisen so häufig die Sprache verschlagen hat. Und zu der viel zitierten Oberflächlichkeit kann ich nur sagen – nein, oberflächlich sind sie wirklich nicht, die Landsleute meiner vorübergehenden Wahlheimat. Sie sind nur kurzweilig, mit Herz und Seele im Gespräch und ganz eins mit dem eben getroffenen fremden Menschen, und dann im nächsten Augenblick schon wieder weitergezogen, zu neuen Bekanntschaften, neuen Erfahrungen und Gesprächen.

Mir kommt es auch so vor, als würden die Amerikaner mehr zu sich selbst stehen, sie sind stolzer auf das, was sie tun, und wenn sie als Lastwagenfahrer oder Farmer arbeiten. Man schaut weniger auf seine Mitmenschen hinab als bei uns, gönnt sich gegenseitig den Erfolg und auch den Wohlstand und verzeiht sich Misserfolge großzügiger. Dieser *American Way of Life* liegt mir schon sehr. Ich fühle mich auf diesem Kontinent besser aufgehoben als zu Hause im Schwabenland. Ich fühle nicht erst heute zum ersten Mal ganz tief in meinem Bauch, dass ich weit besser zu dieser Seite des Atlantiks passe.

Mit dieser für mich wichtigen und tiefgreifenden Erkenntnis tauche ich aus der Wildnis auf, neben mir schlendert Jim – und vor uns, ja vor uns winkt uns Ray zu. Ray, der gerade die Camp-Toilette benutzt oder, besser gesagt, das Camp-Plumpsklo. Es besteht aus einem tiefen Loch im Boden, auf das eine Art Sockel aus kleinen Baumstämmen gebaut wurde, mit einem festgenagelten Toilettensitz darauf. Darüber wurde ein schmales Zelt in Mannshöhe errichtet, das aber nur an drei Seiten geschlossen ist. Die vierte Seite haben die Hendersons vom Camp weggedreht und offen gelassen, sodass man die herrliche Aussicht zum White River genießen kann. Dort sitzt Ray mit heruntergelassenen Hosen und haarigen Beinen und winkt freudig mit der Zeitung von letzter Woche herüber.

»Hattet ihr eine gute Aussicht?«, ruft er.

»Wundervoll, einfach wundervoll!«, rufe ich zurück.

Zurück im Camp kommt Bernie mit nassen Haaren um die Zeltecke marschiert und schwärmt, was für eine herrliche Dusche sie soeben hatte.

»Wie, du hattest eine Dusche?«, frage ich.

Bernie führt mich in den Wald hinter das Küchenzelt, wo aus ein paar Baumstämmen und einer Plane eine Art Badezimmer errichtet worden ist.

»Das ist nicht dein Ernst, Bernie! Es gibt hier eine Dusche?«, frage ich sie verblüfft.

Vom Baum herunter hängt ein Haken, an dem ein Sack aus schwarzem Gummi samt Schlauch und Duschkopf hängt. Der Sack enthält Flusswasser. Nach dem Einfüllen legt man ihn in die Sonne, und die schwarze Gummiaußenhülle erhitzt das Wasser. Man muss das Wasser vor dem Duschen sogar ein wenig abkühlen lassen, da es sonst zu heiß wäre. Auf dem Boden unter dem Sack befindet sich eine Art Rost aus dünnen Fichtenstämmen, damit das Wasser abfließen kann und man nicht im nassen sandigen Waldboden steht.

Es ist nicht zu glauben, da erfriere ich fast im wilden White River und riskiere Erkältung, Unterkühlung und Bärenbiss, und hier oben *showered* meine Mannschaft genüsslich unter heißem Wasser. Die Badeaktion von gestern Abend hat mir allerdings den Titel *The German Pioneer Lady* eingebracht, den ich stolz die nächsten Wochen verteidigen werde.

Waffen und sonstige weibliche Accessoires

Nach dem Abendessen mit Rinderbraten in Zwiebelsud und einem selbstgebackenen Zitronenkuchen samt dicker Zuckergussschicht setze ich mich wieder auf einen großen Stein am Ufer des White River und lausche dem Gurgeln des Wassers. Es ist warm, und die Abendsonne hüllt das graue Gebirge in rotgoldenes Licht, in den Baumwipfeln zwitschern die Vögel ihr Abendlied.

Ich hänge meine Füße ins Wasser und habe das Bärenabwehrspray zur Sicherheit neben mich gelegt. Still hänge ich meinen Gedanken nach, sehe das Schwabenland, meinen Arbeitgeber, meine Freunde vor mir. Alles ist nach nur zwei Tagen in der Wildnis wie ein Lichtjahr entfernt.

Als ich klein war, erzählte mein Vater beim Abendessen gern von allerlei physikalischen Phänomenen, vom freien Fall, von der Trägheit der Masse und von der Relativität von Raum und Zeit. Wenig habe ich damals verstanden, später im Gymnasium ein klein wenig mehr. Aber eines wird mir hier am Ufer des White Rivers bewusst: Die Zeit in diesem Universum ist nicht nur relativ, sondern auch das menschliche Zeitgefühl höchst variabel und situationsabhängig. Die Tage hier draußen werden zu Wochen, die Wochen zu Monaten. Es gibt kein Vorgestern und kein Übermorgen, es gibt nur das Hier und Jetzt am White River, mein Pferd, mein Zelt und meine Weggefährten. Vieles, was ich im Schwabenland zurückgelassen habe, scheint mir hier draußen geradezu abstrus – Entscheidungen, die ich getroffen habe, Wege, die ich eingeschlagen habe, Beziehungen, die ich geführt habe und immer noch führe.

Hier draußen lasse ich mich treiben, beobachte aufmerksam aus der Stille heraus, lasse geschehen, nehme an. »*Go with the flow*«, sagt meine beste Freundin Benita immer. Diese Aussage wird auf meiner Reise eine ganz neue Bedeutung gewinnen, und erst jetzt verstehe ich, was wirklich damit gemeint ist. Ich reite dahin auf dem Pferderücken, über Pfade, über Baumwipfel hinweg. Ich reite durch Raum und Zeit, durch Schnee und Hitze, durch Flüsse und Täler, über Wolken und auf dem Rücken des Windes. Ich will immer so weiterreiten, nie wieder aufhören, Reiten durch die Unendlichkeit.

Mein verträumter Blick fällt zur Seite auf mein Bärenabwehrspray neben mir. Ich trage es brav jede Minute des Tages bei mir, habe aber immer noch keine Ahnung, wie man es bedient. Ich nehme es in die Hand und befreie es vom Gummiband, das den vermeintlichen Abzug vor allzu viel Beweglichkeit schützt.

Eigentlich könnte es nicht schaden, das Ding mal auszuprobieren. Was macht es für einen Sinn, das Ganze mit mir herumzuschleppen, wenn ich mich nicht damit verteidigen kann. Ich stelle mich entschlossen ans Ufer, drücke auf den roten Hebel, und es haut mich auf einen Schlag fast nach hinten um. Meine Hand schnellt nach oben, und mit roher Gewalt schießt eine orangefarbene Gaswolke aus der Flasche hervor, die eine solche Wucht mit sich bringt, dass sich der leuchtende Strahl fast über das ganze Flussbett erstreckt.

Ich bin völlig perplex. In Bruchteilen von Sekunden merke ich, dass der Gasstrahl durch den schräg abwärtsgerichteten Einfallswinkel und die enorme Wucht vom Wasser zurückgeworfen wird und der Schuss im wahrsten Sinne des Wortes nach hinten losging. Und schon bin ich selbst in orangefarbenes Gas eingehüllt, und ich spüre brennendes Stechen auf der Haut und in den Augen. Die Brisanz der Lage ist mir augenblicklich klar und auch, dass ich mich vollkommen geirrt habe, denn das Bärenspray ist nicht nur für einen Bären mit hochsensitiver Nase problematisch. Nein, in was ich in dieser Sekunde eingehüllt bin, ist reines Kampfgas, CS-Gas oder schlimmer.

Das Gas verätzt mir die Haut wie Säure, und ich werfe mich mit entschlossener Kraft in den Fluss. Keine Kälte und keine Strömung sind mehr von Bedeutung, ich wasche wie besessen mein Gesicht und meine Augen aus, mitten im Fluss. Wieder und wieder tauche ich meinen Kopf unter die eisige Wasseroberfläche, meine Ohren schmerzen, als seien sie mir abgerissen worden, meine Gesichtsmuskulatur kann nicht mehr bewegt werden, aber es hilft alles nichts. Es dauert eine gute halbe Stunde, bis ich das Gefühl habe, nur noch ein leichtes Brennen in den Augen und auf dem Gesicht zu verspüren. Meine Beine und mein Unterleib sind taub und abgefroren, und auch meine Hände haben kein Gefühl mehr.

Was für eine Dummheit! Ich stapfe triefend ans Ufer und bin erleichtert, die Situation wieder einigermaßen im Griff zu haben. Benommen torkle ich über die Felsen und Steine, wähle zum Trocknen meinen bewährten Felsen aus und ruhe mich vom panischen Gesichtswaschen aus. Hoffentlich kommt jetzt kein Bär vorbei, nachdem das Spray fast verschossen ist. Aber von der Wirksamkeit der Bärenabwehrwaffe bin ich allemal überzeugt. Das nächste Mal probiere ich besser eine Pumpgun aus.

Später beim abendlichen Lagerfeuer erzähle ich kleinlaut von meinem Missgeschick, nur um großes Gelächter zu provozieren und wenig Mitleid zu ernten. Nur Tucker bleibt ernst und erzählt, wie einst im Winter sein Bärenspray in der Satteltasche durch die klirrende Kälte und den Unterdruck im Gebirge geplatzt ist und er sich samt Pferd verätzt hatte. Auch er hatte ähnliche Panikattacken und musste seine Augen mit Schnee auswaschen und auch die Augen des Pferdes. Dann erzählt er noch, dass seine feuchten Kleider mit dem Gas reagiert hatten und er Verbrennungen an den Beinen davongetragen hatte. Erst jetzt fällt mir auf, dass meine Beine immer noch ordentlich brennen, ich dies aber vor lauter Erleichterung über die genesenden Augen gar nicht beachtet hatte.

Ich düse in mein Zelt und ziehe die Hosen aus, um festzustellen, dass meine Beine krebsrot sind und deutlich verätzt. Ich wasche sie noch einmal gründlich im Fluss, aber der Zustand bleibt, und ich habe eine ordentliche Verbrennung davongetragen. *Holy moly!* Die ganze Nacht liege ich wach in meinem Zelt, weil mein kompletter Körper so scheußlich brennt und sticht.

Am nächsten Morgen, es ist mein dritter Tag in der Bob Marshall Wilderness, wache ich schwer gerädert in meinen zwei Schlafsäcken auf. Meine Verbrennungen sind immer noch deutlich sichtbar und auch deutlich zu spüren.

Auf dem Weg hinunter zum Küchenzelt bemerke ich eine allgemeine Unruhe unter den Cowboys und auch unter den Expeditionsteilnehmern. Tucker und sein Sohn Tom satteln in großer Eile ihre Pferde, und Amy rennt aufgeregt zwischen Küchenzelt und den Familienangehörigen hin und her. Schon bald erfahre ich den Grund. Die Pferde werden wie bereits beschrieben jede Nacht von den Cowboys ins Gebirge hinaufgetrieben, da es auf den Hochplateaus und in den Hochtälern weit mehr Gras gibt als in den waldigen und felsigen Flusstälern hier unten. Das Leittier trägt eine Glocke um den Hals, damit die Cowboys ihre Herde am nächsten Morgen leichter finden können. Um aber erst einmal in die Nähe ihrer Tiere zu kommen, müssen die Cowboys aufmerksam die Hufspuren auf dem steinigen, mit Geröll bedeckten Untergrund lesen und verfolgen, wie schon einst die Indianer. Dies gelingt ihnen in den meisten Fällen gut, sofern alle Herdenmitglieder zusammenbleiben. Aber in der letzten Nacht haben sich die Tiere in verschiedene Gruppen aufgeteilt. Das kann passieren, wenn sich die Herdenmitglieder nicht gut kennen und sich untereinander nicht besonders verstehen. Amy erzählt mir, dass sie im Frühjahr einige Pferde neu dazugekauft hatten und auch einige Packmaultiere, da sie regelmäßig gezwungen sind, Pferde und Maultiere abzugeben, die der Schwerstarbeit nicht mehr gewachsen sind. Die neueren Tiere haben wohl eine eigene Untergruppe gebildet mit ihrem eigenen Leittier, haben sich weit von der großen Herde entfernt und sind nun unauffindbar.

Die Männer der Familie Henderson suchen bereits seit Stunden nach den Tieren und kehren immer wieder ins Camp zurück, um sich abzusprechen und den Suchtrupp neu aufzustellen. Sie sind ausgestattet mit Fernrohren und Ferngläsern, und auch von hier unten spähen sie immer wieder durch ihre Gläser ins Gebirge hinauf. Jetzt donnern Tucker und Tom auf ihren Pferden ein weiteres Mal durch den Fluss und auf den schmalen Pfaden hinauf zum grasbewachsenen Hochplateau des Rampart Mountain.

Amy brät nervös am Feuer die Rühreier fürs Frühstück. Sie erzählt, dass sie vor zwei Jahren im Herbst einige Pferde dauerhaft verloren hatten. Die Tiere hatten sich ebenfalls abgesondert und sich weit entfernt im Dickicht versteckt, wo sie dann wohl Wölfen zum Opfer fielen, da eine kleine Herde weit weniger verteidigungsstark ist als eine große. Ein Mountain Ranger fand im Frühling darauf nur noch ein paar Beinknochen samt Hufen und Hufeisen zwischen den Felsen. An den speziellen Hufeisen konnte Tucker dann ausmachen, dass es sich um seine Pferde handelte.

Nach dieser Geschichte werden wir alle ein wenig nervös,

und ich frage, welche Pferde eigentlich fehlen. Es ist der rotweiß gesprenkelte Whisky, der den tapferen Ulf aus Hessen in seinen eleganten Halbschuhen und leuchtend roter Baseballmütze übers Gebirge trägt. Auch fehlt der undefinierbar gefärbte, aber dafür schwergewichtige Strawberry, auf dem Kathy mit stets schmerzverzerrtem Gesicht reitet. Die übrigen fehlenden Pferde sind mir noch nicht namentlich bekannt, ich bin aber sehr froh zu sehen, dass mein kleiner Greenlegs zufrieden auf der Koppel steht und gerade aus der Badewanne trinkt. Da wir hier unten vom Tal aus nicht allzu viel tun können, setzen wir uns mit den Plastiktassen nervös vor das Küchenzelt in die Sonne und trinken Kaffee und hoffen auf das Beste.

Das Glück ist uns heute Morgen hold, denn ein paar Stunden später tauchen Tucker und Tom mit Ray auf der Waldlichtung auf. Sie haben die verlorenen Tiere gefunden und den Rampart Mountain hinabgetrieben. Amy ist sichtlich erleichtert, und auch den Cowboys ist die Fröhlichkeit sogar auf die Entfernung hin anzusehen. Selbst die Pferde wirken glücklich, als sie sich innerhalb der Umzäunung durch den Staub rollen und aus der hübschen hellblauen Badewanne trinken. Tucker lehnt erschöpft am Zaunpfosten und sagt zu mir, ohne den Blick von seinen Rössern zu wenden: »Ich bin so froh, dass wir sie gefunden haben. Der alte Gauner Hammer, der aggressive schwarze Maultierwallach dort drüben, hat ein paar der anderen Jungs von der Herde weggelenkt.«

»Jungs?«, frage ich ihn.

Tucker erklärt, dass seine Herde ausschließlich männliche Tiere umfasst, die durch Kastration zu Wallachen gemacht wurden. Dass man durch das unwegsame Gebirge nicht mit unberechenbaren Hengsten reiten kann, ist mir klar. Dass aber die große Herde keine einzige Stute enthält, überrascht mich, nachdem sich Stuten und Wallache meist besonders gut verstehen und allemal besser als Stuten unter sich.

Das Problem, so erfahre ich, sind die Maultierwallache. Aus nicht geklärten Umständen ist durch ihren genetischen Mix der Sexualtrieb trotz Kastration nicht eingedämmt, obwohl Maultiere ja bekanntlich unfruchtbar sind. Die Folge ist, dass sie wie besessen auf die Stuten in der Herde Jagd machen und sich dabei auch noch gegenseitig anspornen. Die Stuten werden in manchen Fällen bis zum Zusammenbruch von ganzen Maultiermännergruppen gehetzt und verfolgt. Dies gilt seltsamerweise nur für die Pferdestuten. Maultierstuten würden von den lüsternen Maultierwallachen verschont bleiben. Um der Gefahr aus dem Weg zu gehen, hat Tucker seit jeher keine Stuten in seine Herde aufgenommen und somit auch noch nie Nachwuchs gezüchtet.

Nun, und die berüchtigten Maultierwallache – da hat Tucker ein ganz spezielles Exemplar mit in die Wildnis gebracht, eben den schwarzen Hammer, der für ein Maultier auffällig groß ist und über einen ungewöhnlich langen Kopf mit klugen kleinen Äuglein verfügt. Seinen Namen hat er erhalten, weil er beim Beschlagen dem armen Tucker zwei Rippen mutwillig mit dem Hinterhuf eingetreten hat. Ab diesem Zeitpunkt ging Tucker dazu über, Hammers Beine an den Knöcheln zu fesseln und ihn behutsam auf eigens dafür hergerichtete Heuballen zu legen, um ihm die Hufe gefahrlos mit Hufeisen beschlagen zu können. Tucker erzählt weiter, dass Maultiere ein sehr gutes Gedächtnis haben. Dies kann zu Racheakten führen, denn ein Maultier vergisst nie. Sollte ein Mensch ein Maultier einmal schlecht behandelt haben, dann sollte der Mensch noch nach zehn Jahren oder mehr vorsichtig sein. »Aber ich habe Hammer nie etwas angetan«, schwört er und streicht lachend über die ehemals gebrochenen Rippen.

»Darf ich demnächst mal ein Maultier reiten?«, frage ich ihn.

»Klar«, sagt er und lacht dabei schallend. »Aber bedenke, dass Maultiere häufig ohne Lenkrad geliefert werden. Daher muss man manchmal absteigen und das Tier in die richtige Richtung schieben, dann erst kann man wieder aufsteigen und weiterreiten.«

Ich hatte es mir in meiner Greenhorn-Arroganz wahrlich einfacher vorgestellt, ein Maultier zu reiten. Der braunweiß gescheckte Maultierwallach Flower belehrt mich am nächsten Tag jedoch eines Besseren. In der Morgendämmerung schwingen wir uns auf die Pferde – und ich eben auf Flower.

Der mir wärmstens empfohlene Maultiermann schleift mich schon die ersten Meter unserer ausgedehnten Tagestour querfeldein durch die Büsche, später lässt er mich sogar an einem tief hängenden Baumast zurück und läuft ohne mich weiter, während ich noch in der Baumkrone baumle.

Von der herrlichen Landschaft bekomme ich an diesem Tag nicht allzu viel mit. So viele Kratzer und Schrammen habe ich noch nie bei einem Ritt davongetragen. Und in der Tat muss ich auch ein paarmal von Flower absteigen, um ihm vom Boden aus die Richtung zu weisen, denn einfach den anderen Tieren zu folgen, kommt ihm nicht in den Sinn.

Auch sein Tritt ist keineswegs weich gefedert, wie den Maultieren immer nachgesagt wird, sondern hart wie ein Fahrrad auf einem Schotterweg. Seine Schritte sind kurz und holprig, und ich fühle mich in keinster Weise sicher. Schon gar nicht, als wir uns den steil abfallenden Felskanten an den Seiten der Pfade nähern. Der gute Flower reagiert auf nichts und wieder nichts, sodass ich am Tag danach ein für alle Mal wieder auf die reinrassigen Vierbeiner umsteige, Esel und Maultier für immer hinter mir lasse und mich an meinen treuen Greenlegs halte.

Was haben Wildnis-Ranger Ray und ich gemeinsam?

Seit einigen Tagen bin ich nun schon in den Rocky Mountains mit Greenlegs, der Familie Henderson und den anderen acht Wildwest-Getreuen unterwegs. Das Gebirge scheint mir jegliches Zeitgefühl genommen zu haben. »Was haben wir heute für einen Wochentag?«, frage ich Dagmar regelmäßig, aber mittlerweile ist auch sie nicht mehr auf dem Laufenden.

Überhaupt scheint in mir etwas vorzugehen, das ich noch gar nicht richtig einordnen kann. Stand ich mit Greenlegs bisher als eine der Ersten morgens hellwach in der Pferdekette, um beim Losreiten den Platz gleich hinter Ron zu haben, so lasse ich an diesem Tag allen anderen den Vortritt und fädle mich stillschweigend am Ende des langen Tracks ein. Und das, obwohl wir als Etappenziel heute ein wahres Highlight ansteuern: Es geht hinauf zur gigantischen Felsformation *Chinese Wall*, die nicht weit von der kanadischen Grenze entlang verläuft.

Anstatt Ron führt am heutigen Tag Tucker mit seinem schwarzweißen Schecken den Track an, hinter sich her zieht er ein Maultier, das schwer mit Werkzeugen beladen ist. Es hängen große Baumsägen, mehrere Äxte und auch Seile vom Tragegerüst herab. Ein Wildnis Ranger, ein Wächter und Hüter der Bob Marshall Wilderness, hat Tucker letzte Woche mitgeteilt, dass ein Teil des Pfades hinauf zur *Chinese Wall* durch umgestürzte Bäume versperrt ist. Tucker hat mit seinem Sohn Tom die Aufgabe bekommen, den Weg wieder passierbar zu machen. Ich sehe gedankenverloren zu, wie die anderen sich der Reihe nach mit ihren Pferden für den beschwerlichen Ritt heute aufstellen, und auch ich nehme meinen Platz in der Pferdekette ein.

Hinter mir befindet sich jetzt nur noch Ray Henderson, er bildet das Schlusslicht, den Lumpensammler sozusagen, wie man das letzte Glied der Kette beim Skifahren nennt, damit auch keiner unbemerkt zurückbleibt. Ray scheint sich zu freuen, dass ich ihm auf den hinteren Rängen Gesellschaft leiste. Er strahlt mich an, und ich meine etliche Goldzähne in seinem Mund aufblitzen zu sehen. Ray ist trotz seiner siebzig Jahre der attraktivste Mann der Gruppe – und auch immer zu einem Plausch bereit. Es dauert nicht lange, und er reißt mich mit seiner fröhlichen Art aus meiner verträumten Stimmung. Und dann setzt sich unser Pferdetrack langsam in Bewegung.

Auch auf unserer heutigen Wanderung bin ich wieder vollkommen von den so unterschiedlichen Gebirgslandschaften der Bob Marshall Wilderness überrascht. Unsere Pferde bewegen sich behutsam über extrem steiles und felsiges Gelände, über rutschige Felsplatten, auf denen die Hufeisen der Vierbeiner zu wahren Schlittschuhen werden. Mit angehaltenem Atem sitze ich bewegungslos auf Greenlegs, in der Hoffnung, dass er trotz der ins Rutschen geratenen zwei Hufe immer noch auf den verbleibenden übrigen Hufen stehen kann und wir nicht in die nächste Felsspalte stürzen.

Die Pflanzenwelt hat sich an die karge Landschaft angepasst, durch die sich unser steiniger Pfad schlängelt. Es wachsen knorrige Kiefern aus den Felsspalten hervor und Blumen, die die Beschaffenheit von Kakteen haben. Gras gibt es hier oben keines mehr, und auch die Laubbäume wollen lieber weiter unten im Tal wachsen. Die Szenerie scheint aus einem Fantasyfilm entsprungen, und wir kommen immer wieder an geräumigen Höhlen im hellbeigen Gestein vorbei, in denen vermutlich demnächst Bären ihren Winterschlaf beginnen werden. Immer weiter und weiter hinauf führt uns der gefährliche Pfad.

Tucker lässt uns alle kurz in einer Wegbiegung anhalten, um uns vor einer besonders gefährlichen Felsplatte am Steilhang zu warnen. Wir sollen unbedingt um sie herumreiten und nicht darüber.

Als wir die Stelle erreichen, machen meine Mitreiter vor mir tatsächlich alle einen großen Bogen um die Platte. Dann bin ich an der Reihe, und wie von Geisterhand beschließt Greenlegs auf einmal, meine Befehle zu ignorieren. Er springt regelrecht auf die Felsplatte hinauf. Nachdem das Gelände genau hier seinen steilsten Punkt erreicht hat, kommt Greenlegs mit allen vier Hufen gleichzeitig ins Rutschen, und ich fahre mit ihm wie auf einem Schlitten den Hang hinab.

Greenlegs torkelt, er taumelt, mein Herz hört vor lauter Schreck zu schlagen auf. Mein Pferd bricht unter mir zusammen, fällt unterhalb der Felsplatte in erdigem Geröll auf sein Hinterteil und droht zur Seite zu fallen und mich unter sich zu begraben. Ich kann mich in einem Anflug von Panik überhaupt nicht mehr bewegen, geschweige denn auf diesen Albtraum reagieren. Doch der kleine Greenlegs ist wachsam. Schnell wie der Blitz schiebt er seinen linken Vorderhuf zur Seite, um sich abzufangen, während er schon fast auf dem Boden liegt. Er kommt in einer Art Sitzposition zum Halten und begräbt mich dank seines Vorderbeins nicht unter sich.

»Bist du okay, Julia?«, ruft mir Tucker mit panischer Stimme vom vorderen Ende des Tracks zu, während sich Greenlegs langsam mit mir auf dem Rücken wieder aufrappelt. Der ganze Unfall ist mir vor der Familie Henderson hochpeinlich, sie müssen mich doch jetzt unweigerlich für eine miserable Reiterin halten. Wie konnte mir altem Profi nur so etwas passieren? Dennoch bin ich hocherleichtert, dass ich das alles ohne schwere Knochenbrüche oder Schlimmeres überstanden habe. Vom Pferd zu stürzen ist die eine Sache, aber mitsamt einem Pferd zu stürzen und unter ihm begraben zu werden, das geht in aller Regel selten gut aus. Ich habe wahnsinniges Glück gehabt.

Nach den Schreckmomenten der frühen Morgenstunden kommen wir schon bald an einer Stelle des Pfades an, die von umgestürzten Bäumen und hoch in den Himmel hinaufragenden Wurzeln unpassierbar geworden ist.

Ich bin froh über die mehr als willkommene Rast, auch um den Schrecken von vorhin noch besser verarbeiten zu können. Während Tucker und Tom schwer schuftend die Baumstämme zersägen, um den schmalen Pfad wieder freizubekommen, sitzen wir anderen grüppchenweise zusammen und stärken uns mit den mitgebrachten Essensvorräten.

Ich habe mich mit Ray etwas abseits auf dem dürren Gras niedergelassen, gern höre ich seiner tiefen melodiösen Stimme mit dem unverwechselbaren amerikanischen Akzent zu, als er ganz selbstverständlich beginnt, von sich zu erzählen. Er war bis zu seiner Rente vor einigen Jahren ein Wald- und Wildnis-Ranger, also wie sein Bruder Ron ein Experte der hiesigen Pflanzen- und Tierwelt. Ray hat die meiste Zeit seines Lebens ebenfalls hier draußen in dieser herrlichen Natur zugebracht, und auch heute noch ist er am liebsten in den Bergen unterwegs. Stolz erzählt er mir nach einer Weile, dass er seit seiner Schulzeit mit ein und derselben Frau, seinem *Highschool Sweetheart*, verheiratet ist.

»Habt ihr Kinder? Und ist sie auch ein ehemaliger Ranger des National Forest Service wie du?« In meiner Vorstellung sehe ich ein feuriges Cowgirl, das an Rays Seite durch das Gebirge reitet, mit einer ebenso großen Liebe zur Natur und zu Pferden wie ihr Ehemann.

»Nein, Kinder haben wir keine«, winkt Ray lachend ab. »Und meine Betty liebt weder den Wald noch die Pferde. Sie geht überhaupt nicht gern aus dem Haus. Sie ist sehr menschenscheu.«

Für mich ist es kaum vorstellbar, dass Wald-Ranger Ray solch eine unpassende Ehefrau an seiner Seite hat. »Was macht sie zu Hause den ganzen Tag, kocht sie gern?«, frage ich.

»Am liebsten sitzt sie mit der Katze auf dem Schoß im Sessel und schaut fern, irgendwelche Serien«, antwortet Ray, und es hört sich gar nicht nach einer Klage an, sondern wie etwas ganz Selbstverständliches. »Auch kocht sie gut und macht den Haushalt. Ich bin froh, eine so zuverlässige und treue Frau zu haben.« So sagt er und beißt ein Stück von seinem Brot ab. Er sei schließlich immer mit Pferd, Zelt, Maultieren und Hunden unterwegs gewesen, um nach den Wildtieren und potenziellen Waldbränden zu sehen, um Pfade und Brücken instand zu halten oder gar Jäger zu überwachen, erzählt er zwischen dem Essen. »Ich war oft wochenlang fort. In einem richtigen Haus mit vier Wänden würde ich ohnehin nach kurzer Zeit Beklemmungen bekommen. Ich schlafe am besten unter freiem Himmel. Nun ja, meine Frau – sie ist eben das genaue Gegenteil von mir.«

Ich bin froh, dass ich selbst gerade von meinem Brot abgebissen habe und nichts erwidern kann. Da haben Ray und seine Betty über all die Jahrzehnte ohne nennenswerte Schnittmenge nebeneinanderher gelebt, jeder für sich, ohne Austausch und Einsicht, ohne geteilte Hobbys oder Leidenschaften, Ziele oder Träume. Und sie haben vermutlich auch nie darüber gesprochen.

»Ich denke, es ist gut so, wie es ist«, sagt Ray zu mir, vielleicht um die Stille zu füllen oder aber um sich selbst zu rechtfertigen, denn ich weiß wirklich nicht, was ich dazu sagen soll. »Wir haben uns unsere Freiheiten gelassen.«

Eine halbe Stunde später, der steile Gebirgsweg vor uns ist dank Tuckers und Toms Einsatz wieder frei, hänge ich mit dem gemächlichen Reittempo bergauf meinen Gedanken nach. Zum Glück ist so eine Partnerschaft heutzutage eher unüblich, ich selbst wäre unter diesen Umständen sicher schon längst geschieden oder zumindest getrennt. Heutzutage strebt Frau ja nach gemeinsamer Verwirklichung und seelischem Aufgehen in der Beziehung sowie nach Gleichberechtigung in allen Facetten, nach faktischer und emotionaler Unterstützung und natürlich mehr als alles andere nach »Prozessoptimierung in allen Lebenslagen«, wie es unlängst in einem Magazin so trefflich formuliert war. Nein, so eine Lebensgemeinschaft, wie Ray sie zu Hause hat, wollte ich nun wirklich nicht, das würde auch überhaupt nicht zu mir passen.

»ACH, NEIN?«, ruft da eine Stimme in meinem Inneren. »Und was hast du dann zu Hause für eine Beziehung? Gibt es da etwa so etwas wie eine Schnittmenge zwischen deinem Hans-Dieter und dir? Ich denke nicht!«

Ich reite schweigend weiter und versuche, die Stimme in mir zu vergessen. Sie hat mich erschreckt. Was fällt dieser Stimme überhaupt ein? Einfach so über mein Leben zu urteilen.

Doch anstatt mich über das herrliche Gebirge um mich herum zu freuen, frage ich mich, was wohl geschehen würde, wenn Hans-Dieter, an den ich seit Beginn meiner Reise nicht mehr gedacht habe, auf einmal hier bei mir in der Wildnis stünde. Wie wäre das für mich und wie für die ganze Expeditionsdurchführung? Ich bin mir sicher: Es wäre ein Desaster. Hans-Dieter wäre hier draußen völlig fehl am Platz und wie so oft auch völlig überfordert. Er würde mir durch seine passive und niedergeschlagene Art die Freude und die Abenteuerlust nehmen, und ich hätte ständig das Gefühl, ihn mitschleifen zu müssen. Ich wäre mehr mit seinen Problemen als mit allem anderen beschäftigt. Und er würde mir fortwährend das Gefühl geben, dass an mir wieder mal alles nicht in Ordnung ist. Vielleicht würde er mir sogar Vorwürfe machen und mir sagen, dass ich eine unmögliche Person bin – denn ich bin ihm grundsätzlich und immerwährend zu aktiv, zu schnell und vor allem zu begeisterungsfähig. Dass wir nur selten offene Konflikte in unserer Beziehung haben, liegt eher daran, dass Hans-Dieter gar nicht erst die Energie oder den Kampfgeist aufbringen würde, um sich mit mir zu streiten. Nein, Hans-Dieter drückt seinen Missmut auf unterschwellige und subtile Weise aus, was mir nicht minder aufs Gemüt schlägt und mich auch nicht minder belastet.

Ich sehe Hans-Dieter jetzt deutlich vor meinem inneren Auge, wie er morgens um neun gemächlich in die Gänge kommt, um in seinem kleinen Versicherungsbüro zu arbeiten. Schon am späten Vormittag macht er traditionell eine zweistündige Mittagspause, damit er bis siebzehn Uhr auch durchhalten kann, um danach gleich in ein nettes Stuttgarter Café zu entschwinden, wo er wechselnden gescheiterten Existenzen aufmerksam beim Berichten ihrer Probleme zuhört. Ja, so ist Hans-Dieter, und so verbringt er seine Zeit. Wenn ich morgens das Haus verlasse, liegt er noch im Bett, und wenn ich abends spät aus dem Büro komme, hat er sich schon längst wieder ins Bett verzogen; und an den Wochenenden – sofern er nicht seine Mutter besucht – muss er sich ausruhen, um seine Kräfte für die Herausforderungen der nächsten Woche zu sammeln.

Oh nein, Hans-Dieter wäre in den Rocky Mountains so fehl am Platze wie ein Wildpferd in der Großstadt, er wäre hier wirklich nicht zu gebrauchen. Ich brauche ihn hier nicht ... und eigentlich auch sonst nicht in meinem Leben. Oh, habe ich das gerade wirklich gedacht?

»Julia, bist du schon mal auf einem Morgan Horse geritten? So eines, wie ich hier reite?«, holt mich Rays tiefe Stimme zurück ins Hier und Jetzt. Ich bin erleichtert, dass mich Ray von diesen unschönen Grübeleien weglenkt. Ich schaue über die Schulter zurück und rufe: »Bin mir nicht sicher, nein, ich glaube nicht!« Im hintersten Winkel meines Gehirns hat beim Begriff *Morgan Horse* jedoch eine Glocke geläutet – wie die Amerikaner sagen – *it rang a bell in my mind.* Es sind mir in meinem Leben auf jeden Fall schon einmal Morgan Horses begegnet, aber wann war das nur und wo?

»Ich habe dieses Pferd hier für nur dreihundert Dollars kaufen können.«

»Nur dreihundert Dollars?«, rufe ich erstaunt. So gute Pferde werden doch wohl nicht so billig sein in den USA?

Ray, der jetzt ein Stück des Weges neben mir reitet, erzählt, dass ein Bekannter von ihm vor zwei Jahren in finanzielle Schwierigkeiten geraten ist und dringend Bargeld brauchte. Daraufhin hatte er Ray diesen kleinen dunkelroten Wallach mit pechrabenschwarzer Mähne, blitzgescheiten Augen und flinken Hufen angeboten. Er besaß noch etliche andere Pferde, und es war kein großer Verlust für ihn, diesen gewieften, frechen Burschen abzugeben, der ihm wohl einige Schwierigkeiten bereitet hatte. Außerdem sei der Wallach schon ziemlich in die Jahre gekommen. Ray, der vermutlich ebenso gewieft ist wie sein Ross, lacht fröhlichgrollend, und er wippt dabei vor und zurück, dass es das ganze Pferd unter ihm durchschüttelt.

Ich frage ihn, wie alt denn sein Wallach ist, und bin überrascht zu hören, dass dieser Morgan schon fünfundzwanzig Jahre auf dem Buckel hat. »Ach, Morgan Horses können oft bis zu dreißig Jahre ihren Job machen, anders als die Quarter Horses, die mit zwanzig oft schon nicht mehr einsatzfähig sind«, erklärt mir Ray.

Jetzt auf einmal fällt mir wieder ein, wann und wo ich Morgan Horses schon einmal gesehen habe. Damals, als ich mit meinen Eltern in Vermont lebte, in den Neuengland-Staaten der

USA, hatte ich schreckliches Heimweh nach meinen Ponys. Mein Vater fragte deswegen in der Firma nach, wo es denn Pferde in diesem kleinen Bundesstaat gebe, und man verwies ihn auf eine Morgan-Zuchtstation, nicht weit von der Hauptstadt Burlington entfernt.

Damals wusste ich so gut wie nichts über die amerikanischen Pferderassen und schon gar nichts über diese zahlenmäßig kleine und in Europa kaum bekannte Art. Heute weiß ich, dass man meinen Vater und mich unwissentlich in das Herz der Morgan-Horse-Rasse geschickt hatte, nach Middelbury in Vermont, wo diese Rasse seit dem frühen 19. Jahrhundert offiziell gezüchtet und verfeinert wird. Die eher kleinen, aber drahtigen Rösser, die auch zum Ziehen von Kutschen eingesetzt wurden, waren hier beliebter als etwa Kavalleriepferde. Sie waren auch im amerikanischen Unabhängigkeitskrieg weitverbreitet im Einsatz und zeichneten sich durch ihren Mut, ihre Intelligenz, aber auch durch ihre Schönheit und Ähnlichkeit zu den eleganten Spanischen Reitpferden aus. Das Morgan Horse ist seit Anfang des 19. Jahrhunderts sogar das Nationaltier des Staates Vermont.

Auf der besagten Zuchtstation in unserer damaligen Nachbarschaft hatte man für ein zwölfjähriges Mädchen allerdings keine Verwendung. Man ließ uns aber die imposante Anlage besichtigen, was sehr freundlich von den Betreibern war, schickte uns danach aber wieder betrübten Herzens ohne Reitstunde nach Hause.

Nach all den Jahren kreuzen sich also wieder meine Wege mit diesen stolzen Tieren aus Vermont, und ich lausche andächtig Rays Schwärmereien. Für ihn wird es nie eine andere Pferderasse geben als die Morgans, ja, er weigert sich, eine andere Rasse auch nur für einen Tag lang zu reiten, eher würde er noch ein Maultier besteigen oder gar einen Esel. Seit Jahrzehnten würde er nur Morgans besitzen, und er könne seinen Neffen Tucker überhaupt nicht verstehen, der ein Faible für Quarter Horses habe.

Während ich dieses wirklich anmutige Ross unter Ray betrachte, höre ich abermals diese laute Stimme in mir: »Es wird der Tag kommen, an dem auch du einen Morgan besitzen wirst, so wie Ray. Du musst nur noch ein bisschen Geduld haben und die Dinge geschickt einfädeln. Auch darfst du keine Angst vor einschneidenden Entscheidungen und Veränderungen haben, dann wird alles gut werden.«

Irritiert reite ich weiter vor mich hin. Was ist das nur für eine Stimme, die sich da ständig in mir meldet? Ist das die Magie des Waldes und der Wildnis, die wir hier draußen alle spüren können? Ich weiß es nicht genau. Aber eines weiß ich so sicher wie das Amen in der Kirche: Diese geheimnisvolle Stimme sagt die Wahrheit. Eines Tages werde ich einen Morgan besitzen, so wahr ich hier über das Hochgebirge reite.

Wieder wallen Glückswogen in mir auf. Ich freue mich unbändig auf die Zukunft und meinen Morgan, meinen ganz eigenen Morgan – denn das alles hier ist kein Zufall, das hat alles seinen Sinn, da bin ich sicher. Und jetzt kullern doch tatsächlich ein paar Glückstränen auf meinen Sattelknauf. Ich freue mich von ganzem Herzen über mein Leben und all die zahlreichen Geschenke, die ich bislang bekommen habe und noch bekommen werde.

Auch wenn man vorher Bilder gesehen hat, Fotos von diesem Wunderwerk der Natur, das jetzt in majestätischer Schönheit vor uns liegt – die Wirklichkeit ist unübertrefflich. Unsere Pferde haben wir an die kleinen Büsche gebunden, die hier oben in der dünnen Luft noch wachsen können. Nun stehen wir auf einer gigantischen Felsformation und schauen voller Ehrfurcht einem einzigartigen kilometerlangen Gebirgskamm entlang Richtung Horizont, in dem er zu versinken scheint. Es ist die sogenannte *Chinese Wall*, die bis nach Kanada hineinreicht. Kaum zu glauben, dass die Kräfte der Erde dieses Gebirge wie Falten einer Ziehharmonika zusammengeschoben haben.

Am Fuße der Mauer entdecke ich weit unten im Tal zwischen Felsen und vereinzelten Nadelbäumen eine Herde Hirsche grasen. Diesen Blick müssen schon einst die *Blackfoot Indians* genossen haben, die Schwarzfuß-Indianer dieser Gegend, die hier bis vor nicht allzu langer Zeit lebten. Dagmar, Ulf und die anderen haben schon ihre restlichen Brote ausgepackt und sich zum Lunch auf ein paar Felsbrocken niedergelassen. Auch Ray und ich finden noch ein Plätzchen, nahe bei unseren Pferden. Wir hätten sie auch frei stehen lassen können, denn sie sind alle vor Erschöpfung schon eingeschlafen und dösen mit geschlossenen Augen friedlich brummend vor sich hin. Habe ich eigentlich schon erwähnt, dass Pferde entzückend schnarchen?

Nachdem wir alles zu Rays Morgan Horse erörtert haben, lenkt er später, als wir wieder einmal ein Stück nebeneinander reiten können, meine Aufmerksamkeit auf den imposanten Sattel seines Pferdes. Tja, wahre Cowboys und Cowgirls können sich ewig über Pferde und das, was dazugehört, unterhalten. Passend zum dunkelroten Ross, sitzt Ray nämlich auf einem herrlichen rotbraunen Ledersattel, der über und über mit gestanzten Verzierungen in Form von Blumen, Blättern und Indianermotiven versehen ist. An den empfindlichen Kanten hat der Sattler schwarze Lederbänder angebracht, die das edle Stück vor Stößen schützen. Auch der Sattelknauf ist in dicke schwarze Lederbänder gewickelt, damit er keinen Schaden nimmt, wenn sich das Lasso mit Brachialgewalt beim Einfangen der Rinder um den Knauf festzieht. Schon manch ein Pferd hat es auf diese Weise umgerissen, und manch ein Cowboy verletzte sich dabei schon schwer die Hand, erfahre ich.

Und dann sind wir wieder bei den Finanzen, was mich als schwäbische Geschäftsfrau in Verzückung versetzt: »Weißt du, Julia, ich habe nur zweihundertfünfzig Kröten für diesen Sattel bezahlt«, sagt Ray und strahlt mich an. »Der Typ, dem ich diesen Sattel abgekauft habe, musste das Reiten aufgeben, da er sich eine Hüftverletzung zugezogen hatte, also gab er mir den Sattel fast für umsonst.«

Aaaah, da komme ich auch schon wieder ins Träumen. Ich möchte auch so einen Sattel haben. Ein paar tausend US-Dollar muss man für so ein Prachtstück aber sicher hinlegen. Und wie bekomme ich das Riesending ins Flugzeug, das zudem noch durch den hölzernen Sattelbaum abartig schwer ist? Und wo würde ich das Monstrum dann zu Hause lagern? Über der weißen Sofalehne vielleicht, gleich unter dem französischen Stillleben? Oder über das Klavier gehängt oder vielleicht über der marmornen Badewannenkante oder doch im Kofferraum meines schicken Mercedes? Ach, welch Unglück, ich sehe ein, dass mein Vorhaben noch warten muss.

Mein Blick wandert Rays Sattel hinab zu den Steigbügeln, die ebenfalls reichlich verziert sind. Seine verwitterten, aber hocheleganten Cowboystiefel kommen darin prächtig zur Geltung.

Jetzt fehlt für das perfekte Gesamtbild eines Cowboys nur noch eins! Das Lasso, ein Accessoire, auf das ein Cowboy nur ungern verzichtet, da es gar so viele praktische Aufgaben erfüllt: Es kann ein Rind einfangen, ein Auto aus dem Fluss ziehen oder gar einen Verbrecher am nächsten Baum aufhängen. Ein Sattel ohne ein daran befestigtes Lasso ist wie eine Handtasche ohne Spiegel und Lippenstift, man wäre also nicht auf alle Eventualitäten vorbereitet, und gut aussehen würde man auch nicht. Unter Cowboys gilt nämlich das Sprichwort: *If you are not good at something, look good.* Leider fehlt mir das Lasso am Sattelknauf. Allerdings könnte ich es – wie auch schon das Bärenabwehrspray – gar nicht bedienen.

Ich schmunzle in mich hinein und muss plötzlich an meine Therapeutin denken, zu der mich einst der Betriebsarzt schickte, weil ich vor lauter Mobbing und Anfeindungen der Chefs nicht mehr wusste, wo mir der Kopf stand. Die gute Dr. M., wie ich sie in Gesprächen heute noch gern nenne, unterstellte mir damals, ich würde meine Männer mit dem Lasso einfangen. Ich fand das damals höchst amüsant, sah aber auch durchaus ein, dass man das schwache Geschlecht nicht zu seinem Glück zwingen kann. Seit ich im Wilden Westen weile, denke ich jedoch wieder verstärkt darüber nach, mir einen schönen Cowboy mit dem Lasso zu erobern und den gut gemeinten Rat dieser allerliebsten Fachfrau ausnahmsweise zu missachten.

Auf der heutigen Wanderung ist mir klar geworden: Es ist höchste Zeit, mit dem Wurfseil zu trainieren. Kaum sind wir heil ins Camp zurückgekehrt, gehe ich das auch direkt an. Der junge Tom, ein erfahrener *Roper*, der sein Lasso auch regelmäßig auf Wettkämpfen von seinem Pferd aus schleudert, um damit flinke Kälbchen einzufangen, unterrichtet mich mit Engelsgeduld noch vor dem Abendessen. Das Lasso muss in einem symmetrischen Kreis durch die Luft gewirbelt und in der richtigen Sekunde losgelassen werden, damit es sich um die Plastikhörner festzieht, die Tom eigens dafür in einen alten Strohballen gesteckt hat. Ich übe den ganzen Vorgang stoisch mindestens fünfzig Mal, bis sich das raue Seil endlich um die Hörner des kleinen Behelfsrinds festzieht. Jetzt bin ich also für das Einfangen eines Märchenprinzen gerüstet. Na wartet, ihr Cowboys, jetzt könnt ihr mir nicht mehr entfliehen!

Mit Sweetheart Bernie am Flathead River

Während der nächsten Tage befinde ich mich in einem traumähnlichen Zustand. Alles ist surreal, und der Weg ist das Ziel. Nur das Vogelgezwitscher und das Pfeifen der Eichhörnchen durchbrechen die Stille. Reiten, Abendessen, Angeln, Haarewaschen im eiskalten Gletscherfluss, Weiterreiten durch Natur von kaum vorstellbarer Schönheit, neugierige Hirsche und die seltenen Dickhornschafe, immer Weiterreiten durch Flüsse und über schneebedeckte Gebirgsketten. Die Haut auf meinem Hinterteil ist kaum mehr existent, und der Staub der Wildnis setzt sich unvermeidlich in die Wunden hinein. Dennoch hat der Schmerz hier draußen keine wirkliche Bedeutung mehr, denn niemand achtet auf ihn.

Ich reibe mir das wohltrainierte Gesäß mehrmals täglich mit altbewährtem Waffenöl ein, ohne das meine Großmutter während ihrer stattlichen sechsundneunzig Lebensjahre nie verreist wäre und das mein Großvater schon auf dem Russlandfeldzug mit sich führte. Man kann die aggressive Mischung aus Anis- und Minzöl im Übrigen für einfach alles verwenden, Wunden und Prellungen, Gelenkschmerzen und Verstauchungen. Bei Halsweh aller Art kann man das grausige Gebräu auch trinken oder bei Zahnschmerzen ins Zahnfleisch reiben. Es hilft einfach immer. So ist es kein Wunder, dass das kleine Fläschchen mit Waffenöl vor meiner Abreise als eines der ersten Utensilien auf meinem Expeditionshaufen im Schlafzimmer gelandet ist.

Nach zwei Wochen unberührter Wildnis und mehreren ausgiebigen Gebirgsexpeditionen in den Rockies steht am heutigen Tag eine Tour durch die Weiten der Prärie entlang der Flusstäler in Richtung des berühmten Flathead River auf dem Plan. Wer weiß, vielleicht werden wir heute auf den Spuren der Flatheads wandeln, dem Indianerstamm, der in diesem Gebiet zuletzt gelebt hat und nach dem der Fluss benannt wurde.

Bereits in den frühen Morgenstunden war ich mit reichlich klangvollem Vogelgezwitscher in den Ohren erwacht und weckte meine Lebensgeister nach der unbequemen Nacht auf der steinharten Pritsche wie immer zügig mit einem kurzen Bad im Fluss. Nach einem stärkenden Frühstück reitet unsere Abenteurergruppe wenig später auf einem schmalen sandigen Pfad am Ufer des White Rivers entlang. Es ist herrlich, immer wieder auf die türkisfarbenen Pools im Fluss zu stoßen, in denen das Wasser vollkommen bewegungslos erscheint und in die man augenblicklich von einem Felsen aus hineinspringen möchte, um der schon am Morgen flimmernden Hitze zu entgehen.

Selbst von der Ferne kann man die furchteinflößenden *Bull Trouts,* die Bullenforellen, unter der Wasseroberfläche erkennen, die tatsächlich aussehen wie ein Meter lange Wasserbüffel. Wie ich vom begeisterten Angler Don erfahre, sind diese Riesenfische völlig ungenießbar. Auch erfahre ich, dass die beachtlichen Fische viel zu schlau sind, um nach einem Angelköder zu schnappen, sie würden die Angler am Ufer einfach ignorieren und entspannt im Wasser stehen und sich von der Strömung hin und her wiegen lassen, während ich mich vom kleinen Greenlegs in einen Zustand ohne Zeit und Raum schaukeln lasse.

Freudig stelle ich fest, dass das Flusstal immer breiter wird, es bilden sich rechts und links grüne Wiesen, die von einem

Meer aus Blumen bedeckt sind. Dazwischen stehen mächtige *Cottenwood Trees*, eine besondere Pappelart, deren Pollen und Samen wie große Wolken aus Zuckerwatte zwischen den Zweigen hängen und die schief und krumm von Wind und Wetter das Tal bewachsen. Unser sandiger Pfad schlängelt sich um Bäume und Felsen und mitten durch ein beeindruckendes Blütenmeer.

Dies ist bislang der schönste Flecken Erde, den ich auf dieser Reise besuchen durfte. Zwar sind wir seit Beginn der Expedition pausenlos durch atemberaubende Natur hindurchgekommen, und nach jeder Wegbiegung hat es mir erneut die Sprache verschlagen, aber dieses stille, menschenleere Tal hat es mir ganz besonders angetan.

Und während Greenlegs mich sicher auf seinem starken Rücken trägt, schließe ich für einen Moment die Augen und sehe das Tal mit einer anderen Szenerie im saftigen grünen Gras vor meinem inneren Auge. Statt bunter Blumen schmücken Tipis die weite Fläche, Frauen mit langen geflochtenen Zöpfen haben Wasser vom Fluss geholt, Kinder mit buntem Schmuck um Hals und Handgelenke spielen Fangen um eine Feuerstelle herum. Im nächsten Moment kommt eine Gruppe Männer mit prächtigem Federschmuck auf ihren Pferden herbeigeritten. Lebten hier einst die friedlichen Flathead-Indianer so, wie ich es mir gerade in meiner Fantasie vorstelle? Schlugen sie einst hier in diesem wunderbaren Tal ihr Lager auf? Wie lebten sie ihren Alltag? Was bereitete ihnen Freude? Und warum wurden sie vertrieben, gejagt und getötet? Mein schöner Tagtraum findet bei dieser schrecklichen Frage ein jähes Ende.

Greenlegs und ich sind von der Gruppe so weit abgefallen, dass sich ein beträchtlicher Abstand zwischen uns und dem Rest der Herde gebildet hat. Bislang war Greenlegs sehr erpicht darauf, unter allen Umständen nah bei seiner Herde zu bleiben, aber mittlerweile sind wir uns beide selbst genug, und er scheint unabhängiger geworden zu sein und mir zunehmend mehr zu vertrauen.

Dennoch weiß man nie, was hinter einem Felsen so alles hervorkommen könnte, und ich drücke dem kleinen Goldfuchs sanft die Waden an die Flanken. Und schon spurtet er freudig im flotten Galopp drauflos, was Amy streng verboten hatte, da die steilen Gebirgspfade bei solch hohem Tempo schnell zur tödlichen Falle werden können. Hier unten ist es aber eben, und ich erlaube mir großzügig diesen kleinen Regelverstoß. Wir preschen über das paradiesische Tal hinweg mit wehender Mähne und fliegendem Fotoapparat um den Hals, der mir ein paarmal ordentlich auf die Nase haut.

Danach reihen wir uns unauffällig hinter dem letzten Pferd des Tracks in die Herde ein. Der weiche Sand hat uns lautlos wie einen Indianer auf dem Kriegspfad getragen. Ulf dreht sich behäbig zu mir um und fragt in gutem Hessisch, wo wir den so plötzlich herkommen, vor einer Minute sei noch niemand hinter ihm geritten. Ich antworte nur verschmitzt: »Wirble du mit deinem Pferd da vorn mal nicht so viel Staub auf.«

Das Tal ist endlos, und die Pyramidenpappeln, wie die *Cottonwood Trees* im Deutschen heißen, wurden mittlerweile von riesigen Kiefern abgelöst, mit ungewöhnlichen orangefarbenen Stämmen und einer Rindenmaserung wie auf dem Panzer einer Schildkröte. Auch ist die Größe der Kiefern wahrhaft beachtlich, sie erreichen fast schon Mammutbaum-Ausmaße. Die seltene Kiefernart heißt *Ponderosa Pine Tree*, wie Ray zu uns nach hinten ruft, was mich sofort wieder an meine Lieblingswesternserie »Bonanza« erinnert, für die ich als Kind so sehr schwärmte. Die Ponderosa Ranch dieser Serienfamilie war mir als großartigster Ort der Welt seit meiner Kindheit in Erinnerung geblieben. Und jetzt wird mir auch klar, dass sie nach den Ponderosa-Kiefernwäldern benannt wurde, die hier in Nordamerika beheimatet sind.

Bei näherem Hinsehen stelle ich fest, dass der Übergang zwischen dem Kiefernwald und der weitläufigen Wiese mächtig verkohlt ist. Es musste hier vor einer Weile gebrannt haben. Wie ich später erfahren werde, sind die Ponderosa-Kiefern, wie auch die Mammutbäume, recht feuerresistent, und ein mittelschwerer Buschbrand kann ihnen nichts anhaben. Statt Blumen wächst hier jedoch nur trockenes Präriegras und vereinzelte dornige Büsche. Tatsächlich habe ich mir die Prärie des Wilden Westens genau so vorgestellt.

Ich blicke in die Ferne und hoffe, wie schon während der ganzen Zeit unseres heutigen Ritts, dass endlich ein Bär oder ein Büffel vorbeikommt. Aber es bewegt sich nichts am Horizont, außer den wiegenden Baumkronen im Wind. Umso mehr erschrecke ich, als auf einmal hinter einem Felsvorsprung eine kleine Gruppe Jugendlicher aus dem Nichts auftaucht. Sie sitzen gemütlich zwischen ihren Wanderrucksäcken und Zelten im Gras und genießen ein Picknick. Es sind Wanderer, die auf dieser Ebene die Nacht verbracht haben. Unsere Pferde sind über die unerwarteten Menschen weit weniger erschrocken als ich, was ein klares Anzeichen dafür ist, wie weit ich mich innerlich schon von der Zivilisation entfernt habe. Mit Menschen hatte ich hier draußen nicht mehr gerechnet, und ich will auch gar keine treffen. Ich nicke den jungen Männern mit strengem Blick zu und reite meines Weges. Doch dann fällt mir noch etwas Wichtiges ein, und ich schaue über die Schulter zurück und rufe: »Bitte, verscheuchen Sie die Bären nicht!«

Es ist mittlerweile früher Mittag, und die Sonne brennt unbarmherzig im Zenit. Wir haben die Prärie durchritten und sind am berühmten Flathead River angekommen, wo wir dankbar von unseren Pferden steigen, um sie reichlich Wasser trinken zu lassen und um selbst für eine Weile die unfassbar schöne Landschaft der Bob Marshall Wilderness zu betrachten. Breit strömt der flache Flathead River durch das Tal.

Während ich versonnen zuschaue, wie das silbrig glitzernde Wasser über die unzähligen runden Kieselsteine plätschert, kommen mir wieder die Erzählungen von Vardis Fisher in den Sinn, dem Autor des alten amerikanischen Bestsellers »Mountain Man«. Wenngleich manches, was der Autor vor etwa sechzig Jahren geschrieben hatte, heute als überholt gilt, konnte ich mich dem Sog des Erzählten nicht entziehen. Ich sehe im Geiste auf der anderen Flussseite die Romanfigur Sam Minard vor mir, ein großgewachsener Mountain Man mit blonder Wuschelmähne und stahlblauen Augen, dichtem goldenen Vollbart und wettergegerbter Haut. Sam Minard lebte als Jäger und Fallensteller einsam in den Rocky Mountains, ständig auf der Flucht vor den gefährlichen Blackfoot-Indianern. Als er die Einsamkeit in den Bergen nicht mehr ertragen konnte, war er in das Tal der Flatheads geritten, die als eher friedlicher Indianerstamm galten. Dort verhandelte er mit dem Häuptling und tauschte ein paar Kessel, Waffen und ein wenig Rum gegen die Tochter des Häuptlings ein. Mädchen und Frauen als Tauschware waren bei den Indianerstämmen damals keine Seltenheit. So kam also Sam Minard zu einer Ehefrau im Kindesalter, die er nach indianischer Tradition heiratete. Doch das Eheglück der beiden währte nicht lange. Die Flathead-Indianerin wurde samt ihrem ungeborenen Sohn von Crow-Indianern ermordet, als Sam zum Fallenstellen in der Wildnis unterwegs war.

Die Geschichte, die Vardis Fisher im Buch erzählt, beruhte auf einer wahren Begebenheit. Im wahren Leben hieß der Mann, der Frau und Kind verlor, Jeremiah Johnson. Sein verzweifelter Rachefeldzug gegen gleich mehrere Indianerstämme sorgte für viel Blutvergießen auf allen Seiten und ging dadurch unrühmlich in die Geschichte ein.

Im Übrigen wurde die Lebensgeschichte dieses Amerikaners, nach Fishers Roman, im Jahr 1972 mit Robert Redford in der Hauptrolle vom Produzenten Sydney Pollack unter dem Titel »Jeremiah Johnson« verfilmt. Ein Muss für alle Wildwestfans.

Ich stehe noch eine Weile nachdenklich am grasbedeckten Ufer des Flathead Rivers, während die anderen bereits wieder auf ihre Pferde gestiegen sind. »Komm, Julia! Es geht weiter!«, ruft Mountain Man Ron. »Wir machen gleich noch eine ausgiebige Badepause.«

Kaum eine Stunde später haben wir unsere Pferde an vereinzelten Nadelbäumen weiter im Norden am Ufer des Flathead Rivers festgebunden. *By the way: Never tie a horse to a dead tree.* Dies ist ein Ratschlag, den wir hier draußen schon mehrfach von unseren Outfitters gehört haben. Er will sagen, dass man ein Pferd niemals an einem morschen Baum festbinden sollte, weil er umfallen und das Pferd erschlagen könnte. Ich habe Greenlegs deshalb an eine der wenigen sattgrünen Tannen gebunden.

Ich hole den Proviant aus meinen Satteltaschen und auch den Bikini, den ich extra samt Handtuch mitgebracht habe, und ziehe mich hinter einem Felsen um. Mit Wassersandalen und Pfefferminzteeflasche bewaffnet steige ich in den Fluss und schiele interessiert zu Jim und Don hinüber, die ihre Angelsachen ausgepacken. Mit den Wurfleinen in der Hand stapfen sie in unterschiedliche Richtungen wortlos davon.

Zufrieden stelle ich fest, dass der Flathead River bei Weitem nicht so eisig wie das Wasser des White Rivers ist. Das kommt daher, dass der Flathead River nicht von den Gletschern herabfließt, sondern sich aus wärmeren Quellen speist.

Herrlich, wie das funkelnde Nass meine Beine umspielt. Auch Dagmar hüpft in ihrem schwarzen Bikini nur wenige Meter entfernt im Wasser auf und ab und erfreut sich sichtlich ihres Lebens. »*The Bob is just the most beautiful place in the world!*«, ruft sie mir zu – ihr Amerikanisch wird von Tag zu Tag besser. »Ich möchte nicht mehr nach Hause!«

Mit »Bob« meint Dagmar die Bob Marshall Wilderness, und ja, auch ich würde am liebsten für immer hierbleiben, ich kann Dagmar so gut verstehen.

Nach diesem erfrischenden Badespaß balanciere ich über die Steine am Ufer entlang und lasse mich auf einem flachen Felsstück in der Sonne zum Trocknen nieder. Während ich mich ausruhe, sehe ich im Wasser immer wieder Fische vorbeiziehen. Die Artenvielfalt scheint beachtlich zu sein, denn jeder Fisch sieht anders aus. Sie scheinen auch genau zu wissen, wohin sie wollen, denn es wird nicht in Kurven mal dahin und mal dorthin geschwommen, sondern höchst zielstrebig in eine Richtung. Vermutlich kennen sogar die Fische in dieser Gegend genau ihre Marschrichtung. Sie schlingern nicht durchs Leben wie manch eine schwäbische Geschäftsfrau, wie ich eine bin.

Auch scheint es, als ob wir Menschen den Fischen hier draußen völlig unbekannt sind. Denn sie sind sehr neugierig. Vor mir steht plötzlich eine Forelle im Wasser. Sie schaut zu mir herauf und findet meine rot lackierten Fußnägel hochinteressant. Langsam kommt sie näher, berührt mit ihrem lustigen Fischmund die rote Spitze meines großen Zehs und lässt sich wieder ein paar Zentimeter zurücktreiben. Vielleicht denkt sie an einen leckeren Marienkäfer oder gar an einen schmackhaften Schmetterling. Denn so was Schickes wie rot lackierte Nägel hat die Forelle im Fluss vermutlich noch nie gesehen. Guter Stil muss sein, auch in der Wildnis. Schließlich erkennt man eine wahre Lady nicht am Strand von Monte Carlo, sondern eben dort, wo man sie am wenigsten erwartet – zum Beispiel inmitten des rauschenden Flathead Rivers.

Wir bleiben an diesem wunderbaren Fleckchen Erde noch einen guten Teil des Nachmittags, planschen immer mal wieder ausgelassen im Fluss und essen zwischendurch unsere mitgebrachten Sandwiches. Ich muss jedes Mal die Luft anhalten, wenn ich in diese kaugummiartigen Weißbrotscheiben mit Erdnussbutter und Marmelade beiße, weil es mir davor so graust. Die klebrigen Schokoriegel mit Karamell und Erdnüssen (die Familie Henderson scheint wirklich eine große Vorliebe für Erdnüsse zu haben) habe ich heute früh auf dem Küchentisch liegen lassen und mir dafür einen Apfel mitgenommen. Ganz ohne Mittagessen geht es nicht, wenn man von morgens bis abends auf dem Pferd sitzt. Aber an Abnehmen ist dennoch nicht zu denken bei Amys hervorragenden Kochkünsten, obwohl mir die Reithosen gewaltig um den Bauch spannen und ich mich im knallgrünen Bikini nicht mehr besonders wohlfühle. Auch scheinen das ständige Reiten und das schwere gehaltvolle Essen zu Verstopfung zu führen, worauf ich nicht näher eingehen möchte. Dennoch rate ich von starken Abführmitteln ab, wenn man den ganzen Tag auf dem Pferd sitzt und man nur Blätter und ein paar Taschentücher zur Hand hat.

Wir sitzen beim Essen in einer kleinen Gruppe zusammen und plaudern dabei über die Natur und das Leben. In der Ferne kann man vom Fluss aus verbrannte Waldstücke sehen, ganze Gebirgszüge, die schwarz eingefärbt sind. Ich frage in die Runde, ob man nicht mit Löschflugzeugen hier rausfliegen könnte, um den Schaden zu begrenzen, schließlich dauert es fünfzig Jahre, bis ein Wald so einigermaßen nachgewachsen ist. Von Ray erfahre ich aber, dass nur bewohnte Gebiete gegen Waldbrände geschützt werden. Ich bin darüber vollkommen entrüstet und der Meinung, dass gerade die unbewohnten Gebiete am allermeisten Schutz benötigen, schließlich gibt es nicht mehr allzu viele von ihnen. Aber Tier und Baum sind im Notfall hier draußen auf sich allein gestellt.

Auch Bernie hat sich zu unserer kleinen Gruppe gesetzt. Heute hat sie ausnahmsweise mal nicht ihre Schwester Kathy im Schlepptau, die im White River Camp zurückgeblieben ist, weil ihr die Hüfte so schmerzte. Bernie, die kleine Lehrerin aus Minnesota mit dem Lockenköpfchen, ist mir in den letzten Tagen regelrecht ans Herz gewachsen. Ganz besonders mag ich ihre hohe mädchenhafte Stimme, die in den üblichen amerikanischen Singsang-Amplituden auf und ab schwingt und trotz der Höhe einen rauchigen Beigeschmack hat. Sie erinnert mich dem Klang nach an die Countrysängerin Dolly Parton, für die mein Vater einst eine ausgeprägte Schwäche hatte. Bernie scheint die ganze Zeit zu lachen oder vor Vergnügen und Begeisterung zu quietschen. Niemand von uns kann sich ihrem Frohsinn verwehren, und ihre gute Laune färbt auch auf den mürrischsten und wund gerittensten Mitstreiter ab. Der kleine Spatz ist seit der ersten Minute von ausgelassenster Stimmung, er plaudert, kichert und ist im Übrigen der bestausgerüstete Expeditionsteilnehmer von uns allen.

Obwohl Bernies Seesack nicht viel größer ist als meiner, führt sie einen ganzen Outdoor-Shop mit sich und eine Apotheke obendrein. Sie hat kleine Fußpads mitgebracht, die beim Öffnen der Verpackung mit dem Sauerstoff der Luft reagieren und sich erhitzen. Man steckt sich die Pads dann in die Socken und steigt für die Nacht in den Schlafsack. Letzte Nacht hat sie mir welche geschenkt, und es hat sich toll angefühlt, warme Füße zu haben. Einen speziellen Thermoschlafanzug für die Nacht hat sie auch dabei und einen tollen Daunenschlafsack für den Polarkreis sowieso. Ich werde sie heute Abend um ein paar mildere Abführmittel bitten …

Bernie sitzt mir auf einem umgestürzten Baumstamm gegenüber und amüsiert sich gerade über ihr verformtes Sandwich. Sie muss während des Ritts vorübergehend darauf gesessen haben, denn ihr Toastbrot mit Mayonnaise ist so platt wie ein Pfannkuchen. Ihr breiter Cowboyhut aus Stroh wippt im Takt ihres Lachens hin und her. »Endlich habe ich ein Kissen, auf dem ich reiten kann, mir tut doch der Hintern so weh«, sagt sie und lacht. Sie will auch auf dem Rückweg wieder auf ihrem Sandwich Platz nehmen. Ich albere und kichere mit Bernie über das lustige Missgeschick, während Ray und Jim sich nun etwas abseits von uns über ihre Pferde unterhalten.

Mit Blick auf die herausquellende Mayonnaise wechselt unser Thema dann vom platten Sandwich hin zur schlechten Ernährungsweise der Amerikaner und zu all den Zusatzstoffen, die die Nahrungsmittelindustrie hierzulande in ganz gewöhnliche Grundnahrungsmittel mischt.

Bernie erzählt, dass es ungemein schwierig ist, gewöhnliche Milch im Supermarkt zu kaufen. Bis auf ganz wenige Ausnahmen an Bioprodukten befinden sich in normaler Milch grundsätzlich Nahrungsergänzungsmittel und oft sogar noch kritischere Zusätze. Auch in einem Toastbrot, wie wir es essen, befänden sich beträchtliche Mengen davon. »Man muss sein Brot schon selbst backen, wenn es frei davon sein soll.« Bernie ist überzeugt, dass all die vielen Farb-, Geschmacks- und anderen Zusatzstoffe die Ursache für viele Zivilisationskrankheiten auf dem amerikanischen Kontinent sind. »Menschliche Körper sind für solche Substanzen nicht geschaffen. Diese Form der körperlichen Belastung wurde in der Evolution doch gar nicht berücksichtigt.«

Bernie hat recht. Auch ich vermute diese Zusammenhänge schon seit Jahren. Bei ihr sei das Problem allerdings genetisch bedingt, sie habe ihre Krankheit von ihrer Mutter geerbt. Ich blicke erschrocken von meinem Sandwich auf und schaue sie irritiert an. »Brustkrebs«, sagt Bernie ohne Scheu, »und das jetzt schon das zweite Mal.« Oh. Aus dem freudigen Plaudern wird für einen Moment betretenes Schweigen. Ich weiß nicht sofort, was ich sagen soll. Bernie unterbricht die Stille aber im nächsten Moment und erzählt weiter, dass schon ihre Mutter an Brustkrebs starb und dass ihre älteste Schwester, eine Mutter von drei kleinen Kindern, im letzten Jahr ebenfalls dieser schrecklichen Krankheit zum Opfer fiel.

Nun frage ich Bernie, wie ihre Schwester denn behandelt wurde. Sie scheint sich über das ehrliche Interesse zu freuen und erzählt, dass ihre älteste Schwester alternative Heilmethoden bevorzugt habe, was in den USA eher selten vorkommt. Sie versuchte, ihre schwere Krebserkrankung mit Naturheilmitteln zu behandeln, und lehnte eine Chemotherapie zunächst ab. »Doch dann ging es ihr schlechter und schlechter.« Bernies Augen verdunkeln sich traurig. »Die Chemotherapie schlug dann nicht mehr an. Jetzt sind ihre Kinder Halbweisen ...«

Ich sage Bernie, wie schrecklich leid mir dies alles tut. Und dann frage ich sie, ob sie selbst ihre Erkrankung denn überwunden habe. Sie fährt auch jetzt wieder freimütig fort zu erzählen, dass sie bereits vor wenigen Jahren Opfer dieser heimtückischen Krankheit war. Die Ärzte hatten ihre ersten Knoten zum Glück früh erkannt und mit einer Chemokeule gleich bekämpft. Vor drei Jahren ging das Ganze allerdings wieder von vorn los. Im letzten Frühjahr galt ihre Therapie dann als abgeschlossen – und laut Aussage der Ärzte erfolgreich. »Weißt du, Julia, unsere Expedition über die Rockies habe ich mir selbst geschenkt. Ich will diese entsetzlichen Schmerzen und diese fürchterliche Angst, die ich hatte, endlich vergessen, und hier draußen schaffe ich es, das weiß ich!« Ihr Lächeln lässt ihr ganzes Gesicht strahlen. »Endlich tue ich das, wovon ich schon jahrelang geträumt habe – eine große Wanderung zu Pferd durch unberührte Natur.« Ihre Worte berühren mich so tief, dass ich nichts sagen kann, aber ich nehme sie fest in den Arm.

Am späten Nachmittag lösen wir die Knoten der Führstricke unserer Pferde und schwingen uns wieder in die Sättel. Der Heimweg zurück ins White River Camp verläuft diesmal die andere Flussseite entlang. Es ist ein schmaler erdiger Waldpfad, der sich am steilen Abhang des angrenzenden Berges entlangschlängelt. Ich bin ein bisschen enttäuscht über diese Wahl, da ich das nette Galöppchen im traumhaften White-River-Tal gern noch einmal wiederholt hätte.

Doch schon bald kann ich Rays Entscheidung verstehen. Der Abhang, auf dem sich der Pfad entlangschlängelt, ist so steil, dass man mühelos auf der Bergseite zu den Büschen hinabgreifen kann. Dort wächst eine Himbeerart, deren Blätter zwar nicht nach einem Himbeerbusch aussehen, und auch Dornen kann ich keine ausmachen, die Frucht aber ist das Köstlichste, was man sich vorstellen kann. Ich stopfe mir eine haselnussgroße pinkfarbene Beere nach der anderen in den Mund, während ich kopfüber seitlich am Pferdebauch hänge. Der kleine Greenlegs hat Mühe, nicht umzufallen, doch selbst nach einigen Stolperschritten meines Pferdes lasse ich von den Früchten nicht ab. Dummerweise kommt es meinem Ross gerade jetzt in den Sinn, den Abstand, den wir inzwischen zur Herde haben, verringern zu wollen, und er trabt entschlossen drauflos. Ich werde in meiner ungünstigen Kopfüberposition weit aus dem Sattel gerissen und brülle auch schon: »Greenlegs, verflixt und zugenäht, langsam! *Slow down, honey, slow down!*« Doch Greenlegs sieht sich in der Pflicht, er will zurück zur Herde. Mit einem unschönen Plumps lande ich endgültig kopfüber im Gebüsch, und Greenlegs ist hinter der nächsten Wegbiegung verschwunden.

Ich rufe dem untreuen Ross hinterher, aber dem bin ich anscheinend völlig gleichgültig. Wüst fluchend richte ich mich wieder auf und will Greenlegs hinterhereilen, als mein Blick auf etwas Rostiges am Boden fällt. Es ist ein altes Maultierhufeisen, schmaler und länglicher als das Hufeisen eines Pferdes. Es muss hier draußen schon lange liegen und kann nicht von einem unserer Tiere stammen. Ich hebe es schnell auf und renne los, dem untreuen Reittier hinterher, den steinigen unebenen Waldpfad entlang.

Doch von Greenlegs fehlt jede Spur. Jetzt wird mir langsam angst und bange, und ich laufe noch schneller. Was sollen nur die anderen denken, wenn da mein Fuchs auf einmal allein ankommt? Die befürchten ja, es ist mir etwas zugestoßen. Schlimmer noch – ich bin bis auf die Knochen blamiert. Aber da kann ich auch schon den rötlichen Schweif durch die Bäume erkennen. Greenlegs trabt ganz friedlich hinter Ulf und dessen Pferd Whisky her. Na warte. Ich sprinte so schnell ich kann noch weiter vor, und kurz vor Greenlegs stattlichem Quarter-Horse-Hintern flüstere ich leise: »Hoh, Greenlegs, haaalt.« Das Ross ignoriert mich aufs Neue, und ich muss ins Gebüsch zur Bergseite hin springen und dem Pferd unsanft in die Zügel greifen. Mit einem energischen Satz schwinge ich mich wieder in den Sattel und hoffe, dass mein kleines Malheur unbemerkt blieb. Ulf reitet immer noch, stoisch nach vorn gerichtet, vor sich hin und hat vom Geraschel und Gepolter hinter sich nichts mitbekommen. Nach einer Weile dreht er sich zu mir um und sagt: »Hä, wo kommt ihr denn schon wieder her?«

Mein kleiner Sturz ist vom Rest der Gruppe zum Glück unbemerkt geblieben – Gott sei Dank, sonst hätte ich mich in Grund und Boden geschämt. Unser Track bewegt sich schweigsam weiter, und Greenlegs und ich zuckeln hinterher und hängen unseren Gedanken nach, als von vorn eine Botschaft durchgereicht wird. Einer nach dem anderen dreht sich also im Sattel um und gibt die Nachricht an seinen Hintermann weiter. »Da vorn gibt es Löcher im Boden, in die aggressive Waldbienen ihre Nester gebaut haben. Die Pferde haben panische Angst vor den Bienen, deshalb sollen wir vorsichtig sein!«, ruft Ulf mir über die Schulter zu. Ich reite also aufmerksam weiter und suche den Boden mit scharfen Augen nach Bienennestern ab und ob irgendwo im Gebüsch verdächtige Insekten herumfliegen.

Und da geht es auch schon los. Ulfs Whisky springt mit einem enormen Satz senkrecht in die Luft, da sich Bienen an seinem Bauch zu schaffen machen. Ulf wird wie auf einem Trampolin in die Höhe geschleudert, so hoch, dass ich unter seinem Hinterteil durchgucken und auch das Pferd vor ihm gut erkennen kann. Seine Beine zeigen weit gespreizt im Spagat nach links und rechts, und ich bin von seiner Dehnbarkeit beeindruckt sowie auch von den unsäglichen schwarzen Halbschuhen, mit denen Ulf seit dem ersten Tag erfolgreich durchs Gebirge reitet und aus denen seine weißen dünnen Knöchel herausragen. Seine Arme hält er weit nach oben über den Kopf gerissen, mit den Zügeln nach wie vor tapfer in den Händen. Während Ulf noch in den Baumkronen hängt, spurtet der gepeinigte Whisky drauflos, um sich in Sicherheit zu bringen. Ulf, der gerade wieder zur Landung ansetzt, kommt aufgrund der Flugverzögerung etwas weiter hinten an und sitzt nun hinter Whiskys Sattel auf dem stattlichen rotweiß gesprenkelten Hinterteil. Manch ein wilder Cowboy mag den strammen Ulf aus Hessen, Elektriker aus Leidenschaft, als

Greenhorn bezeichnen, aber *there is more to him than meets the eye*, würden die Amerikaner sagen, denn es steckt einfach mehr in ihm, als auf den ersten Blick zu erkennen ist. Mit einem energischen Ruck am Sattelhorn hat sich Ulf wieder in den Sattel gehievt und reitet ohne Kommentar weiter, als sei nie etwas passiert. »Ist bei dir alles in Ordnung, Ulf?«, rufe ich zwischen Greenlegs Pferdeohren nach vorn, nur um ein entspanntes »Jo, jo« zu vernehmen.

Ich möchte an dieser Stelle nicht näher auf die entsetzlichen Schmerzen eingehen, die beim Mann unter Umständen entstehen können, sollte so ein armer Wicht sich das Gemächt an den Sattel hauen oder gar an den Sattelknauf. Ulf hat diesmal wohl Glück gehabt.

Als wir am Abend erschöpft am Lagerfeuer sitzen und uns nach einem schmackhaften gekochten Schinken mit Kartoffelbrei, Zwiebeln und Knoblauch die Bäuche reiben, erzähle ich von Ulfs Profiflug und wie das Ganze von hinten ausgesehen hat. Alle Expeditionsteilnehmer lachen Tränen und sind sich einig, dass aus dem zarten hessischen Ulf so langsam ein Cowboy heranwächst, ein echter Rodeoreiter und Mustangbändiger. Wir kichern vor uns hin, rutschen auf unseren Campingstühlen immer weiter in die Horizontale und lauschen noch bis tief in die Nacht den Geschichten der Outfitter, nachdem die Sonne längst hinter den grauen Felswänden des White-River-Tals versunken ist.

Bevor ich aber in meinen Schlafsack steige, schiebe ich das alte Maultierhufeisen, das ich auf dem Waldpfad heute gefunden habe, in Bernies zögerliche Hand. »Dies hier wird dir Glück bringen, Bernie; das Hufeisen wird diese grausige Krankheit von dir fernhalten.« Bernie verstaut das rostige Eisen sorgsam in ihrem Seesack, und ich bin sicher, es bedeutet ihr viel. Auch sie ist eine echte *Soulmate!*

Nur wenig später sind auch schon die letzten Lichtstrahlen des heutigen Tages verschwunden, und der Duft der Nacht steigt in meinen Schlafsack, der Geruch von Kiefern und Pinien, der Duft der Erde und der Pferde ...

Von Hunden, Wölfen und Stinktieren

Am nächsten Tag dürfen sich Pferde, Hunde und Reiter im Camp erholen. Die Wechsel von erlebnisreichen und meist auch recht anstrengenden Pferdetouren mit den ausgedehnten Erholungszeiten am Flussufer, bei kleineren Wanderungen zu Fuß oder im Camp sorgen dafür, dass mein Zeitgefühl so gut wie nicht mehr existiert – ich lasse mich frei wie ein Vogel vom Gebirgswind durch Zeit und Raum tragen. Außerdem gibt es ja Dagmar, die gern versucht, für die fehlende Orientierung zu sorgen. »Hättest du gedacht, dass wir heute schon drei Wochen in den Rockies sind, Julia?«

Wir sitzen beim Frühstück im Küchenzelt nebeneinander, und ich lasse meine Gabel mit Schinken, Spiegelei und ordentlich Tabasco kurz sinken. »Drei Wochen?«, wiederhole ich, und dann schiebe ich mir die köstlich belegte Gabel in den Mund und genieße. Wann in Deutschland habe ich je so im Moment gelebt, im Hier und Jetzt? Ich kann mich nicht wirklich erinnern. Mit Tausenden Pflichten, Plänen und Erwartungen habe ich mich selbst durch die Tage, Wochen, Monate und letzten Jahre getrieben – hier in Montana ist diese Hetzjagd nun vorbei, und ich kann endlich innerlich zu Ruhe und Gelassenheit finden. Ja, ich bin tatsächlich gelassen. Sogar bei der Frage, wann ich endlich meinen ersten Bären zu sehen bekomme, springe ich nicht mehr sofort auf und laufe suchend umher. Der Bär wird mich schon zur richtigen Zeit finden, denke ich und muss über mich selbst schmunzeln.

Tucker, der am anderen Ende des Tisches sitzt, holt mich zurück aus meinen Gedanken. Er hat begonnen, von den Waldbränden zu erzählen, die vor ein paar Jahren so zerstörerisch die Bob Marshall Wilderness durchkreuzt hatten. Durch einen Teil der verbrannten Zone waren wir am Tag zuvor hindurchgekommen. Alle lauschen Tucker, als er erzählt: »Ich war damals mit Tom in den Wäldern unterwegs, um ein Camp aufzubauen, als uns der Rückweg durch eine Feuersbrunst abgeschnitten wurde. Wir mussten in die entgegengesetzte Richtung weiterreiten, in Richtung des Big Salmon Lake. Mehrere Tage brachten wir im Sattel zu, um schneller zu sein als Wind und Feuer.«

»Ich musste tausend Ängste ausstehen um die beiden«, unterbricht Amy ihren Mann. »Und um unseren Bandit.« Sie streichelt den Mischlingshund zu ihren Füßen.

»Ja, Bandit war mit Tom und mir unterwegs, aber als wir versuchten, dem Feuer zu entkommen, ging er uns verloren. Ich dachte die ganze Zeit, dass er zurück zum Camp gelaufen war, um es zu bewachen, dann hätten wir ihn sicher nicht lebend wiedergesehen.« Tuckers Augen leuchten, als er erzählt: »Eine Woche später, Tom und ich waren längst wieder zu Hause, stand der alte Bandit völlig abgemagert und erschöpft vor unserem Haus.« Der treue Hund musste seinem Herrchen instinktiv und mit seiner guten Nase voran in die richtige Richtung gefolgt sein, ohne sich vom dichten Rauch rechts und links des Weges irritieren zu lassen. Er hatte eine unglaubliche Distanz von mehreren Hundert Meilen in höchst unwirtlichem Gelände zurückgelegt. Seine Rückkehr war ein Freudenfest für ganz Augusta, und auch in ganz Montana machte die Geschichte die Runde. Es war dann keine allzu große Überraschung mehr, als eines Tages eine Zeitungsreporterin vor der Haustür stand und einen Artikel über Bandit schreiben wollte.

Nach Tuckers Geschichte sehe ich mir das dreifarbige Fellknäuel etwas genauer an, das bereits im rostigen Van zu meinen Füßen lag. Nun liegt Bandit zusammengerollt neben dem Küchenzelt, er hatte am Ende des Frühstücks noch all unsere Essensreste begeistert verschlungen und sich dann nach draußen verzogen. Wann immer wir mit dem ganzen Pferdetrack unterwegs sind, rennt er mit den anderen beiden Hunden um die Wette von vorn nach hinten und zurück, um sicherzustellen, dass auch keines der Tiere oder Reiter im Gebirge zurückbleibt. Ich habe seinen ausgeprägten Sinn fürs Hüten wohlwollend zur Kenntnis genommen, mich aber mehr für sein lustiges schwarz-grau-weiß gesprenkeltes Fell interessiert.

Bandits Geschichte zeigt mir erneut auf, dass es hier draußen nicht nur um Menschen und deren Bedürfnisse geht. Die Tiere spielen eine ebenso wichtige Rolle wie jeder einzelne Mensch. Sie wachsen hier so auf, wie es ihrer Natur entspricht. Auch sie haben Aufgaben, die sich aus ihren Fähigkeiten wie von selbst ergeben. Und auch sie können Helden werden wie Bandit und sich einen Namen machen, weil sie gefördert und gefordert werden und sich frei ihrem Naturell entsprechend entwickeln dürfen. Wie anders ergeht es da einem europäischen Großstadtschoßhund oder einem auf engstem Raum eingesperrten Sportpferd, das oft schon in jungen Jahren Gewalt erfahren hat. Unsere Nutz- und Haustiere bekommen leider nur selten die Chance, ihren Geist zu entfalten und ihre volle Intelligenz zu entwickeln. Die Tiere in dieser rauen Gebirgs- und Steppenwelt aber sind unentbehrlich, und die Menschen respektieren sie und ihre Bedürfnisse.

Im Verlauf meiner langen Reise werde ich noch oft über diese Zusammenhänge nachdenken, da ich noch einige Male Zeuge sein werde von herausragenden Leistungen von Hund, Pferd und Rind und von tierisch-menschlichen Symbiosen, ohne die das Leben hier draußen nicht funktionieren würde und ohne die ein menschliches Leben auch in Europa aus meiner Sicht armselig und leer ist.

An diesem freien Tag sehe ich Tom zu, wie er die Pferde versorgt. Tom, der gerade mal Mitte zwanzig ist, hat viele Talente, vor allem aber ist er ein Pferdekenner. Er hat für jedes Pferd die richtige Ansprache und den richtigen Umgang entwickelt. Er braucht den Tieren nur behutsam über das Fell zu streichen, um sie zu gewissen Handlungen zu animieren. Aber auch zu Bandit hat er eine tiefe, innige Verbindung aufgebaut und tollt mit ihm jeden Abend vor dem Küchenzelt herum. Man spürt, dass er mit den Tieren groß geworden ist.

In manchen Momenten verhält sich Tom aber auch noch wie ein kleiner Junge, versucht, einen Zaunpfahl mit dem Lasso einzufangen, oder hüpft mit einem beeindruckenden Bocksprung von hinten auf ein Pferd. Die Schüler, die er unterrichtet, werden ihren Spaß mit ihm haben, da bin ich mir sicher. Tom ist der Jüngste unserer Expedition, und es sind ihm viele Aufgaben zugeteilt worden, bei denen er stets gelöst und entspannt wirkt, ich möchte sogar behaupten, zufrieden und glücklich. Mehrmals am Tag nimmt Tucker ihn ganz selbstverständlich in den Arm und sagt ihm, wie gut er die schwere Arbeit macht, und Amy bekommt von ihm hier und da einen verstohlenen Kuss auf die Wange. Ein Fernsehgerät oder Mobiltelefon scheint weder ihm noch seinen Eltern zu fehlen, von Zigaretten und Alkohol ganz zu schweigen, die Familie Henderson scheint sich selbst genug zu sein.

Ja, diese ungetrübte Zufriedenheit kenne ich selbst aus meiner Kindheit, als ich im kleinen Dorf Reusten in der Nähe von Tübingen wohlbehütet in der Natur aufwuchs und Pferde, Rinder, Hunde und Katzen ganz selbstverständlich zum Leben auf dem Land dazugehörten. Wo wir Kinder Baumhäuser bauten, Lagerfeuer errichteten, mit Begeisterung Cowboy und

Indianer spielten – wer weiß, was in einer Großstadt aus mir geworden wäre? Hier in Montana jedenfalls knüpfe ich unwillkürlich wieder an diese glücklichen Kindertage an, ganz so, wie es meine Lieblingszeitschrift empfohlen hatte.

Sanft lächelnd sitzt Tucker am Abend auf seinem Plastikstuhl und blickt konzentriert ins Feuer, um das wir anderen auch alle kreisförmig sitzen, in der Hand eine kühle Zitronenlimonade. Die ersten Tage verhielt sich Tucker mir und den anderen gegenüber noch eher verschlossen und zurückhaltend, inzwischen aber erzählt er ganz von selbst Geschichten vom Leben in der Wildnis. Er spricht leise, denn Tucker ist alles andere als ein Touristenunterhalter oder gar ein Animateur, er ist wie sein Vater in der Seele ein Mountain Man, ein Wildnishüter, ein Naturbursche wie aus dem Bilderbuch.

Dennoch bereitet es ihm große Freude, interessierten Menschen die Schönheit der Rocky Mountains zu zeigen, sie an all dem Wunderbaren der Natur teilhaben zu lassen. Jeder in unserer Gruppe ist dankbar dafür. Niemand bombardiert ihn mit Fragen, wenn wir am Lagerfeuer sitzen, keiner der Amerikaner plappert wie ein Wasserfall, und Dagmar und Ulf sind auch ganz froh, mal nicht Englisch sprechen zu müssen. Auch an diesem Abend warten wir in Vorfreude wieder einmal ab, bis Tucker seine Stimme leise erhebt und wir seinen Geschichten vom Leben in Montana, von den Naturgewalten und vom Kampf mit den Elementen lauschen dürfen.

Tucker erzählt von den Wölfen, die vor einigen Jahren in das White River Camp einfielen und auf die Pferde Jagd machten. Sie kamen laut heulend mitten in der Nacht. Die Hendersons waren allein im Camp, da sie nur ein paar Sachen hier herausbringen wollten. Amy versteckte sich mit dem damals noch kleinen Tom im Küchenzelt – mit Schusswaffe und dem Stromzaun als Schutz. Tucker versuchte, die Wölfe zu verjagen. Er schoss mit dem Gewehr immer wieder in die Luft, brüllte laut und schwenkte seine Jacke, um die Raubtiere zu vertreiben. Es gelang ihnen zum Glück nach einer gefühlten Ewigkeit, und keines der Pferde wurde schwerwiegend verletzt.

Seit diesem Zwischenfall hat Amy große Angst vor Wölfen und besteht darauf, immer eine Gruppe an erfahrenen Hunden dabeizuhaben, die die Wölfe fernhalten. Wölfe mögen nämlich keine Hunde, und allein der Hundegeruch kann einen unerwarteten Besuch schon verhindern. Trotz solcher Geschichten gelten diese mystischen Raubtiere als für Menschen weitestgehend ungefährlich, was Tucker schnell seiner Erzählung hinzufügt, aber Pferde stehen leider oft oben auf ihrem Speiseplan. Ach, wie gern würde ich Wölfe zu Gesicht bekommen!

Tucker erzählt auch, wie er einst von einem Stinktier verfolgt wurde, das er zwischen ein paar Müllsäcken im Camp aufgescheucht hatte. Tucker wollte zum Gewehr an seinem Sattel greifen und das arme Kerlchen erschießen, aber das schwarzweiß gestreifte Fellknäuel hatte den Ernst der Lage erkannt und war auf Angriff gegangen. Er musste hinter seinem flüchtenden Pferd samt Jagdgewehr herrennen, da das Pferd offensichtlich ebenfalls die von Stinktieren ausgehende Gefahr kannte. Das freche Stinktier war sich seiner Macht bewusst und scheuchte den armen Tucker hinter seinem Pferd den Berg hinauf, und das untreue Reittier dachte gar nicht daran, auf Tucker zu warten.

Stinktiere sind alles andere als scheue Geschöpfe und zeigen nur selten Angst: Wo immer sie auftauchen, sind sie gefürchtet, denn sie versprühen in brenzligen Situationen ein Sekret, das für menschliche Nasen nahezu unerträglich ist. Tiere mit weit sensibleren Riechorganen kann es in den Wahnsinn treiben, und man hat schon von Hunden gehört, die sich nach einer Sprühattacke stundenlang halb wahnsinnig im Kreis drehten. Flucht ist ihnen ein Fremdwort, denn sie wissen um ihre bedrohliche Wirkung auf andere.

Auch meine Familie hatte mal so ein schwarzweißes Fellknäuel unter der Veranda wohnen, als ich mit meinen Eltern im Bundesstaat Vermont lebte. Meine Mutter war damals höchst besorgt und hatte sich schon nach Notstationen erkundigt, in die man Kinder und Hunde bringen konnte, wenn sie eine Ladung Duftflüssigkeit abbekommen hatten. Es hieß damals, man müsste sich in den Notfallstationen samt Kleidern in Tomatensaft baden, nur auf diese Weise könne man den Gestank wieder loswerden. Bei meiner Frage in die Lagerfeuerrunde, ob diese Methode tatsächlich heute noch angewendet wird, ernte ich schallendes Gelächter.

Bruno, der Bär

Gemütlich sitzen alle Teilnehmer der Expedition an einem weiteren warmen Sommerabend um das Lagerfeuer. Tucker hat soeben eine interessante Geschichte über den Kauf eines neuen Pferdes beendet, und ich blicke zufrieden und verträumt in die Flammen. Nichts kann mich heute Abend aus meiner Wohligkeit herausreißen, und ich spüre aufs Neue, wie mir all die Lasten der letzten Jahre von der Seele weichen und mich ein für alle Mal verlassen.

Doch dann nehme ich aus den Augenwinkeln etwas wahr, unten im Gebüsch am Fluss bewegt sich etwas. Ich erkenne nicht sofort, was es ist. Ein Tier? Ein Mensch? Oje, da unten rennt die Dagmar! Ich sehe meine deutsche Mitreiterin halb nackt vom Fluss heraufflitzen, als sei der Teufel hinter ihr her. Ihr BH ist noch nicht vollständig angezogen, und ihre Hose hat sie wohl am Fluss zurückgelassen. In ihren Wassersandalen spurtet sie die Waldlichtung herauf und springt in großen Sätzen über die umgestürzten Bäume. Sie ist völlig aufgelöst und weint und versteckt sich bei uns am Feuer.

Während ihres kurzen Bades im Fluss hat sich wohl ein großer brauner Grizzly zu ihr ans Ufer gesellt. Ich bin schlagartig grün vor Neid und Aufregung – jegliche Tiefenentspannung hat mich verlassen, und ich packe in Windeseile mein Bärenspray und Jims alte Magnum (weiß ja gar nicht, wie man das Ding bedient) und rase hinunter zum Fluss. Mein erster Grizzly! Ich suche und lausche, mein Herz klopft bis zum Hals, vom Grizzly fehlt jede Spur. Verflixt und zugenäht, Dagmar hat das Ungetüm in die Flucht geschlagen! Später sagt Ray, dass es der liebe Gott heute gut mit der *German Pioneer Lady* gemeint hat. Er sei froh, meine Überreste nicht am Fluss einsammeln zu müssen.

Später am Lagerfeuer erzählt Dagmar, nachdem sie eindringlich von Tucker über das nötige Verhalten bei Begegnungen mit Bären aufgeklärt wurde, dass sie schlichtweg alles falsch gemacht hatte. Man solle dem Bären zum einen nicht in die Augen sehen, da er das als Bedrohung auffassen könnte. Auch sollte man auf keinen Fall wegrennen, da das einen Bären zum Hinterherrennen animieren könnte und er den Menschen somit eher als Jagdbeute einstufen würde. Zudem ist ein Grizzly so schnell wie ein Rennpferd (was ich bis zu diesem Zeitpunkt trotz aller Recherchen nicht wusste), man hätte also kaum Chancen gegen ihn. Bei Grizzlys ist es zu empfehlen, auf einen Baum zu klettern, bei Schwarzbären weniger, da diese ebenfalls sehr gut klettern können. Aber wie kommt man in der Eile auf einen Baum hinauf? Sollte der Bär näher kommen und kein geeigneter Kletterbaum in Sicht sein, wäre es besser, man legt sich auf den Boden und schützt mit den Armen das Gesicht und das Genick. In der Regel würde der Bär dann, angewidert vom Menschengeruch, wieder gehen. Und dann sollte man natürlich immer ein Bärenabwehrspray bei sich führen, was ich mir selbst bekanntlich schwer zu Herzen genommen habe.

Dagmar bestätigt im flackernden Feuerschein und mit einem Plastikbecher Rotwein in der Hand, sie sei mit wehenden Fahnen vor dem Grizzly geflohen, nachdem sie ihn intensiv und ungläubig angestarrt hatte. In den Schrecksekunden, die ihr wie eine Ewigkeit erschienen sind, hatte sie schon mit dem Leben abgeschlossen und sich dann zur Flucht entschieden. Der Bär sei ein Stück hinter ihr hergelaufen, hätte dann aber zum Glück abgedreht. Dagmar hatte natürlich kein Bärenspray dabei und sich wohl auch nicht entsprechend vor der

Reise informiert. Ich allerdings schon, aber es ist wie verhext, alle scheinen auf Bären zu stoßen, nur ich nicht! Lautstark beschwere ich mich über diese Ungerechtigkeit und öffne mir in meiner Verzweiflung noch ein zweites schönes Dosenbier. Dagmar meint großzügig, ich dürfe ab sofort immer mit ihr baden gehen, sie würde die Biester wahrscheinlich anziehen. Ich willige hoffnungsvoll ein.

Die Sonne ist schon längst hinter dem hohen Bergkamm verschwunden, und die Moskitos greifen langsam an. Dagmar wird immer gesprächiger, und der Weinbecher in ihrer Hand bekommt immer mehr Schräglage. Zu ihren Füßen steht ein Pappkarton, in dem ein Plastiksack mit billigem kalifornischem Rotwein steckt, den ein tapferes Maultier hierhergeschleppt hat. Aus diesem zapft sie ausgelassen und bringt ihre englische Grammatik immer mehr durcheinander. »Bruno!«, lallt Dagmar enthusiastisch. *»Se name from the Bavarian bear was Bruno!«* Sie will schon leicht angesäuselt ihren eben getroffenen Bären auf den Namen Bruno taufen, zu Ehren des armen Bärenmännchens, das vor ein paar Jahren über die tschechische Grenze nach Bayern eingewandert war und im Auftrag des Ministerpräsidenten Stoiber sofort erschossen wurde. Spätestens danach konnte den CSU-Politiker niemand mehr leiden.

Eine andere Frage, die an diesem Abend auftaucht: Wie kann man einen Schwarzbären von einem Grizzly unterscheiden? Leider nicht immer an der Farbe, denn es gibt auch sehr helle Exemplare unter den Schwarzbären, und auch sie können sehr groß werden. Nein, es ist die Form der Nase. Schwarzbären haben eine recht gerade verlaufende Nase, während die Nasen der Grizzlys eher wie eine nach oben gewölbte Stupsnase aussehen. Daran sind sie eindeutig zu erkennen. Bezüglich Gefährlichkeit stehen Schwarzbären den Grizzlys in nichts nach. Insbesondere, wenn Schwarzbären Nachwuchs bei sich haben, sollte man sich ihnen auf keinen Fall nähern. Und man sollte nie Kekse oder ähnliche Leckereien im Zelt aufbewahren. Schon manch ein Wanderer wurde nachts in seinem Zelt von einem Bären geweckt, der die Behausung unsanft abbauen wollte. Tucker kullern Tränen des Lachens über die Wangen, als er erzählt, wie er in der Vergangenheit Bären hüpfend auf Zelten beobachtet hat, die wohl mit den flüchtenden Menschen unter sich spielen wollten und es natürlich auch auf die guten amerikanischen Kekse abgesehen hatten. Seltsamerweise findet das außer Tucker niemand lustig. Bernie flüstert beunruhigt zu mir herüber, dass sie noch mal nach ihren geheimen Cookie-Beständen sehen möchte heute Abend.

Um solche und ähnliche Zwischenfälle zu vermeiden, hat Tucker bislang all unsere Essensreste entweder an die Hunde verfüttert oder im Feuer verbrannt und die Mülltüten mit einem Seil hoch hinauf in die Krone einer Kiefer gezogen. Das Küchenzelt wird jeden Abend fest verdrahtet und mit Strom gesichert, und uns ist jegliches Essbares, selbst kleinste Krumen, im Zelt verboten. Ich für meinen Teil gebe die Hoffnung aber noch nicht auf und glaube jetzt wieder ganz fest daran, dass hinter der nächsten Wegbiegung endlich so ein Bruno auf mich wartet und mit mir seine Beeren teilt.

Ana, die Ärztin aus New York

Die sechzigjährige Ana, die mir bei unserer ersten Begegnung wie die (nur etwas ältere) Reinkarnation von Louise aus dem Film »Thelma und Louise« vorgekommen ist, könnte nicht resoluter sein. Im Kontrast zu ihrem sportlichen Körper ziert ihr von hellen Locken umrahmtes Gesicht eine altmodische Eulenbrille mit großen runden Gläsern. Ana ist Allgemeinmedizinerin, sie arbeitet in einem kleinen Krankenhaus südlich von New York City und hat mir schon so einiges über das Gesundheitswesen, die hundsmiserable Krankenhausverwaltung und die unerfreulichen Arbeitsbedingungen der Ärzte in den Vereinigten Staaten erzählt.

Eines Abends bleiben nur Ana und ich am Küchentisch im Küchenzelt zurück, da alle anderen entweder ihr Zelt aufräumen wollen oder aber ihre Reitwunden verarzten möchten. Ana beginnt freimütig zu erzählen und gewährt mir traurige Einblicke in ihr bisheriges Leben. Sie wurde von ihrem Ehemann letztes Jahr schmählich verlassen. »Weißt du, Julia, viele Männer hier bei uns in Amerika haben Probleme mit starken, unabhängigen Frauen«, verkündet sie nachdrücklich. Ihren Schilderungen entnehme ich, dass sie ihrem Ehemann wohl nicht unterwürfig genug war, nicht anschmiegsam, hilfesuchend und kooperativ genug. Ich fühle mich sogleich an meine eigenen Erfahrungen erinnert, auch mir wurde meine Unabhängigkeit und Willensstärke in der Vergangenheit schon zum Vorwurf gemacht.

»In der Vergangenheit?«, meldet sich plötzlich diese lästige innere Stimme, die ich schon dachte abgeschüttelt zu haben. Ruhe!, rufe ich ihr zu. Aber sie spricht weiter. »Wohl eher in der Gegenwart, meinst du nicht auch?« Also gut, ich gebe es auf dieser Reise ausnahmsweise mal offen zu: Ich werde zu Hause täglich mit den Minderwertigkeitsgefühlen meines Lebensabschnittsgefährten konfrontiert. Er scheint unsäglich darunter zu leiden, dass ich besser mit dem Leben und seinen Herausforderungen zurechtkomme als er, mehr Geld verdiene als er, fröhlicher und ausgelassener sein kann als er und so weiter, und sofort.

»Ana«, sage ich, »du und ich, wir haben exakt das gleiche Problem.« Lachend klopft sie mir auf die Schulter.

Ana erzählt, dass ihrem Ehemann mit der Zeit die jüngeren und weniger soliden Frauen immer besser gefielen, die sich so leicht mit ein wenig finanzieller Zuwendung, blödsinnigen erfundenen Komplimenten und einem hochmotorisierten Fahrzeug beeindrucken ließen, was Ana den Kontoabrechnungen entnehmen konnte. »Du glaubst nicht, was ich alles rein zufällig herausgefunden habe«, erklärt sie mir. »Für konkrete Nachforschungen hatte ich ja gar keine Zeit als Ärztin. Aber was da an Hotelrechnungen und sonstigen Überweisungen zusammenkam, das kannst du dir beim besten Willen nicht vorstellen. Mein Ehemann muss gleich mehrere Frauen tatkräftig finanziert haben. Vielleicht war es ja Schweigegeld«, betont sie sarkastisch.

Oh doch, ich kann es mir vorstellen. Habe ich doch über Jahre innerhalb meiner Firma die abartigsten und abscheulichsten Geschichten aus nächster Hand erfahren und teilweise auch miterlebt, die mir die Haare noch heute senkrecht zu Berge stehen lassen.

Recht kriegsähnlich verlief dann Anas Scheidung, denn es ging wie so oft um viel Geld, obwohl die Kinder schon längst aus dem Haus waren und einigermaßen selbst für sich sorgen konnten. Ana erzählt, dass mit den Kindern auch nicht alles so gekommen ist, wie sie es sich erhofft hatte. »Ich muss bei der Erziehung meiner Kinder vollkommen versagt haben«, sagt sie zu mir. »Ich habe es unter anderem versäumt, ihnen beizubringen, wie man einen klaren Lebensweg wählt, wie man sich auf diesem Weg der Verantwortung stellt und wie man auch in schweren Zeiten nicht vom Weg abkommt, sondern seinen Prinzipien treu bleibt. All meine Kinder sind dazu heute nicht in der Lage.« Gern möchte ich etwas Tröstliches zu Ana sagen. Ich erwidere altklug und so, als hätte ich fünf eigene Kinder zu Hause: »Es kann ja nicht immer alles glattgehen, Ana, man kann nicht mit allen Aspekten in der Erziehung Erfolg haben, manches bleibt eben auf der Strecke, insbesondere wenn man Geld verdienen muss.« Ana schmunzelt über meinen wenig erbaulichen Einwurf.

Seit der kriegsähnlichen Scheidung fährt Ana bei jeder Gelegenheit zu Gail in den angrenzenden Stadtteil hinüber und verbringt mit der kleinen sympathischen Krankenschwester viel Zeit bei Tee und Kaffee und auch bei ganz ungeheuerlichen sportlichen Aktivitäten. Mit Gails Hilfe schaffte sie es auch, die plötzliche Einsamkeit in ihrem Leben zu verkraften und wieder Boden unter ihre Füße zu gewinnen. Schon in diesem Herbst wollen die beiden Frauen zusammen nach Ecuador fliegen und dort eine mehrtägige Kanutour machen. Meine Güte aber auch, Ana und Gail sind großartige Abenteuerinnen. Ana soll ab heute auf meiner Liste an weiblichen Vorbildern stehen, denn sie lässt sich nicht unterkriegen, komme auch, was wolle.

Während der nächsten Abende am Lagerfeuer erfahre ich von Ana noch mehr über die momentane Situation der Vereinigten Staaten, über die sozialen Missstände und wie sich so vieles zum Schlechten gewendet hat, an manchen Stellen aber auch zum Guten, über Bush, Obama und über Hillary Clinton und die Armen und die Reichen in diesem großen Land. Bernie und Gail hatten bereits mehrfach um Vorsicht gebeten, man solle in den USA nicht so freizügig über Politik und seine persönlichen Ansichten sprechen. Schon gar nicht, wenn man überzeugter Demokrat sei. Unsere Outfitters seien ganz klar erzrepublikanische Konservative, und ihr unbeliebtestes männliches Maultier hätten sie Hillary getauft. All das berichtet sie mir, als wir an einem Ruhetag draußen auf einem Stein am Ufer des White River sitzen.

Ich bin über all diese Einschätzungen vollkommen entsetzt, hatte ich die USA doch immer für ein Land der ausgeprägten Meinungsfreiheit gehalten und auch der vorbildlichen Toleranz gegenüber Andersdenkenden. Dieses Prinzip muss während meiner Abwesenheit in den letzten Jahren wohl gebröckelt sein. Ich diskutiere weiter mit Gail.

»Die Amerikaner müssten doch eigentlich dankbar sein für diesen unglaublich tollen und charismatischen Präsidenten Barack Obama, den ich persönlich mittlerweile hoch verehre.«

»Sie sind überhaupt nicht dankbar«, erwidert Gail. »Zumindest ein großer Teil von ihnen ist es nicht.

»Aber warum nur?«, frage ich Gail.

»Weil Barack Obama schwarz ist«, antwortet sie mir.

»Gibt es tatsächlich noch solch antiquiert denkende Menschen in eurem Land, für die die Hautfarbe eine solche Rolle spielt?«, frage ich ungläubig.

»Seine Hautfarbe spielt sogar eine ganz große Rolle, Julia. Sie hassen ihn, weil er schwarz ist.«

Ach, wie wenig ahnte ich an diesem idyllischen Tag in der Wildnis, was für abscheuliche Zeiten in den Vereinigten Staaten noch anbrechen würden. Nichts wusste ich zu diesem Zeitpunkt über den unterschwellig schwelenden, weit verbreiteten Rassenhass, die kommenden Angriffe auf die Grundfesten dieser alten und vorbildlichen Demokratie, die Attacken auf die Meinungs- und Pressefreiheit, noch von den massiven Verstößen gegen die Prinzipien der Rechtsstaatlichkeit und Demokratie – alles ausgeübt von Vertretern der amerikanischen Regierung selbst, die zu allem Unglück ein paar Jahre später die Nachfolge des hochgelobten Barack Obamas antraten. Nein, von all diesen Schrecken der Zukunft wusste ich an diesem schönen Tag noch nichts. Aber vielleicht hatten es meine klugen Mitreiterinnen schon vorausgeahnt.

An einem der verlässlich wunderbaren Abende, als wir in trauter Runde am Lagerfeuer zusammensitzen, überrascht uns Ana mal wieder aufs Neue. Gerade haben die Gespräche für einen kleinen Moment Pause, nur das Knistern des brennenden Holzes ist zu hören, da steht Ana plötzlich auf, stellt ein Bein auf die steinerne Umzäunung des Feuers und fängt mit dem goldenen Schein der Flammen im Gesicht an zu singen. Frei von aller Scheu füllt sie mit ihrer vollen und warmen Stimme die Waldlichtung. Sie singt ein altes amerikanisches Volkslied, das ich noch nie zuvor gehört habe.

Es fühlt sich an, als sei es das Normalste auf der Welt, hier draußen am Feuer mal eben so loszusingen. Wie vertraut muss sie sich mit uns allen fühlen ... Und wie schön sie singen kann, unsere Ana! Wir lauschen ihr alle gebannt, tief in die Melodie versunken, und unsere Augen glänzen nicht nur vom Licht des Feuerscheins. Es ist nicht nur Ana, ihre berührende Stimme, es ist unsere zusammengewachsene Gruppe, die in dieser wunderbaren Nacht an diesem einmaligen Fleckchen Erde beisammensitzt. Das alles öffnet und füllt unsere Herzen. Als Ana am Ende des Liedes leise verstummt, applaudieren wir ebenfalls leise und noch tief in den Gesang versunken, mit den letzten Klängen, die in unseren Seelen verhallen.

Ana setzt sich wieder zu uns und nippt munter an ihrem Rotweinbecher, sie fühlt sich sichtlich befreit. »*Beautiful this was, really really beautiful*«, flüstert mir der alte Jim zu und schaut ganz verliebt zu Ana hinüber. Ich lächle ihn verschmitzt an.

Als ich später in meinem Schlafsack liege, muss ich an all die Jahre denken, die ich auf der Opernschule zubrachte. Ich habe als Mädchen und junge Frau sogar viele klassische Konzerte gegeben, aber ich habe mich kein einziges Mal nach dem Singen vor Publikum befreit gefühlt. Ich habe beim Singen immer Hemmung empfunden, und mancher Auftritt war deshalb mehr Qual als Freude für mich. Und so hatte diese Passion keine Zukunft für mich. Ach, denke ich, ich war mein Leben lang in so vielem gehemmt. Nur jetzt, hier in der Wildnis von Montana, da gibt es diese Gefühle nicht mehr. Ich fühle mich frei und zugleich so sehr bei mir selbst angekommen.

Am nächsten Tag setzen Ana und ich unser Gespräch über das Los mit den Männern fort, dieses Mal aber ohne Klagen. Ana ist hier, um sich von ihrem Scheidungsmartyrium zu erholen und um ihre Verletzungen heilen zu lassen. Und dies scheint ihr auch ganz gut zu gelingen, denn sie wird mit jedem Tag fröhlicher und ausgelassener. Ich versuche sie mit der Botschaft zu unterstützen, dass in ihrem Land die Chancen wirklich gut stünden, auch im höheren Alter noch einen tollen Mann zu finden, der die weibliche Emanzipation schätzt und auch Anas Fähigkeiten und ihre großartige Art, von ihren Gesangseinlagen ganz zu schweigen.

Sie lacht wieder ihr tiefes Lachen und sagt: »Wer weiß, wer weiß, vielleicht finde ich eines Tages einen neuen Partner – vielleicht findest du eines Tages einen besseren und geeigneteren Partner, Julia, jemand, der zu dir passt und dessen Charakter deinem ähnelt. Jemand, der deine Liebe zum Leben teilt und deine Begeisterung für das Reisen und für das Abenteuer, na ja, du weißt schon, eben jemand, der so ist wie du. Ich denke im Übrigen, liebe Julia, es wäre einen Versuch wert, mal nach einem Amerikaner Ausschau zu halten. Ich habe den Eindruck, dass ein solider Amerikaner vielleicht besser zu dir passen würde als so ein braver deutscher Langweiler.«

»Hm«, brumme ich zur Antwort, »da könntest du wahrlich recht haben.« Erstaunlich, Ana hat so ganz nebenbei aus meinen wenigen Hinweisen herausgefiltert, dass ich zu Hause keineswegs meine Idealbesetzung gefunden habe. Ich vermeide nach wie vor, während dieser wundervollen Reise meine Gedanken mit solch unschönen Bildern zu füllen, und versuche, mein heimisches Dilemma bestmöglich auszublenden.

Dennoch machen sich Erkenntnisse in mir breit, ganz tief unten in der Bauchgegend, die nicht mehr umgedreht werden können, die nicht mehr zu löschen sind. Hier draußen lässt es sich einfach nicht vermeiden, früher oder später der Wahrheit ins Auge zu sehen. Aber es scheint bislang zu genügen, diese Erkenntnisse nur zuzulassen. Es wird sich alles finden, alles wird gut werden, alles wird seinen Lauf in die richtige Richtung nehmen. Denn auch diese Erkenntnis hat sich, seit ich durch die Wälder und Gebirge der Rocky Mountains reite, tief in meiner Seele verwurzelt: Ich habe nichts zu befürchten, denn die richtige Richtung ist durch all das hier bereits eingeschlagen, und ich kann mich auf mich selbst verlassen. Schließlich bin ich nicht zum Spaß eine *German Pioneer Lady* und nicht zum Spaß eine große Abenteurerin geworden mit entsprechenden Kräften und Durchhaltevermögen. Nein, ich bin all das geworden, weil dies mein Schicksal ist, so wahr ich hier auf meinem tapferen Greenlegs sitze.

Der Rückweg

Immer schneller verstreichen die Tage und Wochen in der Bob Marshall Wilderness. Und mit einem flauen Gefühl in der Magengrube lausche ich eines Morgens Dagmars Hinweis – sie ist gerade dabei, ihren Schlafsack vor dem Zelt auszuschütteln –, dass wir in nur wenigen Tagen bereits den Heimweg antreten müssen. Unser illustres Grüppchen an hartgesottenen Abenteurern wird den langen und beschwerlichen Rückweg über die *Continental Divide*, die Wasserscheide der Vereinigten Staaten, wieder antreten müssen und über die hohen und noch schneebedeckten Gebirgspfade nach Augusta zurückreiten.

Dagmars Worte bereiten mir regelrechte Magenschmerzen. Ich versuche, mich mit dem Gedanken zu trösten, dass meine Reise noch lange nicht zu Ende ist, im Gegenteil, der größere Abschnitt liegt noch vor mir. Sicher warten noch unzählige Abenteuer auf mich im herrlichen Montana. Dennoch ist mit klar, dass ich diese Abenteuer allein antreten werde, meine geliebten Mitreisenden und auch meinen kleinen Greenlegs werde ich in Augusta zurücklassen müssen. Jedoch war dies von Anfang an so vorgesehen, und meine vorlaute innere Stimme sagt mir mit Blick auf Dagmars durch die Luft fliegenden orangefarbenen Schlafsack, dass diese Entwicklung der Dinge auch gut ist. Ich muss den zweiten Teil meiner großen Reise allein antreten, und es ist ungemein wichtig, dass ich diese Herausforderungen auch allein meistere, diesen Weg muss ich gehen, und zwar nur mit mir selbst, und es wird ein ganz wunderbarer Weg sein, das spüre ich.

Aber heute, an diesem wie immer sonnigen Morgen in den Tälern der Rocky Mountains, möchte ich nicht darüber Trübsal blasen, nein, ich möchte all diese Eindrücke hier weiter in mich aufsaugen. Ich lausche dem Wind, der leise durch die Baumwipfel streicht, lasse die harzigen Düfte der Wälder durch meine Lungen ziehen. Mit jedem Atemzug werden meine städtischen Lungen sauberer und mit ihnen auch mein Geist. Ich bin während der Wochen in der Bob Marshall Wilderness ruhiger geworden, mein Atem fließt tiefer, langsamer, ich habe nicht mehr tausende Stimmen auf einmal im Kopf. Alles an mir ist irgendwie weicher geworden. Meine Muskulatur ist nicht mehr verhärtet, mein Nacken tut mir schon lange nicht mehr weh, und auch die körperlichen Probleme, die die langen Ritte mit sich brachten, haben sich in Luft aufgelöst, und ich habe mich an die Wanderungen, Gebirgsritte und an das Eiswasserbaden gewöhnt. Nur einmal habe ich im Übrigen die Camp-Dusche verwendet, und dies auch nur, um das interessante Konstrukt mal auszuprobieren. Danach bin ich wieder zum Gletscherflussbaden übergegangen, schließlich habe ich den Ruf und den Titel der *German Pioneer Lady* zu verteidigen.

Und noch mehr ist in mir weich und sanft geworden. Das besondere Umfeld, also meine Expeditionskollegen, die ausschließlich passionierte Abenteurer und Naturburschen sind, Tierliebhaber und Menschenfreunde, hat bei mir sämtliche Blockaden eingerissen. Obwohl ich die lieben neuen Freunde noch nicht allzu lange kenne, fällt es mir leicht, sie mit Wärme, Aufmerksamkeit und Zuneigung zu übergießen. Mit dem Abfallen der Klauen, die tagtäglich an mir zerren, und die letztendlich nichts anderes sind als meine Lebensumstände, in die ich mich hineingeritten habe, kann ich wieder etwas von mir selbst geben. Ich kann mich voll und ganz meinen Mitreisenden widmen, ihnen ausgiebig zuhören, sie beraten und sie verstehen, mich in sie hineinversetzen. Ja, seit ich hier bin, kann ich wieder voll und ganz Mensch sein und nicht nur Roboter, ein funktionierendes mechanisches Konstrukt, ein Großrechner, der in jeder Stunde des Tages durchorganisiert ist und schuftet, schuftet, schuftet.

Ich wünsche mir von ganzem Herzen, dass die Zeit doch stehen bleiben würde. Ach, wie beneide ich Amy und ihre wunderbare Familie. Sie alle leben hier Jahr um Jahr, obwohl dieses Dasein rau, entbehrungsreich und gar nicht bequem ist, aber so reichhaltig, so im Einklang mit der Natur und so sehr mit Liebe gefüllt.

Ich frage Amy, ob es nicht noch einen Onkel gibt, der mich vielleicht heiraten möchte. »Gibt es denn niemanden, den ihr mir vorstellen könnt? Einen Rinderzüchter, Mountain Man oder auch einen Indianer?« Sie lacht, aber ich versichere ihr, dass ich es ernst meine, todernst! Amy kann gar nicht begreifen, dass ich so versessen darauf bin, im Wilden Westen zu bleiben. Sie selbst leidet unter ihren harten Arbeitsbedingungen, die Expeditionen zehren an ihr. Sie erzählt mir mit niedergeschlagener Stimme, dass sie sich ihr Leben anders vorgestellt hatte, als sie Tucker damals geheiratet hatte und schon mit zwanzig ihren Sohn bekam. Seither ist sie Outfitter, Campköchin, kümmert sich um die Expeditionslogistik ... und sie ist Abenteurerin.

Im Winter, wenn sich die Schneeberge über Montana türmen, arbeite sie noch als Buchhalterin in einer kleinen Firma. Das Geld, welches die Familie von Spätfrühling bis in den Herbst hinein verdienen kann, reicht nicht aus, um die Familie gut zu versorgen – und schon gar nicht die Herde der achtzig Pferde und Maultiere, Hunde und Katzen und was sich sonst noch auf ihrem Hof so findet. Sie brauchen jeden Winter Unmengen an Futter, wenn der Schnee hoch liegt und die Tiere sich nur schlecht selbst versorgen können.

Überhaupt ist unsere Amy ein absolutes Arbeitstier, ein *Plow Horse*, ein Pflugpferd, wie man im Amerikanischen so trefflich sagt. Ich habe unsere Amy seit Beginn der Reise jeden Tag ein wenig mehr ins Herz geschlossen. Sie ist so korrekt, professionell, fürsorglich und gleichzeitig so menschlich und warmherzig. Als uns Bernie beim Fotografieren nahe des Camps in den Wäldern verloren ging, weil sie nicht den leisesten Orientierungssinn besitzt und sich anstelle dessen einfach auf einen Baumstumpf setzte, um zu warten, dass jemand sie findet, war Amy die Erste, die Bernies Abwesenheit überhaupt bemerkte. Amy zog sofort los, um Bernie zu suchen, und fand die völlig aufgelöste Lehrerin auch schon gleich hinter ein paar Wegbiegungen auf ihrem Baumstamm sitzend. Spätestens da war der ganzen Gruppe klar, dass auf Amy Verlass ist und dass wir bei ihr in guten Händen sind.

Dennoch kann ich Amys Frust nachvollziehen, denn ihr Druck ist groß und das Überleben hart. Aber sie war nie über Jahrzehnte hinweg eingesperrt, sie kennt nur das raue Leben in den Weiten von Montana. Ich denke mittlerweile, dass Bedürfnisse und Sehnsüchte nach gewissen Lebensweisen meist aus vorherigen Lebensumständen resultieren, die man gern hinter sich lassen möchte, da sie einem entweder überhaupt nicht liegen oder aber man sich an ihnen sattgelebt hat. Und dann gibt es natürlich noch diejenigen unter uns, die regelmäßig von blanker Abenteuerlust getrieben werden und einfach immer mal wieder neue Wege einschlagen müssen. Ich selbst bin definitiv eine Kombination aus beiden Varianten, aber ganz besonders ein Exemplar der hochpassionierten Abenteurerin.

An einem der letzten Morgen in der Bob Marshall Wilderness wird mir klar, dass ich das Wildnisgebiet eigentlich noch gar nicht verlassen kann, denn es hat sich ja schließlich immer noch kein Bär vor meiner Nase blicken lassen – obwohl alle anderen Mitreisenden andauernd auf das ein oder andere Exemplar stoßen. Aber wie sagte einst meine Dr. M., die brillante Therapeutin für alle Lebenslagen, so schön: Man solle nicht gieren im Leben, man solle höflich und freundlich um die Dinge und Lebensumstände bitten, die man sich wünscht, und nicht wie besessen Träumen hinterherjagen, sondern vernünftig und besonnen agieren. Nun, dann bitte ich also hiermit höflich und besonnen das liebe Universum und auch gleich noch den lieben Gott, ob ich nicht endlich doch noch auf einen Bären treffen dürfte, auch ein ganz kleiner wäre mir schon lieb und teuer.

Und tatsächlich, am nächsten Tag, als ich versunken am Ende des Tracks vor mich hin reite, kommt von Amy ganz vorn die Nachricht zu mir durchgereicht, dass sich zu unserer Rechten ein junger Schwarzbär befindet. Was, was, was? Ich spurte mit dem kleinen Greenlegs an allen übrigen Reitern vorbei, obwohl dies streng verboten ist, und düse nach vorn zu Amy. Und da sehe ich den Kleinen auch schon an den Beeren zupfen. Er ist wirklich recht jung, vielleicht zwei Jahre alt, mit herrlich glänzendem dunkelbraunen Fell; er sieht sehr gesund und gut genährt aus.

Amy meint, dass die jungen Bären ganz besonders gefährlich seien, weil sie oft im Nahrungsbeschaffen noch nicht geübt und daher sehr hungrig sind. Einen Menschen attackieren sie dann manchmal aus reiner Verzweiflung heraus. Dieser hier aber hat zum Glück genug zu essen und lässt sich die Beeren im Gebüsch schmecken. Auch sind wir durch unsere große Anzahl an Reitern, Pferden und den drei Hunden nicht in Gefahr, denn vor so einer stattlichen Gruppe hätte dann auch der stärkste Bär Respekt.

Da ist er also endlich, mein kleiner Kuschelbär … und wie süß er aussieht! Würde ich ihn knuddeln und herzen, würde er mir vermutlich sofort das Genick durchbeißen, aber man kann ja mal davon träumen und es sich im Geiste vorstellen. Ach, nun ist auch dieser sehnsüchtige Wunsch von mir in Erfüllung gegangen, wie herrlich, wie wundervoll. Wir verharren noch eine ganze Weile bewegungslos auf dem Pfad und verfolgen beglückt jede Bewegung des kleinen drolligen Bündels, bis sich der Jungbär ins Gebüsch verabschiedet.

Ich stelle erleichtert fest, dass der übliche hässliche Kloß in meinem Hals, den ich immer am Ende von schönen Reisen zu spüren bekomme, bislang noch nicht zu spüren ist. Daher reite ich heute frohen Mutes hinter den anderen her über die Gebirgspfade Richtung Osten, zurück nach Augusta, zurück in das alte Bunkhouse Inn. Die Maultiere sind wieder schwer beladen mit Marschgepäck, die Reisenden sind sichtlich geübter mit ihren Pferden und auch mit den üblichen körperlichen Beschwerden als zu Beginn der großen Tour.

Selbst Amy wirkt nun froh und ausgelassen und viel entspannter als auf dem beschwerlichen Hinweg. Auch scheint Amy unsere Gruppe sichtlich gemocht zu haben, nicht immer hat sie wohl so dankbare und friedliche Abenteurer bei sich. Es gab auch schon Fälle, in denen flaschenweise harter Alkohol in den Satteltaschen mitgeschmuggelt wurde sowie stattliche Pakete an Marihuana, die von völlig berauschten Männern mitten in der Wildnis konsumiert wurden, und Amy und Tucker sich nie sicher sein konnten, ob nicht so ein Verrückter im Rausch über eine Klippe springt oder sonst etwas Unkluges anstellt. Nein, solch undankbare Menschen gab es in unserer Gruppe nicht, sondern nur ganz zauberhafte Amerikaner und zwei ganz entzückende Hessen.

Selbst Kathy reitet mittlerweile ihren Strawberry recht entschlossen über Stock und Stein, obwohl ihre kräftigen Beine so kurz sind, dass sie kaum über den Sattel hinausreichen. Zum Glück ist der ebenso runde Strawberry mit seinem rotgrau melierten Fell ein zuverlässiger Partner, denn mit kurzen Beinen kann man ein Pferd nur sehr schlecht steuern. Ich drehe mich immer wieder zu Kathy um, und lächle ihr aufmunternd zu und sage: »Du machst das ganz großartig, Kathy, du bist eine gute Reiterin geworden.« Für Kathy wird dies ein unvergessliches Abenteuer sein. Welch ein Glück, dass sie dieser Reise zugestimmt hat, von der ihr Ehemann Don so lange geträumt hatte.

Beseelt reite ich hinter meinen Freunden her, auf den gleichen Pfaden zurück, auf denen wir gekommen sind, denn es gibt nicht allzu viele Wege hier draußen. Trotzdem sieht die Landschaft vollkommen anders aus, aus dieser neuen Perspektive. Es geht bergab, stetig und unaufhörlich bergab. Dies ist, weiß Gott, nicht immer angenehm, da das Schambein durch den abwärtsfallenden Winkel am Sattelhorn reibt. Daher steigen wir häufig ab und laufen über große Distanzen den Pferden voraus, und auch ich marschiere tapfer in meinen schweren Wanderstiefeln die Berge hinab. Die schicken Reitstiefeletten sind längst kaputt und nicht mehr zu verwenden. Ich habe sie im abendlichen Lagerfeuer feierlich verbrannt und noch eine kleine Ansprache auf sie gehalten. Sie waren vollkommen ungeeignet für diese Gebirgszonen – wie konnte ich überhaupt auf so eine dämliche Idee kommen? Sie waren ein Überbleibsel aus meinem alten Leben, in Montana kann ich sie nicht gebrauchen.

Nach einem neunstündigen Heimritt erreichen wir gegen Abend den Außenposten »Benchmark«. Die Stimmung ist gedrückt, alle sind schweigsam und betroffen. Jetzt ist die Expedition also vorüber. Sind wir nicht gestern erst aufgebrochen, oder war es gar letztes Jahr? Den Pferden ist die Erleichterung sichtlich anzusehen, wir haben ihnen ihre schweren Sättel abgenommen, und sie rollen auf der umzäunten Koppel von links nach rechts, um sich den Rücken zu reiben. Wie schon ein paar Male zuvor beobachtet, schlafen sie augenblicklich nach diesem Teufelsritt im Stehen oder Liegen ein. Ein paar wenige, ganz zähe Exemplare fressen sich erst einmal am Heu satt, das Tucker für alle ausgelegt hat.

Eine Nachbarin von Amy und Tucker hat einen Cooler mit Getränken hergefahren, und wir sitzen im Schatten der Pick-up-Trucks im Gras und trinken Cola und Sprite. Dagmar und Ulf werden noch ein bisschen länger in Montana bleiben, sie wollen sich den Glacier-Nationalpark im Norden ansehen. Für meine amerikanischen Mitreiter ist das Abenteuer nun zu Ende. Wir alle werden die Nacht noch im Bunkhouse Inn verbringen, denn die Fahrt nach Great Falls ist zu weit, um sie heute noch antreten zu können.

Amy hat schon begonnen, das Gepäck in den Van zu laden, und ich spurte eilig noch einmal zu Greenlegs hinüber, der gerade aus dem Wassertank trinkt.

Es fällt mir schwer, für den kleinen Goldfuchs die richtigen Worte zu finden. Ich bedanke mich bei ihm, dass er mich über dieses riesige Gebirge getragen hat, dass er auf mich aufgepasst hat, dass er nicht mit mir abgestürzt ist und mich auch nicht abgeworfen hat. Ich danke ihm, dass er so treu und zuverlässig war, so süß, so liebenswert, dass er als Gegenleistung so gar nichts von mir erwartet hat, dass er so großzügig zu mir war. Es hilft alles nichts, ich muss weiter, Amy ruft schon das zweite Mal nach mir. Die Tränen fließen mir in Bächen die Wangen hinab, ich versenke mein Gesicht in Greenlegs kupferfarbenen Hals und reibe meine Nase an seinen samtigen Ohren, meine Hand streicht sanft über seine Stirn.

Ich werde ihn nie wiedersehen, meinen tapferen Pferdepartner, denn die Familie Henderson wird ihn schon ein Jahr später verkaufen. Sie werden leider zu der Erkenntnis gekommen sein, dass der Kleine für die Schwerstarbeit im Gebirge doch nicht geeignet ist. Ich hoffe, er wird es bei seinen neuen Besitzern gut haben. »Lebe wohl, mein Liebling, lebe wohl.«

Am frühen Abend haben uns die Pick-up-Trucks zurück nach Augusta gebracht. Die Pferde werden erst morgen von den großen Transportern abgeholt, eine Nacht werden sie noch auf der großen Koppel in Benchmark zubringen. Die Stimmung in der Gruppe ist mittlerweile regelrecht schwermütig, denn wie es sich so oft mit Menschen zuträgt, denen man auf Reisen begegnet – man trifft sich danach nie wieder, obwohl man es sich mit der Hand auf dem Herzen geschworen hat. Jim, Ana und Gail werden in die Einsamkeit zurückkehren, Bernie zu ihrem hart arbeitenden und selten anwesenden Ehemann, über den sie während dieser Reise so gut wie nie gesprochen hat, und ich werde in die Ungewissheit weiterziehen, zu fremden Ufern und neuen Landen.

Aber auch die Hendersons sind betreten, als wir alle aus den Trucks steigen und unsere Seesäcke von den Ladeflächen schleifen. Sie wissen nicht so recht, was sie zum Abschied sagen sollen, waren wir doch in der Tat ein ganz besonders nettes Grüppchen. Ich gehe auf Ron zu, der mir am nächsten steht, und versichere ihm, dass ich so gern schon nächstes Jahr wiederkommen und an einer großen Tour teilnehmen würde. Zu meiner Erschütterung weint der alte Ron, als er mich umarmt. Was ist er nur für ein sonderbarer Mann, dieser Mountain Man, ein Wesen aus lang vergangenen Zeiten, vielleicht der Letzte seiner Art? Ich wiederhole erneut, dass ich wiederkommen werde, und kann mir ein paar Tränen auch nicht länger verkneifen.

Auch Dagmar beteuert, dass dies nicht der letzte Ritt mit der deutschen Truppe war. »Ich bin alt, meine Freunde, ich

Meine Reise quer durch die Rocky Mountains beginnt

Atemberaubende Aussicht über die Rockys

Unsere schwerbeladenen, tapferen Maultiere

Die richtige Ausrüstung für die Kälte im Gebirge

Mit Dagmar neben einer typischen Bärenkratzspur

Ulf, Elektriker aus Leidenschaft, Rodeo-Reiter und Mustangbändiger

Abendliches Freilassen der Pferde zur Selbstversorgung

Die Überquerung des Sun River bringt für alle eine willkommene Abkühlung

An der steilen Kante der Chinese Wall

Mit Hund Huck auf einem Gebirgsgipfel der Bob Marshall Wilderness

Ein einsamer Besucher im Tal

Hier schlafe ich den Schlaf der Gerechten, natürlich mit griffbereitem Bärenabwehrspray

Ich versuche, das Flyfishing zu erlernen

Das Küchenzelt ist eingezäunt, um ungebetene Gäste wie Bären abzuhalten

Erschöpft nach einem langen Tagesritt, aber bei bester Laune versteht sich

bin alt«, antwortet Ron mit tränenerstickter Stimme. »Wer weiß, ob ich im nächsten Jahr noch lebe?«

Ja, Amy hatte in einer stillen Stunde erzählt, dass Ron teure Herzmedikamente benötigt, die die notdürftige amerikanische Krankenversicherung nicht bezahlt. Daher legt die ganze Familie regelmäßig zusammen, um die Tabletten für Ron zu besorgen. Manchmal würde es aber einfach nicht reichen. Erschüttert und ergriffen umarme ich noch den Rest der Familie.

Tucker ist recht unbeholfen im Verbergen seines Kummers und weiß nicht so recht, was er sagen soll; daher sagt er einfach gar nichts, sondern nickt nur nachdrücklich. Er drückt mich allerdings so fest an sich, dass mir für einen Moment der Atem wegbleibt. Nein, unsere Outfitters, unsere Hendersons, waren keine Touristenführer. Sie haben uns vielmehr an ihrem Leben teilhaben lassen und uns eine Reise mit der Zeitmaschine gewährt, in eine Welt, bevor es den weißen Mann auf dem nordamerikanischen Kontinent gab.

Für mich war es außerdem eine Reise in die Vergangenheit zu den Wurzeln meiner Kindheit. Denn von solch eindrucksvoller unberührter Wildnis des amerikanischen Westens hatte ich schon als Kind immer geträumt. Die Erfahrungen in den unendlichen Gebirgszügen der Rocky Mountains haben mich für immer verändert – wie genau, das weiß ich zu diesem Zeitpunkt noch nicht, aber das ist auch nicht wichtig. Denn eines spüre ich jetzt schon – ich bin dieses Mal nicht falsch abgebogen, ich habe nicht das falsche Gleis gewählt, nein, ich habe alles genau richtig gemacht.

Ron bedankt sich noch einmal in die Runde, dafür, dass er uns all dies zeigen durfte, und dafür, dass wir dies alles so dankbar angenommen haben. Da kommen mir wieder erneut die Tränen, und ich hoffe aus tiefem Herzen, dass das Schicksal unserem Mountain Man noch zahlreiche Jahre schenken wird und dass er noch lange, lange Zeit in seiner Hütte in den Bergen leben darf, denn alles andere würde er nicht ertragen, alles andere würde ihn umbringen. Ich habe zu danken, mein lieber Ron, ganz allein ich.

Am nächsten Tag wartet in Great Falls der Greyhound-Bus auf mich. Ich werde nun den zweiten Teil meines großen Abenteuers antreten. Ich werde in den Süden von Montana fahren, in das trockene Grasland der montanischen Prärie, zu den Ufern des Yellowstone Rivers. Erneut werde ich eintauchen in die Vergangenheit, in den alten Wilden Westen der Vereinigten Staaten – diesmal in das Leben der Rancher und Rinderzüchter. Ich werde schon ab morgen eine Ranchgehilfin sein, eine schlecht bezahlte Arbeiterin, eine Handlangerin, die im Dreck schuftet, ein Cowgirl, eine Mustangbändigerin, eine Pferde- und Rinderpflegerin. Mit diesen Gedanken im Kopf, die mich in diesem Moment fast erschlagen und überfordern, mir aber auch einen Schauer der Freude über den Rücken jagen, blicke ich über den hässlichen grauen Busbahnhof in Great Falls. Ein letztes Mal drehe ich mich nach Westen und sehe zwischen den heruntergekommenen Gebäuden in der Ferne die mir wohlvertraute Gebirgskette. »Lebt wohl, ihr erhabenen Rocky Mountains, Gebirge der Götter. Ihr habt meinem Leben wieder einen Sinn gegeben, habt meine Seele gesunden lassen. Auf dass wir uns bald wieder begegnen, auf dass ich schon bald zu euch zurückkehren darf.«

2. TEIL

Gastarbeiter im Niemandsland

Abenteuer Busfahren

Ich stehe allein am Busbahnhof von Great Falls, Montana. Eben war ich noch mit Amy bei Starbucks, um meine hochgeschätzte Caramel Latte zu genießen. Nun ist Amy aber auf dem Weg zurück nach Augusta, und ich gehe mit meinem Marschgepäck zur Haltestelle des Greyhound-Bus, der mich in den Süden Montanas, in die Gegend von Billings, bringen wird.

Die Fahrt wird acht Stunden dauern und ist in etwa so weit wie die Strecke von Stuttgart nach Paris, nur dass die Busse hier sehr viel langsamer fahren als bei uns. Mein Ziel ist eine Ranch, die irgendwo in der Prärie zwischen den Beartooth Mountains, den Pryor Mountains und dem Yellowstone Delta liegt, mit zweitausend Rindern, zahlreichen Pferden und was sonst noch auf einer Working Ranch lebt und gedeiht. Ich werde dort als Gastarbeiterin für einige Wochen im täglichen Betrieb mitarbeiten.

An der Haltestelle wird der Bus bereits beladen, doch ich stocke einen Moment beim Anblick der heruntergekommenen Mitreisenden. Sie tragen verlumpte Kleider in Übergrößen, beschädigte Turnschuhe und sehen ohne Ausnahme ungepflegt aus. Busfahren ist hierzulande sehr günstig. Wer es sich leisten kann, nimmt auch für kürzere Strecken ein Flugzeug. Somit habe ich es hier wohl nicht mit dem montanischen Querschnitt der Bevölkerung zu tun, sondern eher mit der Unterschicht. Ich möchte mich nur ungern unter die anderen Passagiere mischen und wähle einen Sitz gleich hinter dem Busfahrer aus.

Eine ältere Dame mit weißem Dutt auf dem Hinterkopf, die mir beim Einsteigen freundlich zunickt, setzt sich hinter mich. Nach einer Weile im brummenden Bus, der über die schlechten Straßen holpert, spricht sie mich an. Sie heißt Carol und ist Krankenschwester in Great Falls. Carol weiß viel über das Leben in Montana zu erzählen. »Wissen Sie, meine Tochter hat vorigen Monat einen Crow geheiratet. Er hat für sie seinen Stamm verlassen und das Leben im Reservat aufgegeben – aber das Leben war für ihn auch schwierig dort, keine Arbeit, aber umso mehr Probleme.«

Ich erfahre von Carol, wie stark die Konflikte zwischen den *Native Americans* und den *White Americans* noch schwelen und auch immer wieder akut ausbrechen. Es geht um Reservatgrenzen, um Sozialleistungen und Ausgleichszahlungen, Entschädigungen, Alkohol und Diebstahl. Nein, wahrhaftiger Frieden wird zwischen den Nachkommen der Ureinwohner Amerikas und denen der Kolonialisten wohl noch lange nicht herrschen. Aber Carol hat nun ihren Schwiegersohn, und der ist hochspeziell. Sie erzählt mir, wie er unzählige Meilen rennen kann, ohne müde zu werden und ohne das regelmäßig zu trainieren, wie er zur Abkürzung vom Balkon im ersten Stock springt, um sich die Treppe zu sparen, und wie unvorstellbar zäh und furchtlos er ist. Von den viel bewunderten Körperkräften der Indianer werde ich in den nächsten Wochen noch einiges mehr erfahren.

Verträumt blicke ich immer wieder zum Busfenster hinaus auf die einsame Wildwestlandschaft und habe wieder dieses tiefe Glücksgefühl im Bauch. Abwechselnd folgt trockene Prärielandschaft auf hügelige Waldgebiete mit Nadelbäumen und Pappeln. Der Wechsel der warmen satten Farben ist erstaunlich, und ich denke, wie grau in grau in Deutschland doch meist alles ist. Diese trüben Gedanken an zu Hause werden jäh unterbrochen, als ich auf einer eingezäunten Koppel keine einfachen Rinder grasen sehe, sondern zu meiner größten Überraschung die Könige der Prärie – *Buffalos!* Meine Nase ist fest an die Scheibe gepresst, und ich starre entgeistert auf die riesigen schwarzbraunen Tiere mit ihrem unverwechselbaren Körperbau. Die Hinterhand ist schmächtig, nur schwach behaart und stark abgesenkt im Vergleich zur Vorhand, was dem Betrachter den Eindruck vermittelt, das Tier würde sich gerade setzen. Die Vorhand hingegen samt Kopf ist massig, dunkel und sehr stark behaart mit langem wuscheligen Fell. Unter den wilden Locken verstecken die schweren Büffel ihre schlau blickenden Knopfaugen, die einen so treu und harmlos ansehen, ein fataler Irrtum, sollte man denn Sanftmütigkeit vermuten. Manch ein Indianer wurde schon von ihnen totgetrampelt und von den kurzen gebogenen Hörnern in der Luft zerrissen. Auch sind die Tiere bekannt für ihre Wutanfälle, wie die Medizinfrau Pretty Shield vom Stamm der Crow eindrucksvoll in ihrer Biografie beschrieb. Sie erzählte von wild gewordenen Büffelkühen, die wie besessen Menschen jagten, mit der vollen Absicht, diese zu töten – ansonsten Vegetarier, können sie sich auch plötzlich wie mordende Raubtiere aufführen, die auch mal einen Wolf zur Strecke bringen. Nun, die vielen Millionen Buffalos, die einst über die Weiten des Mittleren Westens zogen, sind schon vor langer Zeit verschwunden, abgeschlachtet vom weißen Mann, der durch das Massentöten hoffte, den Indianern ihre Lebensgrundlage zu nehmen. Dies war den weißen Siedlern auch weitestgehend gelungen. Aber hier draußen grasen noch ein paar Exemplare friedlich hinter dem dicken Drahtzaun, und sie wissen nicht, was einst mit ihren Vorfahren geschah. Sie hegen keinen Groll gegen die Farmer, die ihnen ihr Weideland nahmen und ihre Freiheit. Auch wissen sie nicht, dass Buffalo Burger kulinarisch gerade groß in Mode sind, da das Fleisch ein paar

Kalorien weniger aufweist als gewöhnliches Rindfleisch und, wie ich selbst noch ausprobieren werde, höchst schmackhaft ist.

Am Straßenrand stehen immer wieder hohe Pfosten mit runden Plattformen darauf. Sie sehen aus wie für Storchennester konstruiert, nur dass auf diesen runden Holztellern Weißkopfadler brüten, der amerikanische Nationalvogel, der auch das Staatswappen ziert. Ich traue meinen Augen kaum und wundere mich sehr, was diese riesigen Gebirgsvögel direkt an der einen von zwei Autobahnen des Staates zu suchen haben. Warum haben sie sich nicht ein Plätzchen in der Bob Marshall Wilderness gesucht oder wenigstens ein Heim ein wenig abseits von der Straße?

Nach etlichen Stunden holpriger Busfahrt, die ich dennoch in vollen Zügen genossen habe, kommen wir am Busbahnhof in Helena an, der Hauptstadt von Montana. Hier muss ich umsteigen. Carol verabschiedet sich und wünscht mir eine gute Weiterreise, sie macht für ein paar Tage Familienbesuch in der Stadt.

Als sie fort ist, schaue ich mich auf der Suche nach dem Bus für die Weiterfahrt erst einmal um und erspähe auch schon eine Gruppe älterer Männer mit langen schwarzen geflochtenen Zöpfen bis zu den Hüften hinab, die an einer Hauswand lehnen – die ersten Indianer auf meiner Reise. Ich habe so viel Abstand zu der Gruppe, dass es ihnen nicht auffällt, mit wie viel Neugierde ich sie betrachte. Die hohen Wangenknochen und die wettergegerbte Stirn in den breiten Gesichtern, die schmalen Mandelaugen und der rötliche Hautteint. Es sind eher kleine und drahtige Männer, die so gar nicht zu den übrigen hellhäutigen, übergewichtigen Leuten passen, die an den Bushaltestellen warten. Ich überlege noch, ob ich ein Foto machen soll, als ein Bus, der Richtung Billings fährt, nahe der

Gruppe hält. Ich kann mein Glück kaum fassen, die Gruppe indianischer Männer steigt auch schon ein und ich hinterher.

Als ich der Busfahrerin mein Ticket zeige, frage ich sie, ob sie vielleicht weiß, um welchen Stamm *Native Americans* es sich bei dieser Gruppe handelt – und schäme mich sofort für meine peinliche Touristenfrage. »*Honey*, das sind Blackfeet. Nimm dich in Acht vor ihnen, *will ya?*«

Trotz der Warnung setze ich mich in die Nähe der älteren Schwarzfuß-Indianer und schaue aus den Augenwinkeln immer wieder zu ihnen hinüber. Sie sitzen mit ernstem Blick und geradem Rücken nach vorn gerichtet da und sprechen nur wenig. Wenn doch, dann lausche ich den ungewöhnlichen Lauten, die ich mit keiner mir bekannten Sprache vergleichen kann. Gern würde ich sie ansprechen, aber ich traue mich nicht. Sie strahlen solch eine Würde aus, ja, eine Erhabenheit geradezu, die mich keine Worte finden lässt. Am Ende fühlen sie sich noch beleidigt. Wie spricht man als Europäer mit Nachfahren von diesem einst so großen Volk an tapferen Kriegern, Reitern und Bogenschützen, das kaltblütig von unseren Vorfahren vernichtet wurde und von denen nur wenige kleine Gruppen überlebt haben? Ich schweige lieber und nicke nur einmal freundlich hinüber, was jedoch keinerlei Beachtung findet. In den nächsten Tagen werde ich mich schrecklich über mich selbst und mein Versäumnis ärgern und werde mir sagen, dass ich als Oberfeigling eigentlich im Wilden Westen nichts zu suchen habe.

Nach vielen weiteren Stunden Fahrt kommen wir endlich am Busbahnhof in Billings an, der schäbiger und verwahrloster nicht sein könnte. Billings ist die größte Stadt im dünn besiedelten Bundesstaat Montana und die einzige, die über hunderttausend Einwohner zählt. Dort wartet immerhin schon ein verrosteter lilafarbener Toyota auf mich, ein klappriges Langstreckentaxi, das ich noch von Deutschland aus organisiert hatte. Auch der Fahrer hat einen meterlangen Pferdeschwanz und sieht recht indianisch aus – allerdings habe er seinen Vater, einen Crow, nie kennengelernt, erzählt er mir unterwegs.

Wir fahren lange gen Süden, entlang des mächtigen sagenumwobenen Yellowstone River, der aus Wyoming durch den berühmten Yellowstone-Nationalpark hindurch nach Norden fließt. Bei gutem Wetter kann man die Außenbezirke dieses gigantischen Naturschutzgebiets von der Landstraße aus sehen. Bald schon sind die geteerten Straßen zu Ende, und es geht weiter über Schotterpisten. Ich schlafe dennoch ein, und mein Kopf wird hilflos hin und her geschleudert, bis ich mir schmerzhaft die Stirn an der Fensterscheibe stoße. Das Fahrzeug kommt zu einem abrupten Halt, und der indianisch aussehende Fahrer ruft erleichtert: *»Ma'am, I think, we finally made it!«*

Die Lonely Horseshoe Ranch – meine Ponderosa

Die Abendsonne scheint noch mit voller Kraft, als ich aus dem alten Taxi steige und auf sandigem Boden inmitten einer urigen Ranch stehe – umgeben von herrlichen *Cottonwood Trees*, Kleefeldern und rauer Prärie. Die Gebäude der Ranch sind aus wettergegerbtem Rohholz gebaut, zusammengenagelte Baumstämme, die sich im Laufe der Zeit grau verfärbt haben. In der Ferne funkelt der Clarks Fork River, ein Seitenarm des Yellowstone, und die Beartooth Mountains säumen den Horizont. Ich schaue mich andächtig um. Dieses unbeschreiblich schöne Stück Land ist zweifelsohne die Ranch meiner Kindheitsträume. Doch dies alles hier ist noch viel, viel schöner als die Fernsehbilder in der Serie »Bonanza«. Nach über dreißig Jahren bin ich endlich auf meiner Ponderosa angekommen, die in Wahrheit »Lonely Horseshoe Ranch« heißt.

Der Fahrer des verrosteten Toyotas hat es zum Glück nicht eilig. Er hat bereits mein Gepäck ausgeladen und trägt es für mich bis zu einer großen verwitterten Scheune mit halbrundem verrosteten Blechdach, aus der hämmernde Geräusche zu hören sind. Kurz darauf fährt er davon, eine große Staubwolke hinterlassend.

»Hello there, is anybody home?«, rufe ich ein paarmal Richtung Scheuneneingang. Nach einer Weile tritt ein hagerer Cowboy heraus auf den Hof. Um seine Hüften ist eine Hufschmiedausrüstung geschnallt – und er stellt sich auch sogleich als »Jack«, der Hufschmied des Ortes, vor. Später werde ich erfahren, dass *Jack the Farrier* auch einer der berühmtes-

ten Bullen-Rodeoreiter von Montana ist. Er schickt mich hinauf zur *Kitchen Barn*, der Ess- und Kochscheune, die sich auf einer kleinen Anhöhe befindet.

Während ich mich mit meinem Gepäck mitten durch das weitläufige Kleefeld hoch zur Kochscheune aufmache, blicke ich mich immer wieder um – mein Gott, was für eine unglaublich schöne Landschaft, nichts als Felder und braches Prärieland. Hinter der dunkelrot gestrichenen *Kitchen Barn* ragt ein felsig zerklüfteter Hügel empor, dessen orangefarbenes Gestein in der Abendsonne leuchtet. Die Szenerie könnte man jederzeit für einen Clint-Eastwood-Western verwenden – ich bin vollkommen verzaubert.

Ich bleibe stehen und lausche, in der Ferne höre ich Vögel zwitschern und Pferde wiehern, über mir kreist ein Bussard und ruft seinen charakteristischen Schrei, ansonsten ist es vollkommen still. Ich blicke über die Pferdekoppeln und die verwitterten Zäune aus morschem Holz und schaue zu, wie der warme Abendwind sanft das seidige Gras bewegt. Hier bekommt mich so schnell keiner mehr weg, denke ich und stapfe glücklich weiter.

Angekommen vor der *Kitchen Barn* serviert gerade ein älterer Herr in altertümlicher Kleidung auf der Veranda das Abendessen. Es duftet absolut köstlich. In dem dampfenden gusseisernen Topf, so einer, wie ihn auch Amy in den Rockies verwendet hat, befindet sich ein klassisches Buffalo Stew mit Kartoffeln und Möhren. Da soll noch einer sagen, die Amerikaner könnten nicht kochen.

Doch bevor ich mich an den Tisch setze und das Essen genieße, werfe ich noch einen Blick in das Innere der Kochscheune. Eine *Kitchen Barn* ist keine gewöhnliche Scheune, wie der Name vermuten lässt, sie ist vielmehr das Haupthaus einer typischen Ranch. Darin wird gekocht, gegessen, sich ausgeruht und entspannt. Sie ist also die Küche, das Esszimmer und das Wohnzimmer in einem, und diese Barn hier ist großartig. Die Wände und Möbel sind aus rohem verwitterten Holz gezimmert, in einer Ecke steht ein riesiger gemauerter Kamin aus Naturstein mit einem gigantischen Hirschkopf darüber. Über den Dachbalken hängen Sättel und Zaumzeug sowie allerhand landwirtschaftliche Geräte. Die Wände sind dekoriert mit Fotos und Gemälden aus alter und neuer Zeit, Familienbilder und Bilder von Arbeitsszenen. In der Mitte stehen ausladende Sofas aus schwerem Leder und buntem Stoff und mächtige Ohrensessel, sogenannte *Grandfather Chairs*. An der anderen Wandseite stehen grobgezimmerte Holztische und Holzbänke für die Arbeiter und Gäste. Die offene Küche ist ausladend und so konzipiert, wie ich sie mir immer gewünscht habe, geräumig und mit einem überdimensionalen Gasherd und Backofen versehen, in den man ein ganzes Rind hineinschieben könnte.

Zurück auf der Veranda setze ich mich nach einer kurzen Vorstellrunde zu den übrigen Gästen an den Tisch.

Ich bin, wie sich gleich herausstellen wird, nicht die einzige Gastarbeiterin auf der Ranch. Zwei blonde Schwedinnen, beide etwa Mitte vierzig, Geschäftsfrauen, bildschön und sehr dünn, haben sich wie ich aus ihrem Leben zu Hause in Europa hierhergeflüchtet. Sie wirken rein äußerlich etwas fehl am Platze inmitten der staubigen, verschwitzten Cowboys und zotteligen Hunde. Aber der erste Schein trügt.

Die Schwedin Katherina wird sich als hervorragende Reiterin entpuppen, absolut furchtlos und unerschrocken, und auf der Ranch zupacken wie ein alteingesessener Cowboy. Sie wird von uns allen die Mutigste sein und auch auf zweijährige Junghengste steigen, um sie zuzureiten, ein Vergnügen, das ich selbst huldvoll ablehnen werde. Katherina ist geschieden und hat einen fast volljährigen Sohn. Er ist schon aus dem Gröbsten heraus und kann sich auch mal ein paar Wochen allein versorgen. Als Grafikdesignerin bei einer namhaften schwedischen Firma habe sie nun genügend Jahre hinter dem Computer gesessen, erzählt sie. Jetzt möchte sie sich das Leben im Wilden Westen mal genauer ansehen und ausfindig machen, ob es für sie hier vielleicht ein Plätzchen gibt, denn sie hat schon als Kind von den Weiten der Prärie geträumt und konnte reiten, bevor sie das Laufen lernte. Auch hat sie als Kind immer »Bonanza« im Fernsehen geschaut und sich schon früh in den Wilden Westen verliebt.

»Oh, my goodness!«, rufe ich voll Begeisterung und muss schrecklich lachen. Da habe ich also schon gleich nach meiner Ankunft auf der Ranch eine erste Seelenverwandte getroffen, und wir schwelgen über dem Buffalo Stew, welcher der Seriencowboys denn der Attraktivste war.

Katherinas Freundin Lena schüttelt darüber nur schmunzelnd den Kopf und verkündet, ihren Ehemann immer noch recht attraktiv zu finden, auch wenn man die Jungs am Nachbartisch nicht ganz außer Acht lassen dürfe. Aber anstatt schöner Söhne züchte sie lieber Pferde. Und das tut sie wohl zu Hause in Schweden mit beachtlichem Erfolg und kann ganz ordentlich von ihren Rössern leben, wie sie erzählt. Um noch besser mit ihren Jungtieren zurechtzukommen, lässt sie sich hier draußen von einem amerikanischen Pferdeflüsterer ausbilden, was ich anerkennend und sehr interessiert zur Kenntnis nehme.

Während des Essens muss ich immer wieder zu dem älteren Herrn hinschauen, der für das Auftragen der Gerichte zuständig ist. Sein Name ist Michel. Er hat einen langen grauen Spitzbart und trägt altertümliche Kleidung, einen ausladenden Schlapphut auf dem Kopf und an den Füßen urige Knopfstiefel. Ich muss unwillkürlich an die christliche Religionsgemeinschaft der Amish People denken, die sich heute noch wie die Menschen vor drei Jahrhunderten kleiden. Ich mache ihm das bei amerikanischen Frauen so beliebte Kompliment: »Ich liebe Ihr Outfit! Und was für tolle Schuhe Sie anhaben!« Dieser *Icebreaker* verfehlt auch bei Michel seine Wirkung nicht. Er lächelt mich breit an und beginnt sofort von sich und Montana zu erzählen.

Michel hat *North American History* studiert und unterrichtet Geschichte an einer Highschool in der Nähe von Billings. Aber dabei ist es in seinem Fall nicht geblieben, denn Michel lebt die amerikanische Geschichte. Für ihn befinden wir uns alle noch im späten 19. Jahrhundert, zur Zeit des General Custer und der großen indianischen Kriege und der Schlacht um Little Big Horn, die nur wenige Meilen von dieser Ranch entfernt stattgefunden hat. Er kleidet sich, wie es üblich war zu dieser Zeit, spricht auch ein wenig altertümlich und lebt eben voll und ganz die Rolle eines amerikanischen Bürgers während der großen Wanderungen gen Westen, in der Zeit der Pilgrim Fathers, der ersten englischen Siedler in Neuengland, und der mutigen Auswanderer aus Europa. Er erzählt von diesen Tagen, als wäre er dabei gewesen, und alle Gäste und Einheimische hören ihm aufmerksam zu.

Michel kann, wie viele Menschen in Montana, nicht von einem Job allein leben, daher ist er neben seiner Lehrertätigkeit auch noch Gelegenheitskoch auf Ranches, wenn wichtiger Besuch kommt oder Not am Mann herrscht. Er hat sich auf die traditionelle montanische Küche spezialisiert und kocht in den großen gusseisernen *Dutch Ovens* auf offenem Lagerfeuer wie einst die Siedler – und auch Amy in den Rockies. »Je älter diese Töpfe sind, desto besser sind sie für ihren Job geeignet«, verrät uns Michel. Diese altbewährte Koch- und auch Backmethode braucht allerdings viel Zeit, mal eben schnell etwas zubereiten kann man damit nicht. Aber Zeit ist eben eine ganz andere Ressource hier im Wilden Westen. Die Menschen nehmen sich ohne Scheu genau so viel davon, wie sie brauchen.

»Magst du Maiskolben?«, fragt mich Michel und reicht mir einen Teller. Erst jetzt entdecke ich das Grillgitter über einer Feuerstelle mit noch glühenden Kohlen darunter, auf dem die appetitlichen gelben Maiskolbenstücke und ein paar andere Leckereien eben noch lagen – Maiskolbenbeilage darf bei keinem amerikanischen Barbecue fehlen. Ich blicke beglückt vom Grill zu den leise knisternden Flammen und der imposanten Kochvorrichtung im offenen Feuer und freue mich von Herzen, Michels Bekanntschaft machen zu dürfen.

Da sitze ich also gleich nach Ankunft auf der Ranch meiner Träume bei einem schmackhaften Barbecue und werde sogleich noch tiefe Einblicke in die Vergangenheit der Indianerstämme von Montana gewinnen – Barbecue mit Indianern, ja, so habe ich mir meine Ponderosa als Kind in meinen Träumen vorgestellt.

Michel zeigt in Richtung der Beartooth Mountains, die man heute Abend gut in der Ferne erkennen kann. Dort am Fuße des Gebirges lebt er, ähnlich wie Mountain Man Ron, allein als Einsiedler in der Wildnis mit ein paar Hunden und Katzen und einem Pferd. Zusätzlich zu seinem Koch- und Lehrerjob arbeitet er noch ehrenamtlich als Museumsaufseher im Crow Indian Museum. Seine Kartoffeln und sein Gemüse baut er weitestgehend selbst an und jagt auch Rehe und Hasen, denn Michel möchte so autark wie nur möglich sein. Die Schulter eines Rehs tauscht er gern mal gegen eine Kiste Gemüse ein oder gegen eine Reparaturleistung vom örtlichen Schmied.

Ich werde in den nächsten Wochen noch häufig feststellen dürfen, dass der gute alte Tauschhandel, der sogenannte *Barter Trade*, hier oben eine wichtige Form des Wirtschaftens ist.

»Wisst ihr, man braucht nicht viel Geld, um ein glückliches Leben zu leben«, sagt Michel und blickt nachdrücklich zu mir herüber. Im Winter heizt er mit Altöl, das er sich von ein paar lokalen Tankstellen schenken lässt. Ich bin mal wieder völlig fasziniert, wie schon so oft auf dieser Reise, von solch gänzlich andersgearteten Lebensmodellen zu hören, Lebensweisen, die mir bislang noch nie begegnet sind. Michel erzählt, dass es hier draußen viele gibt, die so leben wie er. Manche freiwillig, weil sie das Leben in der Zivilisation satthaben, und andere sind so arm, dass sie keine andere Wahl haben, als von der Jagd und dem Fischfang in den Flüssen zu leben. Auch gebe es viele Wanderarbeiter, Cowboys und Wrangler, die in den warmen Monaten von Ranch zu Ranch ziehen, um einen kleinen Lohn zu erwirtschaften, oft kaum mehr als Kost und Logis. Nicht selten seien sie indianischer Abstammung. Oft besitzen sie nur ein altes Auto, einen Sattel und einen Hund. Meine Arbeitskollegen, die Cowboys auf der Ranch, werden von letzterer Sorte sein, aber das werde ich alles erst später erfahren.

All diese Einblicke sind für mich ein kostbares Geschenk und auch einer der vielen Gründe, warum ich diese Reise angetreten habe. Es war für mich schon immer eine Passion, fremde Lebensstile kennenzulernen, um auch für mich selbst Aspekte daraus zu übernehmen. Nur war mir diese Passion, wie auch alle anderen, das letzte Jahrzehnt abhandengekommen. Hier im wilden Amerika, fernab von der Heimat, scheint meine ganze Vergangenheit wieder aufzuleben.

Schon mein Vater bewunderte immer die »ungeheure Toleranz der amerikanischen Bürger«, für mich reichte diese Offenheit für Außenseiter und Lebensläufe mit Umwegen weit über simple Toleranz hinaus. Für mich spricht daraus eine positive Zuwendung zum Leben mit all seinen Facetten, die in Europa ihresgleichen sucht.

Michels kraftvolle Stimme holt mich aus meinen Gedanken zurück an den großen Tisch auf der Ranch-Veranda und zieht mich mitten hinein in die Zeit vor 1900, die Zeit des großen Häuptlings Sitting Bull. Er verbündete damals seinen Stamm der Lakota, die früher noch Sioux genannt wurden, mit den nördlichen Cheyenne und den Arapaho-Indianern, um gemeinsam gegen das siebte Kavallerieregiment des General George A. Custer zu kämpfen. Denn die weißen Siedler waren immer weiter in den Westen vorgedrungen und hatten sich nicht an die Verträge mit den Indianern gehalten. »Solch einen Verbund aus mehreren Indianerstämmen hatte es damals nicht oft gegeben. Die Stämme sprachen meist unterschiedliche Sprachen, lebten andere Traditionen und waren häufig untereinander tief verfeindet«, erklärt Michel. Bevor er weiterspricht, schaut er ernst in die Runde. »Hätten sich die Indianer von Beginn an gegen den weißen Mann verbündet, gäbe es heute das Nordamerika, in dem wir leben, nicht. Niemals hätten sich die weißen Siedler auf dem nordamerikanischen Kontinent ausbreiten können.

Dem großen Sitting Bull war das Unmögliche gelungen. Am 25. Juni 1874 zog er mit seinem indianischen Bataillon in den Krieg. General Custer und seine siebte Kavallerie wurden vernichtend geschlagen, obwohl die Indianer zahlenmäßig weit unterlegen waren, und kein einziger weißer Mann überlebte. Es heißt, der blutrünstige Custer sei von einer Frau getötet worden, eine Cheyenne-Kriegerin soll ihn im Kampf von seinem Pferd geschossen haben. Diese Indianerinnen waren eben keine braven Christenfrauen, wie damals üblich in Europa, denke ich bei mir.

Sitting Bull ging für immer in die Geschichte ein als genialer Kriegsstratege und einer der letzten großen Häuptlinge seiner Art. Er kämpfte bis zu seinem Tod 1890 gegen die amerikanische Regierungspolitik und die Zwänge der Indianer, in Reservaten leben zu müssen, setzte sich aber auch für Versöhnung unter den alten Kriegsgegnern ein. Den amerikanischen Behörden blieb er bis zuletzt ein Dorn im Auge. Am 5. Dezember 1890 wurde er von einem Polizisten auf offener Straße hinterhältig erschossen.« Michel schließt seine Ausführungen mit dieser grässlichen historischen Tatsache: »Wenige Tage nach seinem Tod wurden auch die letzten freien Indianer bei der Schlacht am Wounded Knee in einem Massaker ermordet.«

Mir jagt immer mal wieder ein eiskalter Schauder über den Rücken, so lebendig erzählt Michel von dieser längst vergangenen und schrecklich brutalen Zeit.

Inzwischen taucht die Dämmerung die Landschaft ringsum in ein blaugraues Licht. Michel stellt mir noch ein Bier und den beiden anderen Frauen Wein hin, als ich frage, wo sich denn mein Zimmer befindet.

Die gutaussehenden Cowboys am Nachbartisch, die wohl während der kommenden Wochen meine Arbeitskollegen sein werden und dem Alter nach fast meine Söhne sein könnten, zeigen auf eine winzige Holzhütte in der Ferne, die ich im Abendlicht gerade noch am Fuße des Hügels erkennen kann. Alle Gastunterkünfte sind weit auf dem Ranchland verstreut, aber meine Holzhütte ist am weitesten von den Haupthäusern entfernt, es ist die *Honeymoon Log Cabin!* Ach, welch Streich des Schicksals, dass ich inmitten der Prärie in einer Blockhütte für Frischverheiratete untergebracht bin. Ob ich in diesem Leben jemals ein »Honeymooner« sein werde? Ich vertage alle weiteren Gedanken, das Hier und Jetzt ist viel zu aufregend, um über die Zukunft zu grübeln.

Cowboys und Mustangs und was Frau sonst noch zum Leben braucht

Mein Hüttlein für die nächsten Wochen ist einfach nur entzückend! Die Wände sind aus übereinandergelegten Baumstämmen mit winddichtem Mörtel dazwischen konstruiert. Vor dem Haus ist eine hölzerne Veranda mit hübschem Geländer an die Baumstämme angebaut und ein altmodischer Schaukelstuhl steht darauf. Innen, in der Mitte des einzigen Zimmer steht ein riesiges *Four Poster Bed*, ein Himmelbett mit einer rotgrünen Quiltdecke darüber. Über dem Bett ist ein elegantes Moskitonetz an der Decke befestigt, welches wie ein wallendes Dach aus Seide über mein Bett fällt. Ich muss unweigerlich an Amys Worte denken. Sie sagte oben in den Rockies zu mir, sie würde keine Blockhütten mögen, weil zwischen den Baumstämmen so viele Insekten hineinkriechen könnten und auch Schlangen. Na bravo! Ich suche sofort die Hütte nach Löchern in der Wand und im Boden ab und natürlich auch nach Schlangen und Insekten, kann aber keinen Eindringling finden. Dennoch ist es mir ein wenig mulmig zumute, denn das Yellowstone-Delta ist bekannt für seine hochgiftigen Klapperschlangen.

Ich plansche eifrig unter der Dusche, als jemand von draußen energisch an die Hüttentür klopft. Huch, wer kann das sein? Ich wickle ein Handtuch um mich herum, obwohl ich noch Shampoo in den Haaren habe, und öffne die Tür. Es stürmen fünf Hunde herein in allen Größenordnungen, die mich unsanft rammen und aus dem Gleichgewicht bringen. Ich hoffe sehr, dass bei dem Frontalangriff mein knappes Handtuch nicht verrutscht ist.

Auf meiner Veranda steht mit der untergehenden Sonne und dem Flussdelta im Hintergrund ein junger Mann in engen Jeans, schweren Stiefeln mit Sporen und Cowboyhut, ein wahrhaftes Meisterwerk der göttlichen Schöpfung. Es verschlägt mir schlicht den Atem, und während ich mich am Türrahmen halten muss und das Wunderwesen vor meinen Augen anstarre, stottere ich im holprigen Amerikanisch: »Hallo, äh, ich bin Julia, ich bin eben erst angekommen ... äh, und wer sind Sie?« Es ist der dreiundzwanzigjährige Brandon, einer der Cowboys und Wrangler der Ranch und – *holy moly* – ab heute mein Arbeitskollege.

Brandon ist ein großer, drahtiger Typ mit stahlblauen Augen, strohblondem Haar und sonnengebräunter Haut. Er ist das schönste männliche Wesen, das ich seit Jahren zu Gesicht bekommen habe. Sein Lächeln ist das typische makellose amerikanische Zahnpastalächeln, ein Traum in Weiß, und kein Frauenherz kann sich bei diesem Anblick verwehren, ich schwöre es. Brandon möchte nur hallo sagen und errötet bei meiner unsittlichen Aufmachung. Während er mit mir spricht, blickt er wie selbstverständlich an mir vorbei über das Verandageländer hinweg, denn er ist ein Gentleman und spricht mich mit *»Ma'am«* an. Er lädt mich noch auf ein Bier in die *Kitchen Barn* ein und ist dann mitsamt der Hundemeute auch schon wieder verschwunden.

Ich wühle mich wie besessen durch meinen Seesack nach unten und hole all die guten stillgelegten Schminksachen hervor und auch was Schickes zum Anziehen. Bei solch prachtvollen Arbeitskollegen kann ich unmöglich wie eine derbe Farmersfrau zum Bier erscheinen. Ich hübsche mich auf wie für die Disco und stolpere in High Heels und Lippenstift über die Prärie, über Büsche und Steine und den ein oder anderen Kaktus, hin zur *Kitchen Barn* und zum kühlen Budweiser Beer, und hoffe, dass die zahlreichen Klapperschlangen der Gegend schon schlafen gegangen sind. Dort angekommen, sitzen und liegen schon ein paar staubige Cowboys auf den hübschen Sofas und verstummen, als ich mich zur schweren Holztür hereinquetsche. Sie starren mich entgeistert an, als sei soeben ein Außerirdischer eingetreten, und scheinen ihren Gesprächsfaden verloren zu haben. Keiner weiß mehr, was er sagen soll, und alle fingern an irgendetwas herum, und auch ich sitze recht unbeholfen in meiner Sofaecke.

Ich hoffe, die Jungs denken jetzt nicht, dass man mit mir nicht zusammenarbeiten kann, dass hier eine aufgetakelte europäische Großstadt-Lady angerückt ist, die allen nur im Weg herumsteht. Okay, ich habe mich wohl etwas im Outfit vergriffen. Nach und nach verabschieden sich Brandon und die anderen Kollegen, und es ist nur noch der ältere Marvin übrig, der, wie sich bald herausstellen wird, der Besitzer der Ranch ist. Er nuschelt unverständliche Worte und blickt auf den Boden, während er mit mir spricht: »Du musst dein Pferd bis sieben gesattelt haben, dann beladen wir die Transporter. Gute Nacht.«

Zurück in meinem Hüttchen mache ich mich bettfertig und krabble vollkommen erschöpft unter die Decke. Ach, wie herrlich und wie weich, alles duftet nach Holz, Salbeibüschen und den Pferden in der Ferne. Und was war das? Schon sitze ich senkrecht im Bett und höre die Kojoten auf dem Hügel heulen und um meine Blockhütte streichen. Herrje, wie unheimlich, mir ist angst und bange, und der nächste Nachbar ist weit entfernt. Das Heulen kommt näher, und unter der Veranda raschelt es. In der Ferne höre ich die Hunde bellen. Ich öffne mutig die Haustür einen Spaltbreit und rufe so laut ich kann zu den Hunden hinüber: »Jungs, kommt her, los, kommt her!« Zum Glück darf sich die fünfköpfige Hundemeute frei auf der Farm bewegen und prescht auch schon die Wiese zu meiner Hütte herauf und schlägt die Kojoten mit lautem Gebell in die Flucht.

Ich mache die Tür noch ein wenig weiter auf, und herein stürmen Wolfy, Blue Dog, Cocker-Spaniel-Dame D.O.G. sowie zwei Dackel namens Wiener und Debrecziner – die Namen hatte mir Brandon verraten. Wolfy, ein Wolfshund, so groß wie ein Pony, springt mit Anlauf auf mein Bett und macht es sich gemütlich. Er hat große gelbe Augen, die einem direkt in die Seele blicken, und ein zottiges graues Fell. Und mit diesem von oben bis unten verdreckten Hund von Baskerville ist das Bett nun völlig ausgefüllt. In Anbetracht der erschwerten Umstände meiner misslichen Lage in einsamer Wildnis unter Kojoten und Klapperschlangen akzeptiere ich den Zustand und steige zu Wolfy ins Bett, während sich die anderen Hunde genüsslich auf dem Flickenteppich niederlassen. Bald schon schnarchen wir sechs um die Wette und schlafen den Schlaf der Gerechten.

Tye, the Cowboy of the Dark Side

Am nächsten Morgen stehe ich bereits um sechs Uhr auf, schließlich möchte ich mich bei all den schönen Cowboys ordentlich herrichten. Bevor es in den Stall geht, gibt es ein herrliches *American Breakfast* mit *Bacon and Eggs* sowie Pancakes mit Ahornsirup. Danach ziehe ich noch schnell meine Reithose mit den Wadenchaps darüber an und schnalle mir die klirrenden Radsporen an die Stiefel.

Bis heute ist mir nicht klar, wie die Cowboys in ihren Jeans so gut reiten können. Die Nähte reiben meist schmerzhaft die Innenseite der Oberschenkel und Waden auf, und die Baumwolle rutscht gefährlich auf dem Leder des Sattels. Man hat auf dem Pferd aus meiner Sicht auch keinen guten Halt, aber die Cowboys scheinen das anders zu sehen. Sie verfügen über ausreichend Hornhaut auf dem Hinterteil, um gegen die schmerzhaften Nähte gewappnet zu sein, und gegen die Rutschgefahr schnallen sie sich bei Bedarf einfach Beinchaps um, eine Art Überhose aus Leder, die besonders schick und sexy aussieht.

Ich stehe pünktlich um sieben Uhr stramm im Stall und soll mir aus einer Herde von etwa vierzig Tieren, die alle auf einer sandigen Koppel hinter der alten Scheune friedlich vor sich hin dösen, ein Pferd aussuchen. Nein, was für paradiesische Zustände für einen alten Pferdenarren wie mich!

Brandon ist mit einer kleinen Gruppe von Leuten und Pferden schon losgefahren, um nach einer Rinderherde auf einer weiter entfernt liegenden Weide zu sehen. Zurückgeblieben ist Tye, der zweite Cowboy der Ranch, der Brandon rein äußerlich in nichts nachsteht. Er soll mich testen, meine reiterlichen Fähigkeiten prüfen und sehen, wie ich eine Gruppe Kälber in eine kleine Umzäunung treibe.

Zuerst aber muss ich einen Stapel Papier unterschreiben. Ich bestätige dort, dass alles, was ich tue, auf eigene Gefahr erfolgt und die Ranch für keinerlei Schaden haftet. Die Ranch tut gut daran, sich abzusichern, denn das Abenteuer, an dem ich hier teilnehme, ist alles andere als ungefährlich, wie sich später noch herausstellen wird.

Ich gehe behutsamen Schrittes über die Koppel und zwischen den Pferden umher, um das richtige Reittier für mich auszuwählen, was natürlich allein vom optischen Eindruck her unmöglich ist. Um klug zu wählen, müsste man verschiedene Pferde Probe reiten. Aber was für eine fabelhafte Auswahl ich hier habe! Ich sage zu Tye, der jetzt neben mir steht, dass ich gern einen pfiffigen, klugen und energischen Wallach hätte, der Kraft hat und nicht so schnell aus der Puste gerät.

Tye blickt auf mich herab, seine Hände in die Hüften gestemmt, er kaut lasziv auf einem Kaugummi. Dann haut er mir energisch auf mein Hinterteil. Holla, hups – was sagt man dazu? Ich bin völlig verdattert und vollkommen aus dem Konzept. Solche Methoden sind Geschäftsfrauen aus *Good Old Germany* in der Regel nicht gewöhnt. Eigentlich müsste ich nun eine Anzeige wegen sexueller Belästigung am Arbeitsplatz schalten. Aber wir sind hier draußen im Wilden Westen, und vom traumhaft schönen Tye fasse ich das ausnahmsweise mal als Kompliment auf. Aber ich weiß genau, was er denkt, der schöne Tye. Er denkt, was will diese Großstadttante aus Europa in ihrem schicken Reitdress hier in der Prärie? Zupacken, Reiten und im Dreck arbeiten kann die ohnehin nicht.

»Ihr Wunsch ist mein Befehl, Ma'am«, sagt er spitz und zeigt auf einen hübschen hellbeigen Wallach am anderen

Ende der Koppel, zweifelsfrei ein Quarter Horse. »Wie würde dir Spice dort drüben gefallen?«

Ich gehe langsam zu Spice hinüber, der mich argwöhnisch beäugt und sich ein paar Schritte rückwärtsbewegt. Aufmerksam sehe ich mir seinen Körperbau an, seine überhöhte Kruppe über dem überproportionierten Quarter-Horse-Hinterteil, seine kurzen, aber muskulösen Beine. Seine Hufe sind in einem jämmerlichen Zustand, mehrere Zentimeter zu lang, und das Horn ist völlig ausgefranst und eingerissen. Ich fahre sanft mit der Hand sein Vorderbein hinab, und er hebt brav, wie von mir gewünscht, sein Hüfchen auf. Die Hufunterseite sieht in Ordnung aus, dort kann ich keine Beschädigung erkennen. Ich prüfe auch die übrigen Hufe, und alles scheint in Ordnung zu sein. Tye bemerkt beiläufig: »Ja, der Bursche hier muss mal dringend wieder zum Hufschmied«. – »Oh ja«, stimme ich zu, »das ist wirklich überfällig.« Spice scheint jedoch Kraft zu haben, und aus seinen Augen funkeln Scharfsinn und Intelligenz. Er gefällt mir gut. »Den nehme ich«, sage ich gelassen.

Na warte, dem arroganten Cowboy hier werde ich zeigen, wie man Ross und Reiter zähmt. Ich sage süffisant: »Weißt du, *honey*, ich saß schon im Sattel, lange bevor du auf der Welt warst.« Kaum ausgesprochen, bereue ich auch schon meinen blöden Spruch, muss Tye mich doch jetzt unweigerlich für uralt halten. Und schon fängt er an: »*Well*, wie alt bist du denn tatsächlich, und wie lange sitzt du schon im Sattel?« Jetzt wird es eng um die Fassade, und ich muss lügen wie gedruckt: »Zu deiner Information, ich bin eben erst dreißig geworden, und ich sitze im Sattel, seit ich vier Jahre alt bin.« Uh, da habe ich die Wahrheit aber ganz schön gedehnt, allerdings nur in der ersten Hälfte des Satzes, denn ich habe tatsächlich mit vier Jahren das Reiten angefangen.

Dann werden die Pferde gestriegelt und gezäumt. Das Geschickte an den Westernsätteln ist, dass jeder Sattel in der Regel auf alle Pferde der gleichen Rasse passt. Ein Quarter-Horse-Sattel passt also in der Regel auf jedes Quarter Horse. Somit wird der Sattel dauerhaft auf den Reiter eingestellt und nicht andersherum wie bei uns, wo die englischen Dressursättel in Maßarbeit und mit enormen Kosten auf jedes Pferd individuell angepasst werden müssen. Tye schraubt daher emsig an meinem neuen Sattel herum, und ich bürste brav das Ross.

Behutsam nehme ich Tye den Sattel vom Arm, um ihn auf Spices Pferderücken zu legen. Zum Teufel aber auch, das riesige Ding wiegt einen Zentner, und obwohl Spice nicht besonders groß ist, bekomme ich den Sattel nicht nach oben. Tye hilft mit einem geringschätzigen Lächeln von der Seite nach. Dann will ich die Trense aufzäumen, und Tye eilt besserwisserisch herbei. »Das macht man doch so!«, sagt er und stellt sich hinter mich, fingert am Kopf des Pferdes herum und schmiegt sich dabei von hinten an mich. Heilig's Blechle, wie wir Schwaben sagen, da soll noch einer hier fest im Sattel sitzen.

Und dann geht es los, wir reiten rüber in die »Arena«, auf einen riesigen Außenreitplatz. Spice tänzelt aufgeregt unter mir, er ist geladen wie Jims scharfe Magnum. Auf dem Reitplatz lässt er sich nur schwer bändigen. Er springt abrupt in alle Richtungen, abwechselnd vorn und hinten hoch, reagiert aber dennoch einigermaßen auf meine Bewegungen und Befehle. Ich trete ihm ein paarmal energisch in die Rippen und muss alles reiterliche Können der letzten Jahrzehnte anwenden, um diesen kleinen gelben Teufel in den Griff zu bekommen. Meine Beine sind wie ein Schraubstock um Spice' Körper gelegt, und ich muss ordentlich »zumachen«, wie man in der Reitersprache sagt, um nicht hochkant vom Pferd zu segeln. Es dauert eine halbe Stunde, Spice ist mittlerweile klatschnass geschwitzt – ich auch, aber er hat mich nun als Chef akzeptiert und trabt brav in symmetrischen Kreisen mit mir durch die Arena.

Tye saß die ganze Zeit auf seinem großen braunen Pferd regungslos in der Mitte des Reitplatzes und hat uns andächtig zugesehen. Am Abend erfahre ich, dass Spice erst drei Jahre alt ist, also praktisch ein Baby, kaum ausgebildet, und vor zwei Wochen hat er wohl eine Frau abgeworfen, die daraufhin ihr Handgelenk gebrochen hatte. Als ich das erfahre, schwindet meine Sympathie für Tye beträchtlich. Er hat mir absichtlich das gelbe Geschoss untergejubelt, um mich in Schwierigkeiten zu bringen. Bei ihm und den übrigen Cowboys allerdings sowie auch bei Ranchbesitzer Marvin hat mir die heutige Aktion Hochachtung eingebracht. Und ich meine, sie gehen seitdem respektvoller mit mir um.

Nach dem Probetraining in der Arena reitet Tye mit mir hinaus in die Prärie, um mir das Ranchland zu zeigen. Er ist jetzt freundlicher, wenn auch immer noch eher kurz angebunden. Wir reiten in Serpentinen hinauf auf den kleinen Hügel hinter meinem Hüttchen. Man muss sehr auf die *Rattlers*, die Klapperschlangen, achten, sie sind erschreckend zahlreich in dieser Gegend, und es gibt auch noch ein paar andere wüste Ottern. Pferde haben panische Angst vor ihnen, und wenn sie eine Schlange bemerken, ergreifen sie meist blitzartig die Flucht. Da man als Reiter die Schlange meist später wahrnimmt als das Pferd, ist man auf solch ruckartige Bewegungen in der Regel nicht gefasst, und man kann gefährlich stürzen. Auch für Pferde und Rinder sind die Schlangen sehr gefährlich, da beide Tierarten aus ungeklärtem Anlass gern ihre Nasen in die Erdlöcher der Präriehunde stecken, um dort herumzuschnüffeln. Dort wohnen aber oft die Klapperschlangen, die dann den Tieren in die Nase beißen. Die Nase schwillt dann so stark an, dass die Tiere ohne ärztliche Behandlung ersticken würden. Tye bemerkt trocken, dass Klapperschlangen am liebsten unter Blockhütten wohnen. Wenn der Prachtkerl weiter so redet, werde ich eine einfangen und ihm ins Bett stecken. Ein paar Tage später werde ich allerdings erfahren, dass Tye recht hatte und Klapperschlangen tatsächlich sehr gern unter Holzhütten leben, vielleicht auch unter meiner ...

Die Aussicht vom Gipfel des Hügels ist *breath taking*, schlichtweg atemberaubend. Die Prärie ist so weit, so einsam, ein paar verstreute Ranches und ein paar Scheunen sind zu erkennen, dazwischen runde Alfalfa-Felder (eine stark eiweißhaltige Kleesorte) und in der Ferne die Berge.

Tye erzählt, dass es in den Pryor Mountains noch Wildpferde gibt von der Rasse der Mustangs. Sie wurden vom United States Congress in den Siebzigerjahren als *Living Symbols of the Historic and Pioneer Spirit of the United States West* deklariert. Sie vermehrten sich in den Weiten der Schutzgebiete so zahlreich, dass sie immer mal wieder zum Abschuss freigegeben und mit Hubschraubern gejagt wurden.

Heute sind sie staatlich geschützt, was erst vor ein paar Jahren von leidenschaftlichen amerikanischen Aktivisten und Pferdefreunden durchgesetzt worden war. Sollte die Population in manchen Gebieten zu stark anwachsen, treibt man sie mit Hubschraubern zusammen und versteigert sie auf Auktionen – mit mäßigem Erfolg allerdings, denn es ist eine rare Kunst, einen Mustang zu zähmen. Auch hat man im Staate Colorado schon versucht, Mustangs an Gefängnisse für Schwerverbrecher zu geben, um die Männer dort sinnvoll zu beschäftigen. Dies wiederum war von großem Erfolg gekrönt. Zum Glück gibt es unter den Amerikanern häufig so leidenschaftliche und idealistische Individuen, die nicht selten ihr ganzes Leben einer Sache oder einem Geschöpf widmen, an das sie glauben und das sie unterstützen möchten. Mancher Deutsche könnte mehr von diesem Idealismus gebrauchen, denke ich.

Tye erzählt, dass man zu bestimmten Zeiten in das Wildpferdegebiet hineinreiten darf, um mit dem Lasso einen Mustang einzufangen, sollte man dieses fast unmögliche Unterfangen denn meistern. Ja, ich habe davon gehört.

Ich blicke hinüber zu den Bergen und weiß in der Tiefe meiner Seele, dass ich eines Tages dort einen Mustang einfangen und ihn für immer behalten werde. Nach Deutschland bringen werde ich ihn nicht. Nein, unser übervölkertes Industrieland ist kein Ort für einen Mustang – und eigentlich auch kein Ort für mich ... Dies spüre ich jeden Tag meiner Reise mehr.

Sugar und der verrückte Tierarzt

Es ist bereits Nachmittag, als ich mit Tye zur Ranch zurückkehre. Heute werde ich noch geschont und muss noch nicht so viel arbeiten wie in den kommenden Tagen. Ich verstaue das Zaumzeug, räume den Sattel weg und bürste dem kleinen Spice das verschwitze Fell sauber. Auch kontrolliere ich seine Hufe, ob sich nicht vielleicht ein scharfkantiger Kieselstein darin festgesetzt hat. Dann führe ich mein Ross zu den anderen jungen Pferdemännern auf die Weide und stelle fest, dass es dort nicht viel für ihn zu grasen gibt.

Montana befindet sich seit Monaten in einer schlimmen Trockenphase. Das Wasser wurde mittlerweile für alle Farmen rationiert, und man hört sogar von Ranchern, die ihr Vieh notschlachten mussten, weil es einfach nicht mehr genug Nahrung auf den Wiesen gibt. Auch in dieser Gegend hat es schon sehr lange nicht mehr geregnet, und die Felder müssen dringend bewässert werden. Alles dafür nötige Wasser kommt aus dem Yellowstone River, dessen Pegel schon stark gesunken ist.

Breitbeinig vom vielen Reiten schlurfe ich zu meiner kleinen Blockhütte hinauf, um kurz zu duschen, da man in der Prärie nach kürzester Zeit vollkommen eingestaubt ist. Kaum angekommen, klopft es wieder an der Tür, und Brandon steht draußen. Ach, welch Freude, mein Herz schlägt bis zum Hals! Diesmal habe ich die gute Reitkluft noch an und den Cowboyhut noch auf dem Kopf. Dieses Mal schaut er mich beim Sprechen auch an. Brandon erzählt, es habe einen Unfall gegeben, das Pferd Sugar sei am Kopf verletzt, und er würde jetzt mit ihm in die Tierklinik fahren. Er fragt mich, ob ich mitfahren möchte. Ja, oh ja, ich will! Mit Brandon würde ich auch die örtliche Kläranlage besichtigen, und vielleicht kann ich mich nützlich machen. Ich wasche mir noch schnell das Gesicht, die Hände und Arme und düse hinunter zur großen Scheune.

Wir verladen den sichtlich verstörten schneeweißen Sugar, der auf der Stirn eine schreckliche Platzwunde hat und vielleicht auch eine Gehirnerschütterung, in einen Pferdetransporter. Der Transporter ist an einen monströsen und vollkommen eingestaubten Dodge-Ram-Pick-up-Truck angekoppelt. Brandon fährt, als würde er rohe Eier transportieren, behutsam und vorsichtig. Er scheint ein sehr einfühlsamer Mensch zu sein und um Sugar sichtlich besorgt. Ich genieße jede Minute neben Brandon, der aufgrund der Autogröße leider viel zu weit von mir entfernt sitzt. Ich muss laut rufen, um mich trotz der Motorengeräusche mit ihm zu unterhalten.

Angekommen in der Tierklinik, irgendwo im Niemandsland der Prärie, sehe ich eher eine Autowerkstatt vor mir als eine Klinik. Alles ist verdreckt und heruntergekommen, von steriler Hygiene keine Spur. Wir bringen Sugar hinein in die Werkstatt, in der es nach Desinfektionsmittel, Blut und auch nach Motorenöl riecht, was Suger durch seine feinen Nüstern weit intensiver wahrnimmt als ich. Er ist beunruhigt und zögerlich, aber Schritt für Schritt geht er weiter voran, als ob er wüsste, dass dies alles in solch misslicher Lage nun mal nötig ist. Ich bin beeindruckt, wie mutig er ist. Ein deutsches Reitpferd hätten wir niemals durch den engen schlauchartigen Eingang in die Werkstatt hineinbekommen.

Wir sollen uns in eine Ecke stellen und warten. Und das tun wir. Sugar nutzt die Gelegenheit und pinkelt zwanzig Liter Flüssigkeit auf den Betonboden, und ich sehe mich gezwungen, auf eine Kunststoffkiste zu steigen, um dem wachsenden See zu entrinnen. Nach über einer Stunde kommt ein älterer Cowboy mit schickem Hut und schmutzigen Mechanikerklamotten zur Tür herein. Es ist wahrhaftig der Tierarzt. Er schaut sich freudig kaugummikauend die Wunde an und meint in legerem Slang, er würde das gut in den Griff bekommen.

Dann geht es los. Sugar bekommt mehrere Spritzen in den Hals, was er mit aufmerksamer Gelassenheit hinnimmt. Er ist so cool wie ein Indianerhäuptling. Es ist ein Narkosemittel, das ihn nur so weit betäuben soll, dass er noch einigermaßen gefestigt aufrecht stehen kann. Dann wird die Gegend der Wunde noch einmal extra lokal betäubt. Es scheint, als ob die Assistentin heute frei hat, wenn es denn überhaupt eine gibt. Brandon muss telefonieren, also stehe ich allein mit dem Tierarzt in der Werkstatt und halte das mittlerweile schwankende Ross halbwegs aufrecht, indem ich abwechselnd an Sugars linke Schulter und dann wieder an seine rechte Schulter springe, um mich mit vollem Körpereinsatz gegen ihn zu drücken. Es ist wohlgemerkt nicht einfach, ein sechshundert Kilogramm schweres Pferd am Umfallen zu hindern. Ich befürchte, das Narkosemittel war überdosiert.

Der Tierarzt erzählt von seiner deutschen Ehefrau, während wir auf die volle Wirkung der örtlichen Betäubung warten, und kramt seine rudimentären Deutschkenntnisse hervor, die im Wesentlichen aus schockierenden Obszönitäten bestehen und mir die Schamesröte ins Gesicht treiben. Zwischendurch befiehlt er in immer kürzeren Abständen: »Bitte, halten Sie das, bitte, tun Sie dies, genau hierhin, bitte«, und so weiter. Ehe ich mich's versehe, operiere ich handfest mit. Für mich als echtes Landkind ist es zum Glück nicht das erste Mal, dass ich als Operationshelfer bei Pferd, Hund, Katze und Hamster agiere, aber es ist eben schon recht lange her, und ich bin aus der Übung.

Beim Anblick der Metalltacker, die der Tierarzt in die tiefe Kopfwunde schießt, ziehen sich mir die Adern zusammen, und es wird mir schwindelig. Aber ich reiße mich am Riemen und arbeite mit aller Kraft weiter, um dem armen Sugar zu helfen. Nein, zimperlich und zartbesaitet darf man im Wilden Westen wirklich nicht sein. Und wenn man es dennoch ist, so ist man es nach kürzester Zeit nicht mehr – schlichtweg, weil man keine andere Wahl hat. Oder aber man geht vermutlich zu Grunde.

Es vergehen gefühlte Stunden. Suger hat mittlerweile mindestens zwanzig Metallklammern im Kopf, er sieht furchtbar aus, und ich frage mich, wie man die Dinger wieder vernünftig ausbauen kann. Meine Arme sind bis zu den Ellenbogen blutig, Handschuhe trägt man hier weder als Assistentin noch als Tierarzt. Dann sind wir endlich fertig. Und auch ich bin fix und fertig, habe ich doch hochkonzentriert mitoperiert und noch nicht einmal bemerkt, dass Brandon während der ganzen Operation dicht hinter mir stand und mir über die Schulter gesehen hat, sichtlich erleichtert, dass ihm jemand diese unschöne Arbeit abnimmt.

Sugar darf stark schwankend wieder in den Transporter steigen, worüber er sehr froh zu sein scheint, und wir bringen ihn heim auf einen separaten kleinen Paddock, eine quadratische Minikoppel, damit er von den anderen Pferden nicht gestört wird und seine Wunde in Ruhe heilen kann.

Bargeflüster im Westerntakt

Nach ausgiebiger Reinigung von Staub und Pferdeblut ist heute Abend *A Proper Night Out* angesagt, wie es die Briten so schön ausdrücken. Alle Ranchbewohner fahren mit den Pick-up-Trucks zum lokalen Pub und essen *Fried Chicken and Coleslaw.* Zum frittierten Hühnchen mit Krautsalat wird literweise Budweiser Beer getrunken und der ein oder andere billige Whisky. Ich darf mit Brandon fahren und bin auch schon ganz aufgeregt. Selbstverständlich habe ich mich wieder schick gemacht und die High Heels ein zweites Mal hervorgeholt sowie ordentlich Haarspray versprüht, was hier oben in Montana seit den Achtzigerjahren nicht mehr aus der Mode gekommen ist. Ich versuche, die Coolness der Cowboys zu imitieren, die mit klirrenden Radsporen und den Händen in den Hosentaschen über die Türschwelle der Bar treten. Sie kauen, wie es sich für ihresgleichen gehört, lässig Kaugummi und ziehen zum Gruß mit der Hand die Hutkrempe vorn leicht nach unten, ganz so, wie man es aus »Bonanza« und anderen Westernfilmen kennt. Ich nicke nur freundlich zu den anderen Gästen hinüber.

Natürlich falle ich gleich auf in der dörflichen Trinkstube, und die Farmer schauen missbilligend zu mir herüber. Nun, ich habe mich wohl aufs Neue als Großstadt-Lady geoutet. In einer Ecke der Bar hängt Tye neben einem Spielautomaten und knutscht mit einer schottischen Touristin, die halb so alt ist wie ich. Dorthin blicke ich nun missbilligend, aber was will man machen? Ich setzte mich neben Brandon an den Tisch, einen Platz, den ich mir unter Einsatz der Ellenbogen und auch der Stuhlbeine hart erkämpfe. In der Automobilindustrie war mir der Einsatz von Ellenbogen meist zu anstrengend und zu lästig – hier und heute Abend lohnt er sich.

Ich stelle meinem jungen Cowboynachbarn viele Fragen, und er scheint die Unterhaltung angenehm zu finden. Brandon hat gleich nach der Schule im Bundesstaat Vermont gearbeitet, der vorübergehenden Heimat meiner Jugend. Dort war er in der Forstwirtschaft tätig und transportierte mit Pferden und Schlitten Holz aus den dichten Urwäldern der Green Mountains, ein sehr gefährliches Unterfangen. Er kennt sogar die alten Skigebiete, in denen ich schon als Kind herumgerutscht bin, und manch ein liebliches Dorf dieses kleinen Neuengland-Staates am nördlichen Rand der Ostküste. Ich werde dank Brandon nun ein zweites Mal in diese Zeit zurückversetzt.

Alles kann ich wieder vor mir sehen, als ob es gestern war und doch eine Ewigkeit her. Ich sehe Bilder der Hundeschlittenrennen vor meinem inneren Auge, den beängstigenden meterhohen Schnee im Winter, die dicken Handschuhe mit Aluminiumfasern, die es in Deutschland gar nicht zu kaufen gibt, weil es ungleich in Vermont nie dauerhaft auf die Minus-dreißig-Grad-Marke hinuntergeht. Auch sehe ich wieder die vielen einsamen Seen vor mir, an deren Uferwasser ich mit meinem Vater im Kanu entlanggepaddelt bin, während er die Angel in den See warf. Ich sehe die hübschen gepflegten Holzhäuser und die traditionellen *Country Stores,* meine alte Schule, und dann kommt mir sogar noch der *Appalachian Trail* in den Sinn – ja, den kennt Brandon natürlich auch.

Jeder naturverbundene Amerikaner kennt diesen einzigartigen Pfad, der schon vor hunderten von Jahren von den alten Indianerstämmen der Ostküste bewandert wurde und der fast die ganze Länge der Ostküste der Vereinigten Staaten entlangführt, vom nördlichen Maine durch Vermont hindurch, bis hinunter nach Georgia. Er umfasst um die 3500 Kilometer. Diesen Pfad habe ich plötzlich wieder vor Augen, und ich sehe, wie meine Mutter in Turnschuhen und mit Rucksack vor mir hermarschiert und über die Felsen und Moose dieses urtümlichen und beschwerlichen Geländes steigt. Der Pfad verlief nicht weit entfernt von unserem damaligen Zuhause durch den undurchdringlichen Urwald der Green Mountains. Kaum zu glauben, auch ich bin schon einen Teil dieses legendären Indianerpfades gewandert und hatte es, wie so vieles, fast schon vollkommen vergessen.

Nun sitze ich also hier auf meinem Barhocker in einer stickigen, heruntergekommenen Bar neben Brandon, der auch sichtlich ins Träumen geraten ist, und spüre es wieder so deutlich, stärker als alle sonstigen Gefühle der letzten Jahre in Beruf und Wirtschaft, das tiefe Wissen, dass der Tag kommen wird, an dem ich den Appalachian Trail ein zweites Mal bewandern werde.

Es wird immer lauter in der urtümlichen Countrybar. Brandon hängt kopfüber auf dem Billardtisch, ein Anblick, den selbst das kälteste Frauenherz verzücken ließe. Die Schottin ist mittlerweile gegangen, und Tye sitzt neben mir. Ich habe von Ranchbesitzer Marvin erfahren, dass Tye Mormone ist. Ich spreche ihn locker und offenherzig auf seinen Glauben an und frage unbekümmert, was im *Book of Mormon*, der Bibel der Mormonen, denn geschrieben steht.

Dies ist für ihn eine willkommene Einladung. »Sprich nie über Religion oder Politik als Gast in einem fremden Land«, steht oft in Reiseführern geschrieben, hätte ich mich nur daran gehalten. Die nächsten gefühlten Stunden hält er mich gefangen, ja er sitzt fast auf mir und hat seinen Arm besitzergreifend über meine Stuhllehne drapiert. Ich bereue, dieses heikle Thema angesprochen zu haben, und fühle mich körperlich fest umwickelt, was ich unter anderen Umständen, mit Brandon, vielleicht genossen hätte. Es ist klar, er will mich bekehren und aus mir einen Interessenten machen, der vielleicht mal in seiner Kirche vorbeischaut.

Tye ist auf ungeschickte Weise manipulativ und berechnend, versucht mich abgebrühte Geschäftsfrau zu beeinflussen und zu überzeugen, ein unmögliches Unterfangen, denn es gibt bis heute nur wenige menschliche Abgründe, in die ich während meiner zahlreichen Geschäftsreisen und Jahre im Beruf noch nicht geblickt habe. Einen Sturz vom Pferd mit entsprechenden Schäden an meiner Person hat Tye bereits in Kauf genommen, dieser Mann hier hat keinen Anstand und von christlicher Nächstenliebe kann ich bei ihm auch nicht viel erkennen – ich hoffe sehr, dass die übrigen Mormonen auf amerikanischem Grund und Boden bessere Christenmenschen sind, als er es ist.

Ich bin so dankbar, als Brandon mich endlich zwischen den Billardrunden erlöst. Es ist jetzt Zeit für Western Dancing, und ein paar Pärchen schunkeln schon im drehenden Zweitack zu Ian Tyson, *Jaquima to Freno*, ein altes Westernlied, das mir noch heute die Gänsehaut über den Rücken jagt. Die Schritte des *Two Step* sind einfach und schnell eingeprägt und schon hänge ich zärtlich schurrend an Brandons Hals. Ich kann jeden seiner Knochen unter meinen Handflächen spüren und bin ganz erschrocken. Es ist mir vorher nicht aufgefallen, wie mager er unter seinem karierten Flanellhemd ist.

Später werde ich feststellen, dass alle meine Cowboy-Kollegen sehr mager sind. Sie arbeiten knochenhart, jeder Tag beginnt für sie um sechs Uhr morgens, so wie für mich auch in der nächsten Zeit. Ihre Ernährung besteht hauptsächlich aus Fleisch und Kartoffeln, ein Steak zum Frühstück ist hier keine Seltenheit oder auch mal getrocknetes Büffelfleisch aus der Satteltasche. Beides schmeckt auch mir mittlerweile zum Frühstück hervorragend.

Ganz behutsam lege ich meine Wange an Brandons und lasse mich leicht wie eine Feder über die Tanzfläche schieben. In einer musikalischen Pause, in der Brandon zum Tisch zurücksteuern möchte, hauche ich ihm gekonnt überzeugend ins Ohr: *»One more, darlin, one more only!«* Brandon gibt sich geschlagen und schiebt mich weiter über die Tanzfläche. Um ein wenig Konversation zu machen, frage ich interessiert, wer denn der furchteinflößende Cowboy am Billardtisch ist, der so wilde Narben im Gesicht hat und so verwegen aussieht. »Ah, das ist Roger aus Red Lodge, er wurde die Tage aus dem Gefängnis entlassen. Er sagte vorhin, er möchte dich gern kennenlernen.«

»Oh my Lord!«, rufe ich. Wie schon auf manch einer Geschäftsreise, ziehe ich auch hier wie ein Magnet die schlimmsten Männer an.

Ich bin recht erleichtert, als der Barkeeper zu verstehen gibt, dass jetzt Sperrstunde ist. Ich schwanke mehr aus dem Lokal, als dass ich schreite, wobei dies wohl eher am billigen Whisky liegt und nicht am dünnen amerikanischen Bier – und schon klettere ich zu Brandon in den Pick-up-Truck, und wir zuckeln im Schritttempo auf den Schotterpisten den weiten Weg zurück zur Ranch.

Dort angekommen, ziehe ich den armen Mann in meine übliche deutsch-französische Umarmung und Küsschen links und Küsschen rechts (okay, ich gebe es zu, ich habe auf den Mundwinkel gezielt). Das war nun eindeutig zu viel für den vermeintlich hartgesottenen Cowboy, er erschrickt und fällt beinahe rückwärts zur Autotür hinaus. Sie sind also doch nichts gewöhnt, die rauen Jungs aus dem Wilden Westen! Verflixt.

Brandon legt den Rückwärtsgang ein, und ich stehe noch eine Weile winkend auf der Veranda vor meiner Hütte. Es ist Vollmond heute Abend, und die Ranchgebäude sind in ein magisches silbernes Licht getaucht. Es ist ungewöhnlich hell, und ich kann die Umrisse der Beartooth Mountains in der Ferne ausmachen sowie die schwarzen Konturen des Nordrandes des Yellowstone-Nationalparks.

Auch kann ich in der Ferne deutlich Sugar mit seinem schneeweißen Fell auf seiner kleinen Koppel erkennen, der aussieht wie ein Geisterpferd. Er ist ganz allein, denn alle anderen Pferde befinden sich auf den eingezäunten Wiesen hinter dem filmreifen Hügel. Es scheint, als ob auch Sugar mich erspäht hat. Er steht mit der Brust an den Zaun gedrückt da und schaut mit hoch aufgerichtetem Hals zu mir herüber. Hat er mich etwa erkannt nach der kurzen Zeit unserer Bekanntschaft und unter all den Schmerzen und der Aufregung? Und schon wiehert er aus vollem Halse und scheint mich zu rufen. Ich warte eine Weile und betrachte die ungewöhnliche Situation. Dann wende ich mich ab und schließe die Tür meiner Hütte auf. Sugar wiehert in immer kürzeren Abständen und scheint wirklich meine Aufmerksamkeit gewinnen zu wollen.

Ich ziehe die Tür wieder ins Schloss und laufe hinunter zur Koppel. Dort hat er wahrhaftig auf mich gewartet, steht schon am Tor bereit und nickt begrüßend mit seinem Kopf auf und ab. Ich steige über das Koppelgatter und streichle ihm den Hals, während er freudig nickend Brummgeräusche von sich gibt. Er war definitiv einsam, so ganz allein auf der Koppel, aber er scheint noch mehr sagen zu wollen. Sanft reibt er seine Nüstern an meiner Schulter und bläst mir warme Luft auf den Hals. Dann reibt er seine Nase an meiner Backe. Ich streichle ihn sanft und spreche leise und zärtlich auf ihn ein. Nun schiebt er seine Nase unter meinen Arm, um dort eine Weile auszuharren. Ich bin über sein Verhalten sehr überrascht. Was Sugar hier zeigt, ist ein ausgiebiger Vertrauensbeweis und ein Zeichen von Freundschaft und Verbundenheit unter Pferden. Ja, der kluge Sugar scheint verstanden zu haben, dass ich auf seiner Seite kämpfe, ihm wohlgesonnen bin und ihm geholfen habe in seiner schwierigen Lage. Wir stehen an diesem Abend noch lange zusammen an dem Gatter und schmusen und sprechen miteinander. Leise flüstere ich in Sugars weiche weiße Ohren, und alles wird verstanden und mit einem leisen Schnauben und Kopfnicken beantwortet.

Cowboy Chase und das Red-Eye-Syndrom

Nach einer kurzen Nacht, in der auch Wolfy, Bluedog und D.O.G. wieder anwesend waren – Wolfy begnügt sich mittlerweile mit dem Fußende meines Himmelbetts –, muss ich schon wieder um sieben Uhr früh im Stall strammstehen. Ich habe meinen schwarzen Cowboyhut tief in die Stirn gezogen und eine Fliegersonnenbrille aufgesetzt, damit man nicht sieht, wie übernächtigt und verkatert ich bin. Ich soll heute den riesigen Moon reiten, ein erfahrenes und gut ausgebildetes Arbeitspferd, das schon seit Längerem im Besitz der Ranch ist.

Moon ist stattlich gebaut, sein schneeweißes Fell ist mit tausenden braunen Punkten übersät, und er erinnert mich an das berühmte Pferd »Kleiner Onkel« aus der Pippi-Langstrumpf-Geschichte. Er ist ein sogenannter Fliegenschimmel, und er ist ein Koloss. Ich schaffe es nicht, den schweren Westernsattel auf seinen Rücken zu hieven, und muss auf die untere Zaunstrebe steigen, um näher an ihn heranzukommen. Da eilt ein kleiner Cowboy mit keckem Lächeln auf mich zu und ruft: »*Oh, come on honey*, ich mache das für dich!« Es ist Chase, der dritte Cowboy der Ranch von insgesamt vieren im Bunde. Er hatte tags zuvor Urlaub und ist erst jetzt nach einem Angelausflug wieder auf die Ranch zurückgekehrt.

Ich starre Chase entgeistert an, und es fällt mir wie Schuppen von den Augen. Es ist Hoss Cartwright aus »Bonanza«! Ja er ist es leibhaftig, der zweite und schwergewichtige Sohn des Ponderosa-Besitzers Ben Cartwright. Gütiger Gott, er ist dem goldigen tollpatschigen Hoss wie aus dem

Gesicht geschnitten. Nur ist Chase kleiner als Hoss, er reicht mir gerade bis zu den Wangenknochen, Hoss war ein Hüne. Chase ist auch eher untersetzt, es scheint irgendwie alles zu kurz geraten an ihm. Auch er hat leuchtende blaue Augen, aber leider gar kein Zahnpastalächeln. Er strahlt zwar bis zu den Ohren, aber seine Zähne sind vom Kautabak dunkelbraun verfärbt. Kautabak ist eine altmodische Angelegenheit, aber im Wilden Westen noch immer höchst beliebt. Ich habe schon einige Amerikaner hier oben mit den charakteristischen braunen Spuren auf den Zähnen ausmachen können.

Ach, wie konnte ich nur diese »Bonanza«-Parallelen bislang übersehen? Es muss an der Aufregung und der Übermüdung der letzten Tage gelegen haben. Tye ist ganz klar die Verkörperung des ältesten Cartwright-Sohnes, des coolen und wunderschönen Frauenschwarms Adam, der immer über den Dingen zu stehen schien, mit seinem schimmernden schwarzen Haar und den schönen überheblichen Gesichtszügen. Brandon ist wie Little Joe, der jüngste Cartwright-Sohn, ein bildhübscher junger Blonder, eher süß, harmlos und naiv – und ein junger Mann, der ständig in Schwierigkeiten steckte. Ranchbesitzer Marvin ist die Verkörperung von Vater Ben Cartwright höchstpersönlich, nur dass Marvin nicht halb so würdevoll veranlagt ist wie der gute alte Ben, aber dies wird sich erst in den nächsten Tagen zeigen.

Ach, wie unglaublich, ich habe also mein ganz eigenes »Bonanza« hier beisammen auf meiner geliebten Ponderosa alias Lonely Horseshoe Ranch, und ich stehe vor dem großen weißen Moon und lache in mich hinein und amüsiere mich köstlich über die bizarre Verstrickung meines montanischen Abenteuers mit den Leidenschaften und Vorlieben meiner Kindheit. Dann ermahne ich mich zur Ernsthaftigkeit, denn das hier kann alles kein Zufall sein, hier müssen höhere Mächte am Werk sein. Wer weiß, welche Wendung mein Schicksal hier draußen im Wilden Westen noch einschlagen wird?

Und schon wirft Chase mit Schwung meinen Sattel auf den Pferderücken und gurtet ihn fest. Er selbst sattelt sich einen kleinen grauen Dreijährigen mit wuscheliger Mähne, den er seit ein paar Wochen ausbildet und der mächtig frech zu sein scheint. Wir reiten heute ausnahmsweise direkt von der Ranch los und fahren nicht wie sonst üblich mit dem Pferdetransporter in ein weiter entferntes Gebiet. Denn die Rinderherden der Ranch sind weit verteilt und brauchen reichlich Land, um darauf grasen zu können.

Wir sollen heute nach Mutterrindern mit ihren Kälbern sehen, die vor ein paar Tagen in ein Schutzgebiet nahe der Ranch getrieben worden sind. Es besteht unter den Ranchern der Verdacht, dass unter diesen Tieren eine Augenkrankheit ausgebrochen ist, die sich »Red-Eye-Syndrom« nennt und gerade in Montana zu einem nationalen Problem heranwächst. Die erkrankten Rinder haben bei Befall stark entzündete Augen und können kaum noch sehen, da die Augenlider tränen und verkleben. Somit werden sie zu einer leichten Beute für Raubtiere, und die Mütter können ihre Kälber nicht mehr angemessen verteidigen. Zudem ist die Krankheit hoch ansteckend. Die betroffenen Tiere müssen bei Ausbruch schnell von der übrigen Herde getrennt werden, in Transporter verladen und in die Tierklinik gebracht werden. Dort bekommen sie Antibiotikaspritzen, die allerding bislang nur wenig Wirkung zeigen. Es ist eine neue unerforschte Krankheit, die auch den Experten noch einige Sorgen bereitet.

Wir sollen deshalb auch nach verendeten Tieren suchen, die einem Raubtier zum Opfer gefallen sind oder sich auf sonst eine Weise tödlich verletzt haben. Solche Kadaver sind in der Regel leicht über den Geruchsinn zu finden, und die Ohrennummern der unglückseligen Tiere sollen dann in einem Schreibheft vermerkt werden. Verletzte Rinder müssen mit dem Lasso eingefangen werden, dann sollen wir über die Funkgeräte die Rancher kontaktieren, eventuell Transporter anfordern, oder aber die Kuh wenn nötig gleich erschießen. Ich hoffe von Herzen, dass letzterer Fall nicht eintritt.

Dies also ist mein Job für heute. Wir reiten los, an den Alfalfa-Feldern vorbei und durch unzählige Zaungatter, die jedes Mal umständlich geöffnet und wieder geschlossen werden müssen. Ein erfahrener Cowboy tut dies, ohne abzusteigen, vom Pferd aus, denn die Pferde wissen in der Regel, was sie in dieser Situation zu tun haben, und der Cowboy kann sich seinen wohlerprobten Handgriffen widmen.

Der junge graue Wallach, den Chase heute ausbildet, kennt das Prozedere noch nicht. Der Kleine trägt auch noch kein Zaumzeug mit Gebissstück in seinem Mäulchen, dafür ist er noch zu jung. Er trägt eine besondere Art Hackamore, ein sogenanntes amerikanisches Bosal, das für den Laien fast wie ein gewöhnliches Halfter aussieht. Bei diesem Zaumzeug wird nicht über das Pferdemaul gesteuert, sondern über Druck auf das Nasenbein, der durch die Zügel ausgelöst wird. Wenn wir durch ein Zaungatter hindurchreiten müssen, ist es jedes Mal eine Kugelfuhr, wie wir im Schwäbischen zu umständlichen und mühevollen Angelegenheiten sagen. Aber diese Übung ist für ein Wrangler Horse ein wichtiges Lernfeld, und Chase will sie seinem jungen Ross geduldig beibringen.

Der Wallach muss vortreten, zurück und zur Seite, muss auf den Stacheldraht aufpassen und soll ganz selbstständig mitarbeiten. Auf jeden Wink von Chase' Hüfte und Schenkel soll er reagieren, auf jede noch so kleine Gewichtsverlagerung. Es dauert daher jedes Mal ewig, bis wir weiterkommen, aber wie ich schon so oft erwähnt habe, Zeit spielt im Wilden Westen keine Rolle. Nur mit Geduld und zahllosen Wiederholungen ist ein Pferd auszubilden, mit Ruhe und Gelassenheit, niemals Grobheit und Gewalt. Denn ein Pferd ist ein Fluchttier. Sobald es Angst verspürt, existiert im Pferdehirn nur noch ein Gedanke, der jedes andere Mitdenken ausschaltet – Entkommen. Im Gefühlszustand der Angst ist es also unmöglich, dem Pferd etwas beizubringen, da es keine logischen Zusammenhänge mehr verstehen kann und erst recht nichts Gelerntes speichern kann. Somit ist die positive Sanktionierung der einzig erfolgversprechende Ansatz, kurz gesagt, man muss eine Übung einleiten und auch schon den kleinsten Schritt in die richtige Richtung belohnen und loben, loben, loben.

Ich habe mich schon häufig auf dieser Reise gefragt, ob die Pferde im Wilden Westen intelligenter sind als bei uns. Ja, ich denke schon. Es liegt meiner Meinung nach zum einen daran, dass sie aufwachsen dürfen, wie es ihrem Naturell entspricht, in der Herde auf riesigen Weiden, meist auf sich allein gestellt und ohne menschliche Einflussnahme. Zum Zweiten wird von Arbeitspferden selbstständiges Handeln gefordert, und dies wird als oberstes Ziel auch von klein auf trainiert. Der Fokus wird im Westernreiten also weit stärker auf Selbstständigkeit gelegt, als dies im traditionellen englischen Reitsport je denkbar wäre. Hier fordert man vom Pferd explizit sehr wenig Selbstständigkeit, dafür aber blinden Gehorsam.

Ich spinne den Gedanken weiter und frage mich, ob diese unterschiedlichen Ausbildungsansätze auf den beiden Kontinenten auch unter Menschen so verankert sind. Ja, mit Blick auf die schwäbische Wirtschaft ist bei mir durchaus dieser Eindruck schon vor Jahren entstanden. Während meiner ersten vier Berufsjahre arbeitete ich für einen namhaften amerikanischen IT-Konzern. Dort wurde ich zu maximaler Selbstständigkeit erzogen, zu offener Kommunikation und dazu, auch einschlägige Entscheidungen selbst zu treffen, mit viel Leidenschaft und Enthusiasmus an die Dinge heranzugehen und ruhig auch mal einen Fehler zu machen. Einmal erlitt mein damaliger amerikanischer Chef sogar einen Tobsuchtsanfall, als er wutschnaubend vor der Belegschaft stand und uns anbrüllte, dass wir ihm gefälligst widersprechen sollten, denn wir seien schließlich keine sprachlosen Schafe, sondern würden fürs Widersprechen bezahlt werden.

Ach, wie groß war meine Überraschung, als ich Jahre später in die schwäbische Automobilindustrie wechselte und feststellte, dass Gehorsam, »nach dem Mund reden« und blinde Loyalität auch bei gänzlich falscher Stoßrichtung der Chefs die Grundvoraussetzung aller Dinge ist. In meiner schwäbischen Firma bin ich mit meinem offenen amerikanischen Mundwerk und angelsächsischer Herangehensweise jedenfalls denkbar angeeckt. Zum Glück haben sich der ein oder andere an mich Querulantin gewöhnt, und ich komme halbwegs zurecht. Denn so, wie man eben in jungen Jahren sozialisiert und ausgebildet wurde, so wird man auch in Zukunft immer sein.

Dies gilt nicht nur für Menschen, sondern eben auch für Pferde. Pferd und Reiter müssen in Montana zusammenarbeiten, müssen ein perfektes Team bilden, in dem jeder mit Respekt und Achtung behandelt wird, in dem beide mitdenken und Entscheidungen treffen. Einer allein kann die Dinge nicht regeln, es braucht immer beide, und jeder hat seine gleichberechtigte Aufgabe und muss wissen, was zu tun ist. Dies war mir schon eindrücklich in den Rockies in meiner Verbundenheit mit Greenlegs klar geworden. Er wusste genau, was seine Aufgabe ist, und er wurde auf entzückende Weise ärgerlich, wenn man ihm dreinreden wollte. Denn seinen Job kannte er gut, er machte ihn hervorragend, und ich konnte auf ihn vertrauen. Hätte er dies nicht getan, wären wir vermutlich in eine Felsspalte gestürzt und wären jetzt mausetot.

Meine in Montana errungenen Erkenntnisse habe ich mittlerweile tief verinnerlicht, und ich gehe heute mit meinen eigenen Mitarbeitern und auch mit meinen Pferden anders um, als es dem deutschen Standard entspricht. Sie dürfen ganz Pferd und Mensch sein, und ich nehme weit mehr Rücksicht auf ihre Bedürfnisse, ihre Herangehensweise und auch auf ihr Naturell als früher. Mein heutiger Ansatz funktioniert hervorragend, es ist ein Erfolgsrezept. Auch versteht es sich von selbst, dass ich mein amerikanisches Mindset in der schwäbischen Wirtschaft stoisch beibehalte, und kein aggressiver, herrschsüchtiger deutscher Haudegen wird es mir je wieder austreiben können.

Nach gefühlten Stunden in der sengenden Mittagshitze reiten Chase und ich durch verlassenes Farmland. Die Farm ist eine sogenannte *Ghost Farm*. Ihre Besitzer haben schon vor langer Zeit ihr Heim aufgegeben, und alles ist verwittert und verrostet, kaputt und durcheinander, als hätte eine Bombe zwischen den Gebäuden eingeschlagen. Auch das Dach der Farm ist stark beschädigt, und die verlassene Hundehütte vor dem Haupthaus macht alles nur noch trostloser. Unter dem eingefallenen Scheunendach stehen alte verrostete amerikanische Autos, ein Buick und ein Ford wie aus einem alten Schwarzweißfilm. Solch ein Zuhause wird in den USA auch gern als *Junk Yard* bezeichnet, was so viel heißt wie Schrottplatz – und nicht selten leben noch Familien in solch heruntergekommenen Farmen.

Es ist unheimlich, hier durchzureiten, unsere Pferde

scheuen. Aber es war von Chase so gewollt, dass wir hier durchkommen. Er will seinem jungen Wallach die neuen Gerüche und die erschreckende Szenerie zeigen, um ihn etwas abzuhärten und an seltsames Umfeld zu gewöhnen. Ich rechne jeden Moment damit, dass ein alter ausgemergelter Indianer zur Haustür herauskommt oder ein bissiger Hund aus einer der Garagen schießt. Gern lasse ich diesen Geisterhof hinter mir und bin froh, als wir uns wieder inmitten von Feldern und Prärie befinden.

Dann kommen wir durch ein weiteres und diesmal besonders massiges Zaungatter hindurch, das uns in das Wildnisgebiet hineinführt, wo sich laut Lillian unsere Rinderherde befindet. Chase erzählt mir, dass die Ländereien des Wildnisgebiets dem Staat Montana gehören und ein Schutzgebiet sind. Zwar ist der staatliche Schutz auf diesem Grund und Boden lange nicht so streng wie oben in der Bob Marshall Wilderness, aber auch hier darf nicht gebaut und nur eingeschränkt gejagt werden, und es dürfen keine Felder angelegt werden. Während bestimmter Monate darf eine gewisse Anzahl an Rindern hier weiden, nach Ablauf der Frist müssen aber alle Weidetiere wieder herausgeholt werden, damit sich die Vegetation erholen kann.

Das Wildnisgebiet ist echte Prärie, wie man sie aus alten Westernfilmen kennt, rötlich sandiger Boden mit den typischen kniehohen Salbeibüschen darauf, die so herrlich duften und aussehen wie kleine knorrige Bonsais. Hier und da steht eine zerklüftete Felsformation aus rötlichem Stein im Sand, ein paar robuste Kiefern und immer mal wieder hoch aufgeschossene *Cottonwood Trees.* Zwischen den Salbeibüschen wachsen überall kleine Kakteen, die höchst stachelig aussehen. Sollte man vom Pferd stürzen und auf einen Kaktus fallen, wäre der Schaden groß. Die Landschaft ist absolut großartig und bildschön, und ich bin wie so häufig auf meiner Reise vollkommen hin und weg und tief ergriffen.

Ich konnte diese Gegend aus der Ferne bereits von meinem Hügel aus bewundern, aber hier aus der Nähe ist sie einfach noch tausendmal beeindruckender. Das hier ist echte Prärie, die Freiheit, das Land der Indianer, das Land der Büffel und der Siedler mit ihren Planwägen. Das ist der Ort, an dem ich mein Leben lang sein wollte.

Und Pferde können doch fliegen

Ich gebe dem riesigen Moon die Sporen und donnre los. Im Jagdgalopp fliegen wir über die Prärie, über die Salbeibüsche und Kakteen. Chase ist mit seinem grauen Wallach dicht hinter mir, aber Moon ist schneller, ein gepunkteter Blitz, der eine riesige Staubwolke hinter sich herzieht. Moon jagt dahin. Ich sehe aus den Augenwinkeln, wie die Hügelketten an mir vorbeirasen.

Mein Pferd findet seinen Weg durch die Büsche, ich lasse es selbst entscheiden, wie es sich seinen Weg bahnen möchte, denn Pfade gibt es hier draußen keine. Mal springt Moon links um einen Busch herum, mal rechts herum und auch mal darüber. Meine geübten Reiterbeine schließen sich wie ein Schraubstock um Moons massigen Körper, nichts kann mich von diesem Tier mehr trennen, wir sind verwachsen zu einem einzigen riesigen Körper, der fliegen kann. Wir sind jetzt auf Hochgeschwindigkeit angelangt, und alles ist Bewegung, und die Landschaft rast an uns vorüber. Längst haben wir Chase mit seinem Jungpferd abgehängt.

Ich wickle das Ende der Zügel um meinen Sattelknauf und breite beide Arme aus. Wie Kevin Costner im Film »Der mit dem Wolf tanzt« jage ich mit ausgebreiteten Flügeln dahin und stoße einen Urschrei aus, Moon berührt kaum noch den Boden, er fliegt, ja er kann fliegen. So war es gedacht, so muss es sein, dies ist es, wovon ich als Kind immer geträumt habe, auf der Sofalehne reitend mit dem Springseil als Lasso in der Hand – ich fliege im Sattel auf einem feurigen Pferd durch den Wilden Westen, durch Indianerland, vorbei an Büffelherden, zwischen Wildpferden hindurch. – »Lauf, Moon, lauf!«

Chase hat aufgeholt. Er findet Moon und mich keuchend im Schatten neben einem Felsvorsprung stehend. Moon lässt seine Nase vor Erschöpfung über dem Boden hängen, er ist klatschnass, ich liege erschöpft der Länge nach auf seinem Hals mit herabhängenden Armen auf beiden Pferdeseiten. Chase ruft: »Julia, bist du okay? Was um alles in der Welt ist in dich gefahren? Hast du den Verstand verloren? Und was ist mit all den Klapperschlangen, die zwischen den Büschen wohnen?« O weh, die Klapperschlangen, ich habe gar nicht mehr an diese teuflischen Geschöpfe gedacht, von denen es hier draußen so viele gibt.

Chase schimpft noch weiter, ich hätte mein Pferd nicht so ermüden sollen, wir haben noch einen Sieben-Stunden-Ritt vor uns. »Und warum um alles in der Welt weinst du?« – Ich weine? Jetzt erst merke ich, dass mein Gesicht ganz nass ist, das ungeheuerliche Gefühl eben hat mich vollkommen übermannt, und ich habe es gar nicht bemerkt. Ich blicke Chase an und lache und weine gleichzeitig, und ich kann auch gar nicht mehr damit aufhören. »Nun, ich habe schon gehört, dass ihr Leute aus Europa höchst seltsam seid«, sagt Chase, »aber ich kann nicht leugnen, dass du reiten kannst wie der Teufel.«

Nach diesem Kompliment holt er mich aus dem Schatten und führt uns einige Meilen weiter in die Wildnis hinein, durch ein enges, dicht bewachsenes Tal mit vielen verstreuten grasenden Rindern. Rechts und links ragen rote zerklüftete Felsen empor, und knorrige Kiefern reichen ihre Äste zu uns herab. Ich blicke, noch ganz in meine Gefühle versunken, an den Felsen empor und sehe in meiner Fantasie einen Indianerhäuptling zu mir herabblicken, hinter ihm etliche bemalte Krieger. Erhaben, wie sie dastehen, aber auch ein wenig furchteinflößend ...

Meine Fantasiegespinste werden unterbrochen, als wir eine solarbetriebene Brunnenanlage erreichen, von denen es zahlreiche in dieser Gegend gibt. Die Brunnen führen weit in das Erdreich hinein und sind oft die einzige Möglichkeit, in diesen trockenen Weiten an ausreichend Wasser heranzukommen, um die Rinder zu tränken. Manchmal wird das Wasser auch in Tanklastern herbeigekarrt, wenn es denn Feldwege gibt und das Gelände befahrbar ist. Die Gegend, in der wir uns heute befinden, verfügt über keinerlei Straßen oder Feldwege. Wir schalten den kleinen Motor des Brunnens an, und es fließt gelbbraunes Wasser in eine riesige grüne Kunststoffwanne, die extra für diese Zwecke aufgestellt worden ist. Sofort stürzen sich unsere Pferde auf das grausige Gebräu, das sehr stark nach Eisen und Erde riecht. Die Wanne muss bis zum obersten Rand befüllt werden, damit nach und nach alle Rinder im Umkreis herbeikommen können, um zu trinken.

Wir machen bei der Brunnenanlage eine Pause und legen uns auf den sandigen Boden, mit den Satteltaschen unter den Kopf geschoben, und trinken Wasser aus unseren mitgebrachten Flaschen. Ich bemerke, dass meine Flasche recht klein ist. Was hat Chase gesagt, wir reiten noch sieben Stunden? Oha, das wird dann also knapp mit dem Wasser bei einer Temperatur von zweiunddreißig Grad Celsius.

»*No problem, sweetie*«, sagt Chase, »wir können das Wasser aus den Brunnen trinken.« Na bravo, das Wasser schmeckt bestimmt entsetzlich, und wir werden Durchfall davon bekommen. Ich hole mein Sandwich hervor, das ich mir heute früh extra kalorienarm belegt habe und das mir Chase gleich wieder wegnimmt und zurück in meine Satteltasche stopft. »Wir werden diesen Energieschub später noch brauchen.«

Well then, Chase is the boss, denke ich und füge mich missmutig seinen Anweisungen.

Nach der Pause, während derer sich die Pferde ein wenig ausruhen konnten, geht es weiter durch ein noch engeres, aber dafür etwas grüneres Tal mit vielen Rindern, die hier saftiges Gras weiden können.

Bislang haben Chase und ich das Red-Eye-Syndrom an keinem der Rinder feststellen können, und tote Tiere haben wir auch noch keine entdeckt, lediglich ein altes Rinderskelett, das von Wind und Wetter schon ganz ausgebleicht war.

Nun kommen wir an einem Zaunabschnitt vorbei, an dem ein kleines schwarzes Kälbchen steht und kläglich nach seiner Mutter ruft. Die Mutterkuh steht auf der anderen Seite des Zauns; irgendwie ist das Kälbchen unter dem Stacheldraht durchgerobbt. Chase holt eine Zange aus seiner Satteltasche und beginnt, den Stacheldraht vom Holzpfahl zu lösen. Dann drückt er alle Drähte mit seinen bespornten Stiefeln in den Boden, und mein Part beginnt, meine erste »*Cutting*-Übung«. Ich muss das Kalb über den Zaun scheuchen, das sich leider sichtlich vor Chase fürchtet und gar nicht über die Drähte springen will.

Wer noch nie etwas von der Westernreitdisziplin *Cutting* gehört hat, sollte es sich dringend einmal auf YouTube ansehen. Es ist hochgradig beeindruckend. Pferd und Reiter haben hierbei die Aufgabe, ein Rind aus einer Herde auszusortieren und in eine Umzäunung zu treiben. Dies erscheint beim ersten Betrachten der Aufgabe einfach, die Realität sieht aber anders aus. Rinder sind ausgeprägte Herdentiere und wollen auf keinen Fall von ihren Artgenossen separiert werden, sie wehren sich mit allen Mitteln dagegen. In der Regel verwendet man Kälber für diese Übung, weil sie so flink und wendig sind.

Nun muss ich kein Kalb aus einer Herde heraussortieren, sondern nur eines über den Zaun treiben, und ich lege los. Das Kalb rennt hin und her und will nach links und rechts ausbüxen, aber ich lenke Moon immer wieder direkt vor das arme Tier und schneide ihm den Weg ab. Moon und ich sehen vermutlich recht unbeholfen und schwerfällig aus und gar nicht so wie auf den YouTube-Videos, aber das kleine schwarze Kalb hopst dann doch noch über die Drähte und ist endlich bei seiner Mutter. Alles ist nun gut, und Chase kann die Drähte wieder am Zaunpfosten befestigen.

Die Sonne nähert sich langsam dem Zenit, und es ist drückend heiß. Chase will auf eine der rötlichen Felsformationen hinaufreiten, um dort oben Mittagspause zu machen. Der Ausblick von dort sei am schönsten. Schon in den Rockies musste ich feststellen, dass Pferde wider meiner ursprünglichen Annahme klettern können. Auch mit Chase bin ich aufs Neue überrascht, was er gedenkt, mit seinem Ross zu erklimmen. Es ist schnell klar, auch hier will er seinem Jungpferd etwas beibringen, und schon krabbelt er samt Ross die Felsen hinauf.

Die Aktion ist aus meiner Sicht absolut lebensgefährlich, wir könnten mitsamt den Pferden ins Rutschen geraten und abstürzen, denn es handelt sich hier um spiegelglatte Felsplatten, die wie eine breite steile Rutschbahn nach oben führen. Aber Chase und der Graue steigen unbeirrt die Felsen hinauf, und ich habe trotz lauten Protests nichts zu melden. Also steige ich hinterher.

Die Pferde kämpfen verbissen. Moon wiegt locker siebenhundert Kilo, der kleine Graue vielleicht fünfhundert. Diese Gewichte müssen mit enormen Anstrengungen nach oben gehievt werden, da fallen meine fünfzig Kilo (okay, ich gebe es zu, also fünfundfünfzig Kilo) kaum ins Gewicht. Die

Pferde steigen Schritt für Schritt mit weit gespreizten Beinen und der Nase fast auf dem Felsen aufwärts, sie keuchen und schwitzen, und es ist für mich nun zu spät, abzusteigen. Würde ich jetzt absteigen, würde Moon vielleicht aus dem Gleichgewicht geraten, und dies wäre fatal. So bleibt mir nur die Option, meine Stiefel aus den Steigbügeln zu nehmen, um vielleicht besser abspringen zu können, sollte Moon ins Rutschen geraten. Allerdings lässt es sich aus einem Westernsattel noch schlechter abspringen als aus einem Dressursattel, und man bleibt in der Regel dann doch bei Gefahr oben sitzen und harrt der Dinge.

So langsam verstehe ich den Hintergrund der vielen Papiere, die ich am ersten Tag unterschreiben musste. Die stählernen Hufeisen sind wie Schlittschuhe auf dem glatten Stein, und alle paar Augenblicke kommt ein Huf ins Rutschen. Zum Glück hat ein Pferd vier davon, und die übrigen drei schaffen es, uns an Ort und Stelle zu halten.

Mit klopfendem Herzen oben angekommen, die Kleider in Schweiß getränkt und die Angst noch in den Knien steckend, verstehe ich Chase' Bemühungen. Der Blick ist einmalig. In der Ferne türmen sich die Pryor Mountains auf mit ihren berüchtigten Bären, Wölfen und wilden Pferden, auf der anderen Seite sehe ich die Beartooth Mountains. So weit ich blicken kann, sehe ich keine menschliche Behausung, keine Straße und keinen Weg, nur Wildnis und Weite und ein paar verstreute schwarze Punkte, die weidenden Black-Angus-Rinder. Ich kann durch die klare Luft bis nach Wyoming hinübersehen, dem angrenzenden Bundesstaat im Süden Montanas. Auch die Nordausläufer des berühmten Yellowstone-Nationalparks kann ich in der Ferne erkennen mit der bedrohlichen Rauchsäule, die schon seit Tagen über der Landschaft steht.

Wir lassen uns unter einer dichten Kiefer nieder, nachdem

wir für die Pferde einen Schattenplatz gefunden haben, damit sie ein wenig abkühlen und schlafen können. Ich packe nun endlich mit immer noch zitternden Händen meinen *Corned Beef Sandwich* aus, die *Peanut Butter Cockies*, meine Wasserflasche und einen Apfel und sage erst einmal gar nichts.

Dann erspähe ich ihn. Er steht zwischen den Bäumen, nicht weit von uns entfernt, und ist mit seiner hellbraunen Fellfarbe erst auf den zweiten Blick zu erkennen. Neugierig schaut er zu uns herüber. Welch unbeschreibliche Eleganz und Anmut! Es ist ein mächtiger Hirsch mit riesigem Geweih und großen dunklen Augen. Wie angewurzelt steht er da und bewegt sich keinen Millimeter. Montana ist wahrhaftig das Land der Superlative, alles ist größer, weiter, schöner – sogar der Hirsch.

Aufgrund seines enormen Stockmaßes vermute ich, dass er ein Exemplar aus der Gattung der »Elk« ist, nicht zu verwechseln mit Elchen, die im Englischen »Mouse« heißen. Elk, auch Wapitis genannt, sind die zweitgrößte Hirschart in Nordamerika, und sie sehen unserem heimischen Rotwild recht ähnlich, nur dass sie eben hellbraun bis gräulich in der Farbe sind und um einiges massiger. Noch größer ist dann nur noch der Elch, der es an Masse mit einem deutschen Warmblut-Reitpferd gut aufnehmen kann.

Unter meiner Kiefer sitzend, fühle ich mich wie in einem Märchenfilm. Dieses Wesen scheint so gar nicht in unsere Welt zu gehören, eher in eine der »Chroniken von Narnia«-Episoden. Gibt es wirklich Jäger, die so ein Tier töten können? Ich kann es mir nicht vorstellen, auch die Jäger müssten doch von so viel Anmut ergriffen sein.

Der Wapiti hat genug gesehen, er wendet sich ab und springt leichtfüßig den steilen felsigen Abhang hinab, ohne Eile und ohne die leiseste Anstrengung, und schon ist er verschwunden. »Von denen gibt es hier viele«, meint Chase, »ich hab erst letzte Woche einen Hirsch geschossen!« Es versteht sich ohne Worte, dass meine Sympathie für den kleinen Hoss-Cartwright-Verschnitt in diesem Moment schwindet.

Viele Stunden reiten wir an diesem Tag noch weiter, wir traben und galoppieren durch die zahllosen Täler, an abstrakten Felsformationen vorbei, die meiste Zeit reiten wir aber im langsamen Schritt plaudernd nebeneinanderher, und Chase fragt mich Löcher in den Bauch. Es scheint – sofern das überhaupt möglich ist –, als ob er mich als noch exotischer erachtet als ich ihn. Er will alles wissen über *Good old Germany* und die Arbeit in der Fahrzeugindustrie. Dabei ist dies das allerletzte Thema, über das ich hier in der Wildnis sprechen möchte. Er kann es sich tatsächlich nicht vorstellen, in einem geschlossenen Gebäude oder kleinen Raum zu arbeiten. Chase sagt, er könne nicht in einem Büro wie in einem Gefängnis arbeiten, er könne nur eine Arbeit verrichten, die draußen zu erledigen ist und freie Natur und Tiere beinhaltet. Oha, da wäre bei uns die Auswahl gering.

Wir überprüfen an diesem Tag noch viele Solarbrunnen, schauen den Kühen tief in die zum Glück gesunden Augen und suchen nach verirrten Kälbchen. Mein Wasser ist mir mittlerweile ausgegangen, und ich muss vom grausigen Brunnenwasser trinken. Chase und die Pferde stört der muffige Geruch nicht im Mindesten, ich aber halte mir fest die Nase zu. Erst hinterher verkündet Chase dann doch noch trocken, dass das Wasser bei manchen Leuten zu Durchfall führt, wie ich ja bereits vermutet hatte. Na, dann bravo.

Es ist mittlerweile später Nachmittag, und es wird langsam Zeit, den Heimweg anzutreten, denn am Horizont ziehen dunkle Gewitterwolken auf. Chase ist über diese Wetterwendung sichtlich beunruhigt, ich selbst sehe noch keine Gefahr auf uns zukommen. Ach, wie wenig kenne ich mich aus in diesem fernen Teil der Welt. Wir traben zurück in Richtung Ranch, aber es sind noch viele, viele Meilen, und der Himmel wird immer dunkler. Vereinzelt kann ich schon Blitze in der Ferne sehen, und dann fängt es auch schon an zu regnen. Ich freue mich eigentlich darüber und denke, wie gut der Boden das Wasser vertragen kann. Aber die Pferde werden unruhig, und es fällt mir zunehmend schwerer, Moon davon abzuhalten, in einen strammen Jagdgalopp zu wechseln. Chase brüllt hinter mir durch den Wind, dass die Gewitter deshalb so gefährlich seien, weil die Ebenen der Prärie so flach sind und der Blitz somit häufig in Rind, Pferd oder Mensch einschlägt, da dies oft der höchstgelegene Punkt ist. Diese Info hätte er sich wirklich sparen können.

Es regnet mittlerweile in Strömen, und wir sind schon an den Alfalfa-Feldern angekommen. Da rammt Moon auf einmal die Vorderhufe in den Sand und macht eine Vollbremsung. Nur mit Mühe kann ich mich im Sattel halten oder vielmehr auf seinem Hals, denn ich bin mit voller Wucht zwischen seinen Ohren gelandet, und hätte er den Kopf in diesem Moment gesenkt, wäre ich unten gelegen. Das Objekt des Schreckens ist ein riesiges schwarzes Plastikfass, eine Art Wasserbottich aus Kunststoff, so groß wie ein kleines Auto. Der starke Wind bläst es vor uns über die Alfalfa-Felder wie von Geisterhand, ja es sieht wirklich bedrohlich aus, wie es dort so schwerelos rollt.

Moon dreht vollkommen durch, sein schwerer Körper bebt in Panik, und er atmet schnell und unregelmäßig. Er will umdrehen und um sein Leben rennen. Ich halte ihn mit aller Kraft nach vorn gerichtet und erlaube nicht, dass er sich in die Fluchtrichtung dreht, denn dann hätte ich verloren. Ist ein Pferd mit seiner beachtlichen Masse erst einmal in Schwung geraten, ist es praktisch durch nichts mehr aufzuhalten. Die reiterliche Kunst besteht darin, es gar nicht erst so weit kommen zu lassen. Meine Beine umklammern Moon fest wie ein Schraubstock, und ich drücke ihn mit Bärenkräften (die einem ja bekanntlich in großer Not wachsen) mit meinem rechten Bein weg aus der Fluchtrichtung. Somit landen wir im nächstgelegenen Gebüsch. Er wiehert und tobt und kämpft sich frei aus dem Dickicht, ich zerre an den Zügeln. Chase brüllt unverständlich Worte durch den mittlerweile tosenden Sturm, und es kracht im nächsten Augenblick ein ohrenbetäubender Donner nieder, gefolgt von einem grellen Blitz, der, wie es aussah, in den Hügel bei meiner Holzhütte eingeschlagen hat. Allmächtiger, hoffentlich hat der Blitz nicht meine Holzhütte erwischt, die dann im Nu in Flammen stünde. Aber es bleibt mir keine Zeit, darüber nachzudenken, denn die Odyssee geht weiter.

Moon stellt sich senkrecht auf die Hinterbeine, ich werfe mich blitzschnell nach vorn, um unseren Schwerpunkt zu verlagern und um zu verhindern, dass das Ross rückwärtsfällt. Chase brüllt durch den Sturm, dass wir weiterreiten müssen, ich soll ihm folgen, und ich soll die Zügel lockerer lassen. Die Zügel locker lassen!? Wir wären schon längst in den Pryor Mountains, würde ich die Zügel locker lassen! Chase brüllt, dass Moon durch den Druck nur noch mehr in Panik gerät. Das mag wohl sein, aber ich wäre schon längst nicht mehr oben ohne den Einsatz meiner Schraubstockbeine. Und wieder steht Moon senkrecht. Westerntechnik hin oder her, dies ist mir gleichgültig in diesem Moment, es geht ums blanke Überleben. Und wieder krachen Blitz und Donner herunter, das Gewitter ist direkt über uns. Ich bin klatschnass, als wäre ich in einen Fluss gefallen, und kann die ledernen Zügel kaum noch halten, denn sie sind glitschig und rutschen mir beängstigend durch die Hände. Das Ross tobt weiter, und ich weiß mir nicht mehr zu helfen. Abwechselnd ramme ich ihm mal rechts und mal links die Schenkel in die Flanken, um ihn am Umdrehen und an der Flucht zu hindern – nicht auszudenken, wenn er nun mit siebzig Stundenkilometern über die Prärie davonrasen würde und sich beim nächsten Präriehundeloch überschlagen würde.

Chase' Ross, der graue Jungspund, ist lange nicht so in Panik wie mein Pferd, er blickt nur entgeistert auf das Fass, und Chase kann ihn überzeugen, weiterzugehen. Es ist ein wahnwitziger Anblick, der sich mir hier bietet, und selbst in dieser fatalen Notsituation kann ich mir nicht helfen, ich muss die beiden betrachten. Denn es regnet so stark, dass von Chase' breiter Hutkrempe ein kleiner Wasserfall auf sein Sattelhorn fließt. Auch vom Bauch und Kinn des kleinen Grauen fließt ein Rinnsal. Er trabt samt Wasserfall mittlerweile auf der Stelle wie ein Hunderttausend-Euro-Dressurpferd. Aber Chase kann ihn nach vorn bewegen, und der ach so erfahrene und zuverlässige Moon folgt ihm hüpfend wie ein Gummiball.

Ich kürze an dieser Stelle ab, denn das Schreckensszenario hat sich über eine gefühlte Stunde hingezogen. Als wir endlich fix und fertig auf der Ranch ankommen, bin ich schrecklich erleichtert. Das Zaumzeug ist durchweicht, ich bin bis auf die Knochen durchnässt, und Moon tut so, als sei nie etwas gewesen. Er reibt seinen Kopf genüsslich an meinem Oberarm, bis ich ihn mit gemischten Gefühlen auf die Koppel entlasse. Ich flüchte mich nach dem Aufräumen des Sattelzeugs schon bald unter die heiße Dusche.

Dort stelle ich fest, dass die beträchtlichen Schürfwunden auf meinem Hinterteil und auf meinen Oberschenkeln aus den Rockies alle wieder offen sind. Während der großen Tour heute ist mir der Schmerz gar nicht aufgefallen, aber schließlich war es zu guter Letzt doch ein Acht-Stunden-Ritt. Wie seltsam es sich doch mit Schmerz verhält, jetzt brennt alles wie die Hölle, während des langen Ritts habe ich überhaupt nichts bemerkt.

Jason, der Pferdeflüsterer

Am Abend sitzen wir in großer Runde in der *Kitchen Barn* zusammen, die zwei Schwedinnen Lena und Katherina sind dieses Mal auch dabei. Sie waren wie ich den ganzen Tag mit den Pferden unterwegs, um sich um Rinderherden auf weiter entfernt liegenden Weiden zu kümmern.

Aber es sind auch ein paar neue Leute am Tisch, eine vierköpfige Familie, die definitiv nicht aus der Großstadt kommt, und schon gar nicht aus einer europäischen. Mutter und Tochter sehen höchst authentisch aus mit ihren berüschten Westernblusen und langen gestuften Röcken zu den farbigen Cowboystiefeln. Besonders beeindruckend sind ihre Haare, die Tochter trägt sie bis zu den Kniekehlen, die Mutter bis unter den Po. Der Vater der Familie ist wieder mal ein Cowboy wie aus dem Bilderbuch, schmale Hüften in schicken abgetragenen Jeans, kariertes Hemd mit breiten Schultern darin und einen elegant geschwungenen Cowboyhut auf den kurzen braunen Locken. Sein Gesicht ist sympathisch, wettergegerbt und mit tiefen Lachfalten um die Augen versehen. Sein Akzent ist selbst für mich eine Herausforderung und klingt wahrhaftig so, als hätte er zu viel Kaugummi im Mund. Getragen vom melodiösen Singsang der Südstaaten, klingt seine Sprache vertraut und wie Musik in meinen Ohren. Die Familie kommt aus Tennessee, und der Name des Vaters ist Jason Donovan.

Jason ist nicht nur Cowboy, er ist ein namhafter *Horse Whisperer*, ein Pferdeflüsterer, ein Trainer und Ausbilder. Ja, ich hatte schon gehört, dass ein Pferdeflüsterer für kurze Zeit auf die Ranch kommen wird, um die Jungpferde auszubilden und auf Wunsch auch die Gäste. Ich hatte der Sache keine große Aufmerksamkeit geschenkt, schließlich bin ich eine traditionelle und höchst konservative Dressur- und ehemalige Springreiterin, und die Künste eines Pferdeflüsterers klangen für mich eher nach Zirkus- und Laienreiterei. Aber jetzt sitzt er vor mir, ein echter Pferdeflüsterer, ein Mythos. Katherina wendet sich mit leiser Stimme zu mir herüber: »Diese Menschen können sich in die Seelen der Pferde hineinfühlen, sie lesen und verstehen, mit ihnen kommunizieren.« Es wurden auch schon preisgekrönte Filme über diese außergewöhnlichen Pferdetrainer gedreht, allen voran »Der Pferdeflüsterer« aus den späten Neunzigerjahren mit Robert Redford in der Hauptrolle. Es heißt, dass in diesem Film die Methoden des berühmtesten aller Pferdeflüsterer, jene des legendären Monty Roberts, gezeigt wurden.

Ja, natürlich habe ich die letzten Jahrzehnte immer wieder von Monty Roberts aus Salinas, Kalifornien, gehört. Ich glaube, dass es auf der ganzen Welt keinen einzigen Reiter gibt, der diesen Namen nicht kennt, und ja, wir alle wissen, dass er schon als Kind das Stunt-Double für James Dean und Elizabeth Taylor war und auch einer der berühmtesten Rodeoreiter der amerikanischen Geschichte und dass er die Pferde von Königin Elisabeth II. auf Windsor Castle eine Zeit lang ausbildete. Die englische Königin selbst animierte ihren Pferdetrainer dann, ein Buch über sein Leben und seine Methoden zu veröffentlichen. Alle seine daraufhin folgenden Werke wurden weltweite Bestseller, und der Mann selbst eine lebende Legende.

Bevor ich in den Wilden Westen kam, habe ich all das nur mit mildem Interesse verfolgt. Ach, wie wenig wusste ich damals von den Dingen, die mich seither intensiv beschäftigen.

Pferdeflüsterer Jason wirkt freundlich und warmherzig, seine Gesichtszüge erwecken Zuneigung und Vertrauen. Ich sitze die meiste Zeit des Abends schweigend am Tisch, lausche den Gesprächen und beobachte die Familie aus Tennessee. Als sich der Abend dem Ende zuneigt, möchte Jason mit uns allen ein Gebet sprechen. Der Mann aus dem *Bibelbelt*, dem Gebiet der USA, in dem der protestantische Glaube fest in Alltag und Kultur verankert ist, faltet von uns allen gefolgt die Hände und dankt für den wunderbaren heutigen Tag, das gute *Beef Stew* und die gesunden Rinder. Ich bete innig mit und danke dem lieben Gott von ganzem Herzen, dass ich heute nicht mit dem Pferd abgestützt bin, mich nicht überschlagen habe, nicht vom Blitz getroffen worden bin und auch, dass alle Rinder und ich gesund sind und, natürlich, dass ich an all dem Wunderbaren hier teilhaben darf.

Als Jason aufsteht, um noch eine Kugel Eis aus dem Gefrierschrank zu holen, nehme ich meinen ganzen Mut zusammen, springe hinterher und mache mich neben ihm am Geschirr zu schaffen. Nach einem kurzen Räuspern frage ich ihn ehrfürchtig: »Jason, äh, ich habe mich gefragt, nun, wenn es nicht zu viele Umstände macht, denken Sie, ich könnte vielleicht ab morgen an Ihrem Unterricht teilnehmen?« – »Aber natürlich!«, sagt er.

Später am Abend zeigt mir die Familie Donovan, wie sie auf der Ranch untergebracht ist. Die neuen Gäste schlafen nicht etwa in einem der Guest Houses wie ich, nein, der vordere Teil ihres *Horse Trailors*, ihres Pferdetransporters, ist zu einem winzigen Wohnmobil ausgebaut. Dort schlafen sie zu viert, während ihre vier mitgebrachten Pferde auf den umliegenden Koppeln übernachten. Sie scheinen nicht sehr anspruchsvoll zu sein, *the Folks from Tennessee.*

Sonnenuntergang
über der Kitchen Barn

Meine wundervolle Blockhütte
auf der Lonely Horseshoe Ranch

Die endlose Prärie von Montana, hier wollte ich schon immer leben

Auf Rodeo-Bulle Harvey beim berühmten Cody Rodeo

Transport der Pferde ins Crow-Indianerreservat für den großen Cattle Drive

Der große Cattle Drive im Crow-Indianerreservat mit Pferd Spice (siehe gelbe Ohren)

Brandon beim Einfangen der ausgebrochenen Rinder

Überglücklich mit Brandon

Miss Sherley, berühmte Barbesitzerin in Montana und montanische Schönheitskönigin der Seniorenklasse

Jährliche Parade der Crow-Indianer auf der Crow Fair, Crow-Krieger mit Kriegsbemalung

Es heißt, dass dieser alte Schimmel einst im Film »Der mit dem Wolf tanzt« mitspielte

Alter Häuptling der Crow-Indianer

Nachwuchs-
häuptling der
Crow-Indianer

Meinen amerikanischen Schatz Mike heirate ich in Italien am Lago Maggiore

Nach einer langen Nacht, in der ich wie eine Tote geschlafen habe und nicht einmal mehr die Hunde hereingelassen habe, lege ich ganz aufgeregt in aller Frühe dem kleinen Spice das Halfter um, und die Cowboys und ich verladen ihn mit einigen anderen Pferden in einen der großen Pferdetransporter. Die Anhänger sind wahre Monstren aus Stahl und Aluminium und bieten bis zu neun Pferden Platz. Zu meiner großen Überraschung haben sie keine Rampen. Die Pferde müssen folglich einen halben Meter nach oben springen, um einzusteigen. Auch scheinen diese Transporter keine Trennwände zu haben, alle Pferde stehen nebeneinander, Kopf an Kopf, festgebunden. Manche Rancher binden ihre Pferde noch nicht einmal an, sondern lassen sie kreuz und quer im Transporter stehen. Ich frage mich, was auf diesem engen Raum wohl los wäre, sollten sich ein paar Pferde mal nicht so gut verstehen und eine Prügelei beginnen.

Tye weist mich an, Spice' Führstrick vor dem Einsteigen vom Halfter zu lösen, Spice soll also ohne mich einsteigen! Undenkbar für ein deutsches Reitpferd. Ich erinnere mich in diesem Moment an tränenüberströmte Stunden, in denen ich als Jugendliche vor meinem eigenen kleinen Pferdetransporter stand und zusammen mit meinem Vater verzweifelt versuchte, unser damaliges Pferd Candyman einzuladen. Dieses Pferd hatte bei den Vorbesitzern mit Transportern schlechte Erfahrungen gemacht und weigerte sich strikt, verladen zu werden. Es war nervenaufreibend und gefährlich, und wir waren damals mit der schwierigen Situation völlig überfordert.

Der dreijährige Spice springt mit einem beherzten Satz und offensichtlicher Wonne allein in den Pferdetransporter, dabei gibt es dort drinnen noch nicht einmal Futter für ihn, und es stinkt nach Kuhmist. Er stellt sich, ohne lange zu fackeln, neben den anderen Pferden diagonal zur Fahrtrichtung auf, was laut Pferdeflüsterer Jason die günstigste und stabilste Fahrposition ist, die die Pferde zudem instinktiv von allein einnehmen würden, wenn man sie denn ließe. Unsere Ranchpferde haben das alles schon verinnerlicht und stellen sich ganz selbstständig in der Reihe auf. Ich sage zu Tye, dass ich nicht fassen kann, wie großartig hier das Verladen funktioniert. »Das ist so, weil wir unsere Pferde nicht hineinzwingen oder gar drängen, wir schicken sie hinein.« Diese Aussage muss Pferdeflüsterenglisch sein, denn noch kann ich mir nichts darunter vorstellen. Wir schicken die Pferde hinein? Na, das hätte er mal mit meinem Pferd Candyman versuchen sollen ... *never ever*!

Wir sind heute eine größere Gruppe von Reitern, da auch aus dem nächsten Dorf einige Bekannte der Ranch mit ihren Pferden gekommen sind, um bei der Arbeit zu helfen. Die Aufgabe ist eine groß angelegte Rinderherdenverlagerung auf neue Weidegründe des Indianerreservats der Crow, und die Rancher helfen sich gegenseitig aus. Wenn es sich bei einer Herdenverlagerung um eine größere Anzahl an Tieren handelt, spricht man im Amerikanischen von einem *Cattle Drive*. Diese werden heutzutage auf ganz unterschiedliche Weise vorgenommen. Manche Rancher treiben ihre Herden mit Helikoptern vor sich her (eine gängige Methode in Argentinien), andere Rancher verwenden kleine motorisierte *Four Wheelers*, auch Quads genannt. Im Wilden Westen werden diese modernen Methoden allerdings nur belächelt, auch ist das Gelände für solch Maschinerie meist zu unwegsam, und man verwendet eben seit jeher Cowboys und Pferde. Einige der heutigen Gäste sind auch nur gekommen, um mit Jason zu reiten und zu sprechen.

Als alle Pferde der Lonely Horseshoe Ranch verladen sind, haben wir drei große Transporter mit Rössern gefüllt, und es geht mit den Pick-up-Trucks, die hintereinander fahren, zu den Weidegründen des Crow-Indianerreservats. Die stundenlange Fahrt ist für die Pferde beschwerlich, es geht über Schotterpisten und Feldwege, und alles rumpelt und wackelt. Die Pferde haben gelernt, breitbeinig in den Transportern zu stehen, um die Stöße abzufedern. Dennoch ist die ständige Bewegung anstrengend für sie.

Ich selbst genieße jede Minute der Fahrt und klebe mit der Nase am Fenster, um ja nichts zu versäumen, was sich da draußen abspielen könnte. Aus dem Radio dudelt Countrymusik, Kenny Rogers und Reba McEntire. Wir fahren an zerfallenen und verlassenen Farmen vorbei, an Feldern und Weiden. Ich frage mich, ob es hier draußen nicht eine kleine Farm gibt, die vielleicht niemand mehr haben will und die ich bewohnen könnte. Aber die Winter hier oben sind eisig und grausam, der Schnee ist manchmal mehrere Meter hoch, es ist ein hartes und einsames Leben und, weiß Gott, nichts für eine europäische Geschäftsfrau – oder vielleicht doch?

Endlich angekommen inmitten eines besonders trockenen und wenig bewachsenen Prärieabschnitts im Niemandsland des Crow-Indianerreservats, warten dort schon ein paar weitere Pferdetransporter auf uns. Sie gehören dem älteren Ehepaar Bill und Shannon sowie deren Nachbarn. Ich erfahre, dass die Rinder, die wir heute verlagern sollen, gar nicht Marvins Ranch gehören, sie sind Eigentum von Bill und Shannon, und wir helfen den beiden heute aus. Ich mache große Augen, als ich erfahre, dass die beiden insgesamt eine Herde von zweitausend Black-Angus-Rindern besitzen. Zum Glück müssen wir uns heute nur um einige hundert Tiere kümmern. Auch scheint es so, als ob die ganze Gegend mithelfen wird. Neugierig beäuge ich die über dreißig Teilnehmer, Junge und Alte, Dicke und Dünne, Fremde und Einheimische, die sich an den Transportern versammelt haben.

Shannon, die ältere Ranchersfrau, ist so breit wie hoch, mit langen, strähnigen grauen Haaren, kurzen dicken Beinen und einer großen Brille im kleinen Gesicht – kurz gesagt, sie sieht schrecklich aus. Sie schiebt ihren Grauschimmel von beachtlicher Größe an die Reifenverkleidung ihres Pferdetransporters und klettert mit dieser Steighilfe, trotz ihres enormen Gewichts, flott auf den Pferderücken. Oben angekommen, sieht es aus, als hätte man Humpty Dumpty, diese eiförmige Trickfigur, auf einen Sattel geschnallt. Später wird sich herausstellen, dass die gute Shannon eine beachtliche Reiterin ist und dass sie trotz ihrer kurzen Beine das Pferd wirkungsvoll manövrieren kann.

In der Ferne sehe ich, wie Brandon sein Pferd sattelt. *Lovely, absolutely lovely,* dass Brandon alias Little Joe heute auch wieder dabei ist, und ich fühle einen kurzen Freudenschauer durch meinen Bauch huschen.

Ich lade meinen Spice aus, binde ihn an der Außenseite des Pferdetransporters fest, bestücke ihn mit Sattel und Zaumzeug und kugle mir beim Sattelhochhieven fast wieder den Arm aus – ich bekomme das verdammte Ding zu meiner großen Schmach immer noch nicht gescheit nach oben. Spice scharrt mit den Hufen im sandigen Prärieboden, er freut sich sichtlich, inmitten seiner vielen Artgenossen zu sein, und er weiß, dass es jetzt gleich losgeht.

Lena und Katherina sind auch dabei und machen ihre Pferde fertig. Katherina erzählt mir, dass sie die erste Woche nach ihrer Ankunft mit Sugar trainiert hat und auch schon intensiv von Jason Donovan unterrichtet wurde. Einzig und allein wegen des Pferdeexperten hat sie die weite Reise von Schweden nach Montana angetreten und um das erlernte Wissen später zu Hause bei ihren eigenen Pferden anzuwenden. Nun musste der arme Sugar ja verletzt auf der Ranch zurückbleiben, und Jason hat ihr als Ersatz eines seiner eigenen Pferde ausgeliehen, einen großen Fuchs, den er bis von Tennessee in seinem Transporter mitgebracht hat. Ich bin ein bisschen neidisch, als ich das erfahre. Es muss großartig sein, ein so gut ausgebildetes Wrangler Horse unter dem Sattel zu haben. Sicher ist der Fuchs ein wertvolles Tier.

Jason hat zu unserem *Cattle Drive* auch seine beiden Kinder mit ihren Pferden mitgebracht. Die Tochter sitzt überraschenderweise im langen Rock auf dem Pferd, darunter trägt sie eine enge Leggings und Cowboystiefel. Die Ellenbogen auf das Sattelhorn gestützt, sitzt sie gelangweilt da und kaut auf ihrem Kaugummi, und immer mal wieder blitzt ihre Zahnspange hervor. Dies scheint nicht ihr erster *Cattle Drive* zu sein. Das Ende ihres meterlangen Zopfes liegt sogar ein Stück auf dem Pferderücken auf, sie erinnert mich an Rapunzel. Vielleicht soll sich ja ein schöner Cowboy am Zopf nach oben ziehen.

Jasons Sohn ist erst acht Jahre alt, aber auch er sitzt auf einem schicken Quarter Horse. Lässig trägt er eine Baseballmütze anstatt des üblichen Cowboyhuts. Seine Beine reichen nicht weit über seinen Sattel hinaus, und nur seine Füße berühren das Pferdefell, aber auch er scheint sein Ross im Griff zu haben. Seine blauen Knopfaugen im putzigen Mausgesicht blicken angestrengt zu Boden, meine musternden Blicke scheinen ihm unheimlich zu sein. Ich frage ihn, wie lange er schon reitet. »Dad hat mich auf ein Pferd gesetzt, als ich noch ein Baby war, Ma'am.« Aha, nun, etwas anderes hätte ich auch nicht erwartet. Der Sohn heißt Jed, und er erzählt mir, dass er am Tag zuvor meinen jungen Spice trainiert hat.

Jetzt erfahre ich, dass Spice eben erst drei geworden ist und bislang kaum ausgebildet wurde. Dennoch fühle ich mich mittlerweile einigermaßen sicher auf dem kleinen gelben Teufel, und wir haben ein gewisses Vertrauensverhältnis zueinander aufgebaut. Spice hat schon seit Längerem nicht mehr versucht, mich abzuwerfen oder auf sonst eine Weise auszutricksen. Sein heutiges Gehüpfe und Getänzel ist eindeutig seiner guten Laune zuzuschreiben und nicht etwa einer Antipathie mir gegenüber. Ganz im Gegenteil, ich bemerke seine Achtsamkeit. Wenn ich spreche, dreht er seine kleinen Ohren nach hinten, um zu lauschen, und er reagiert auf jede meiner Bewegungen. Er scheint mittlerweile gern mit mir zu arbeiten, genießt die Beschäftigung und auch die Streicheleinheiten.

Mittlerweile haben alle ihre Pferde bestiegen, und wir stellen uns im Halbkreis um Pferdeflüsterer Jason und Rinderzüchter Bill auf, um die Anweisungen zu empfangen. Wir sollen also die Rinder nach Osten in Richtung der Pryor Mountains treiben und auch auf das Red-Eye-Syndrom achten.

Bill betont noch, dass es in dieser Gegend von Präriehunden nur so wimmelt und dass wir präzise auf deren Löcher im Boden achten sollen, denn sehr schnell sei ein Bein gebrochen, sollte ein Pferd hineintreten. Gefährlich seien auch die Klapperschlangen, die hier oft vorkommen. Wenn man eine sehen sollte, müsse man aber nur laut rufen, seine Jungs kämen dann herbei, um sie zu erschlagen. Ich entscheide mich sofort, die Jungs nicht zu rufen, sollte denn eine auftauchen, schließlich haben auch diese Tiere ihre Daseinsberechtigung und gehören zur Prärie. Außerdem halten sie die Präriehundekolonien halbwegs unter Kontrolle, die in den letzten Jahren zu einer wahren Landplage geworden sind.

Wir teilen uns in kleine Gruppen auf, die die weit verstreute Herde aus verschiedenen Richtungen zusammentreiben sollen. Brandon, der bis eben noch beim Satteln der Pferde geholfen hatte, schließt sich leider einer anderen Reitgruppe an, was ich mit großem Bedauern feststelle. Ich halte mich dicht an Jason, der auf einem dreijährigen Appaloosa mit Namen »Colt«, einem Junghengst, reitet. Noch nie zuvor habe ich ein Pferd mit solch ungewöhnlicher Farbschattierung gesehen, noch nicht einmal der getigerte Mustang auf der Stutenweide ist hier vergleichbar. Jasons Pferd ist rotbraun mit schwarzer Mähne, einzig das obere Hinterteil, der Po sozusagen, ist schneeweiß. Auf diesem weißen Untergrund befinden sich schwarze handgroße Flecken. Das Ross sieht aus wie angemalt, ja als hätte sich die Natur einen Scherz erlaubt.

Ich erfahre, dass die Rasse der Appaloosa bekannt ist für ihre ungewöhnlichen Farbanordnungen. Auch sie stammen von den spanischen Pferden der Einwanderer ab und waren wegen ihrer bunten Farbmischungen bei den Ureinwohnern sehr beliebt. Daher werden sie auch gern als *Indian Ponies* bezeichnet. Der junge Appaloosa-Hengst ist heute zum zweiten Mal unter dem Sattel. Ich bin daher äußerst überrascht, wie gut das Paar schon zusammenarbeitet, aber dies ist wohl bei einem Pferdeflüsterer keine Besonderheit. Dass Jason im Sattel noch fabelhafter aussieht als auf seinen zwei Beinen, muss nicht extra erwähnt werden. Ich fange an, mit dem Gedanken zu spielen, in den örtlichen Bars der Gegend Kontaktanzeigen aufzuhängen. Vielleicht rufen ja nicht nur Knastbrüder an.

Der kleine Spice ist mittlerweile völlig aus dem Häuschen und will, dass wir endlich losreiten. Er tänzelt und hüpft, und ich muss mal wieder meine Beine zum Schraubstock umfunktionieren, damit ich nicht schon in den ersten Minuten hinuntersegle. Dies wäre eine nicht zu verkraftende Blamage.

Jason ist von meiner europäischen Methode nicht sehr angetan. Er erklärt mir, wie auch schon Chase am Tag zuvor, man würde durch zu viel Druck mit dem Bein die Pferde noch nervöser machen, als sie ohnehin schon sind, da zusätzlicher Druck zusätzlichen Stress auslösen würde.

Daraufhin lasse ich die Schenkel etwas lockerer, umfasse aber vorsichtshalber mit einer Hand mein Sattelhorn. Wir reiten los. Es geht für alle Gruppen viele Meilen in verschiedene Richtungen, um die Rinder auch aus den entlegenen Tälern und Senken hervorzuholen. Ich frage mich, was passieren würde, sollten wir ein Rind übersehen. Ohne das Wasser, das Bill täglich aus dem Yellowstone River pumpt, in einem riesigen roten Tanklaster auf die Weiden bringt und in schwimmbadgroße Plastikbottiche füllt, hätte ein Rind hier draußen nur eine kurze Überlebensdauer. Ich höre aber von den Cowboys, dass eine Kuh ein recht gescheites Wesen ist und sich in so einem Fall durchaus bemerkbar machen würde.

Wir traben durch die für Montana so typische Salbeibuschlandschaft und durch die verstreuten Kakteen, immer ein Auge auf die Präriehundelöcher gerichtet. Die Gegend ist auch hier traumhaft schön, der hellbeige sandige Boden ist durchsetzt mit kleinen blaugrünen Salbeibüschen, die so herrlich duften. Zwischen den knorrigen Bäumchen sind zahlreiche dunkelgrüne Farbakzente zu bewundern, stachelige kleine Kakteeninseln. Ich fühle mich wieder so glücklich, so frei. Es ist einfach nicht zu leugnen: »Das Glück dieser Erde liegt auf dem Rücken der Pferde« – und dann natürlich auch noch in den einsamen Weiten der montanischen Prärie.

Die Prärie

Die Weidegründe des Crow-Indianerreservats liegen fern jeglicher Zivilisation, man kann weit und breit keine Behausung erkennen und auch sonst nichts, was an menschliches Leben erinnern würde. Wir befinden uns mit unseren Pferden auf einem trockenen Hochplateau, obwohl sich trotz aller Suche keine Kuh hier hochverirrt hat, aber Jason hat darauf bestanden, diesen Umweg zu reiten. Im langsamen Schritt nähern wir uns vorsichtig der senkrecht abfallenden Felskante, die in ein riesiges Präriebecken mündet.

Angekommen an der steilen Klippe, scheint es, als ob man von hier oben bis an das Ende der Welt blicken kann, bis weit in den Westen, bis zu den Ausläufern der Rocky Mountains. Weit und breit kann ich nur beige sandige Hügel erkennen, bedeckt mit Grasbüscheln, Salbei und Kakteen und immer mal wieder ein schwarzer Punkt dazwischen, der ohne Zweifel ein Black-Angus-Rind ist.

Es ist mir etwas unheimlich, so nahe an der Klippe zu stehen, der senkrechte Abhang führt mindestens zweihundert Meter in die Tiefe, und der kleine Spice tänzelt und springt wieder aufgeregt hin und her. Ich trete ihm notgedrungen ordentlich in die Rippen, aber sein Elan und seine gute Laune sind nicht zu bremsen. Ich spüre, dass er richtig galoppieren möchte, so richtig durch die Prärie heizen. Er ist schließlich ein Quarter Horse, ein Kurzstreckenrennpferd, und der Bewegungsdrang liegt ihm im Blut. »*Take it easy little Spicy*«, sage ich zu ihm, »du wirst heute noch genug durch die Prärie galoppieren dürfen.«

Ich verstehe nun, warum Jason unbedingt auf das Plateau hinaufwollte, er möchte uns diesen Blick zeigen, dieses unglaubliche Panorama. Die schroffen Klippen der zahlreichen montanischen Hochplateaus waren in der Geschichte des Landes nicht nur für ihre tolle Aussicht bekannt. Die Indianerstämme verwendeten sie als sogenannte *Buffalo Jumps*, indem sie Büffelherden in Aufregung versetzten und in Richtung der Klippen trieben. Die panischen Tiere schubsten dann die vorderen Tiere der Herde unfreiwillig über die Klippen, da die riesigen Herden, einmal in Bewegung geraten, nicht mehr rechtzeitig stoppen konnten. Unten am Fuße der Klippen warteten schon die Squaws, die den verletzten Tieren dann den Todesstoß versetzten und das Tier zerteilten. Dies war eine beliebte Form des Büffeljagens.

Als ich auf meinem Pony sitzend den weiten Horizont nach Indianern und Büffeln abtaste, weiß ich noch sehr wenig über den Stamm der Crow und über ihr Land, auf das ich hier so andächtig blicke. Erst in den nächsten Wochen werde ich mehr über sie erfahren.

Im weiteren Verlauf der Stunden auf den Weiden des Reservats unterhalte ich mich mit Rinderzüchter Bill, der sich meiner kleinen Gruppe angeschlossen hat, und ich frage ihn nach seinen Rindern. Er besitzt wahrlich zu viele von ihnen und hat ein wenig die Nase voll von der der harten Arbeit. Er wird im nächsten Jahr siebzig und erzählt mir, dass er das alles nicht mehr ohne Weiteres allein bewerkstelligen kann. Er ist froh, von uns heute Hilfe zu bekommen. Hilfe von mir ... ach, wie grotesk sich dieser Nebensatz für mich anhört. Dank Bill darf ich an einem *Cattle Drive* teilnehmen, mein lang ersehnter Traum!

Nein, Bill kann meine Begeisterung nicht verstehen, das unbeschreibliche Gefühl der Erlösung beim Anblick der

Weite, die Ruhe, der Frieden, der sich in meinem Inneren breitmacht, das warme Glücksgefühl in meinem Bauch. Er hat nie in einer Großstadt gelebt, nie war er jahrzehntelang in einem Büro eingesperrt, Bill war immer hier draußen in Montana bei Wind und Wetter, mit Rind, Ross und Hund und manchmal auch mit Shannon. Ich reite dicht neben ihm, damit ich seine leise Stimme besser hören kann. Spontan packt es mich, und ich reiche ihm beide Hände über das Sattelhorn herüber und schüttle kräftig die seinen. »Ich danke dir, Bill, danke, dass ich hier teilnehmen darf. Du kannst dir nicht vorstellen, was es für mich bedeutet.«

Bill ist überrascht und lacht verlegen. Ach, diese Europäer wieder, diese Großstadtneurotiker. »*Oh honey*, du bist jederzeit willkommen! Wir können auf unserer Ranch immer Hilfe gebrauchen, und hübsche junge Damen sind überhaupt recht selten hier.«

Bill hat recht behalten. Wir kommen immer wieder an Präriehundekolonien vorbei. Diese entzückenden hellbeigen Nagetierchen, vergleichbar mit der Größe und dem Aussehen eines Wiesels, wohnen in großen Familien. Sie graben ein verzweigtes Netz an unterirdischen Gängen mit Schlafhöhlen, Futterkammern und zahlreichen Notausgängen. Auch schütten sie Erdhügel auf, auf denen sie Wächter platzieren, die nach Feinden Ausschau halten. Wir gehören mit unseren Pferden und Hunden offenbar zu den Feinden, denn es wird mit hohen Pfiffen Alarm geschlagen.

Die Sorge der Nager ist berechtigt. Jason erzählt, dass die Präriehunde eine Plage darstellen, denn wo sich ihre Kolonien niederlassen, wächst kein Gras mehr auf den Weiden, es existiert nur noch blanker Sandboden. Auch stellen die Löcher eine Gefahr für Rinder- und Pferdebeine dar, und auch Klapperschlangen ziehen gern in die weitläufigen Behausungen ein. Nachdem nun »der weiße Mann« keine Büffel mehr aus Zügen heraus erschießen darf, schießt er jetzt auf Präriehunde. Jason erzählt weiter, dass dies in manchen Gegenden ein regelrechter Sport unter den Ranchern und Touristen geworden ist. Nachdem auch die Klapperschlangen zu den Feinden der Rancher gehören und umfangreich gejagt werden, können diese Jäger auch nicht beim Eindämmen der Präriehundeplage helfen, wie vermutlich von der Natur so angedacht war. Kann der Mensch die Natur nicht einfach mal in Ruhe lassen?

Die Stunden vergehen, und ich genieße von Herzen jede Minute auf dem kleinen Spice und jeden Augenblick neben dem charismatischen Pferdeflüsterer. Auch Jason scheint sich sichtlich wohl zu fühlen. Er strahlt bis zu den Ohren und lacht und scherzt. Er erzählt vom Leben in den Südstaaten, von seiner Familie und seiner Arbeit als IT-Supporter bei einer kleinen Logistikfirma.

Wie fast alle Einheimischen, die mir bislang in Montana begegnet sind, scheint Jason ebenfalls nur von mehreren Jobs leben zu können. Er besitzt eine kleine Ranch unten in Tennessee, auf der er Pferde und Reiter ausbildet – und zu meiner großen Überraschung auch Maultiere. Ich erfahre von ihm, dass die Ausbildung von Maultieren im Vergleich zu Pferden ein weit schwierigeres Unterfangen ist. Diese bekanntermaßen störrischen und sehr eigenwilligen Tiere ticken anders als Pferde, was das Fluchtverhalten und somit auch das Lernverhalten anbelangt. Ich erfahre ein weiteres Mal, dass Maultiere weit ausdauernder sind als Pferde, schwerere Lasten tragen können und auch häufig mit einer höheren Intelligenz ausgestattet sind. Nun, dass sie sehr stark und zäh sind, konnte ich in den Rocky Mountains schon beobachten.

Aber von Jason erfahre ich noch ein paar weitere interessante Details. Sollte ein *Mule* in Gefahr geraten, rast es nicht einfach unüberlegt davon wie ein Pferd, sie schätzen erst einmal die Situation ein mit allen Optionen und Möglichkeiten, dann erst handeln sie. Wenn der Halter sie gut behandelt, sind sie ihm treu ergeben und sehr arbeitswillig, aber sie verzeihen keine Fehler, keine Gewalt und keine Misshandlungen. Das hatte mir ja auch schon Tucker bei einem Ritt in den Rockies erzählt.

Trotz, aber auch gerade wegen all dieser Spezifika scheint die Beliebtheit der *Mules* in den USA ständig zu wachsen. Es heißt, wer einmal ein Maultier unter dem Sattel hatte, will nie wieder ein Pferd reiten. Ich selbst kann dies nach meinem Horrorritt mit Maultiermann Flower in den Rockies überhaupt nicht nachvollziehen. Aber tatsächlich werden heutzutage horrende Preise für gut ausgebildete Reitmaultiere verlangt, da sie an Zuverlässigkeit und Robustheit nicht zu übertreffen sind. Denn zu all den aufgezählten Vorteilen hinzukommend, brauchen sie weniger Nahrung als Pferde, recht selten einen Tierarzt, und auch Hufeisen sind nur in Ausnahmefällen vonnöten.

Nun, trotz Jasons melodiösen Lobeshymnen bin ich recht dankbar für meinen Spice und die strammen Rösser generell, und ich gedenke, beim Pferdesport zu bleiben und nicht auf die »Langohren« umzusteigen, so fabelhaft sie auch sein mögen. So war es doch zuletzt auch ihre Schönheit, Eleganz und Anmut, die mich mein Leben lang an das Pferd gefesselt haben.

Nachdem die Gesprächsthemen zu Ross, Reiter und Maultier schließlich abgegrast sind, kommt Jason auf die Politik zu sprechen. Er legt los und packt sich gleich das heikelste Thema, die Gesundheitspolitik. Nach dem ersten Satz ist klar, mein anmutiger charismatischer Pferdeflüsterer ist Erzrepublikaner, und zwar ganz rechts außen. Nichts anderes war auch zu erwarten.

Er schimpft mit ganzer Kraft auf die Errungenschaften der demokratischen Partei, allen voran auf Präsident Barack Obama mit seiner »Obamacare«. Er spricht von einer blanken Bedrohung des amerikanischen Wertesystems durch die im Juni verabschiedete Gesundheitsreform. Eine für alle Amerikaner verpflichtende Krankenversicherung sieht er als staatliche Überregulierung und als Eingriff in seine Freiheitsrechte sowie in sein ureigenes Recht auf Selbstbestimmung. Und dann kommt doch tatsächlich das bei uns Europäern immer mit einem Lächeln bedachte Totschlagargument: Barack Obama ist ein Kommunist, und das Land wird von den Demokraten unterwandert und zu einem sozialistisch kommunistischen Staat umgeformt.

Jason hat sich sichtlich in Rage geredet und wendet sich nun energisch an mich, um zu erfragen, wie wir Europäer denn die verheerenden Umstände in seinem Land betrachten. Und außerdem hätten wir in Europa mit sozialistischen Staatsformen ja reichlich schlechte Erfahrungen in der Vergangenheit gemacht. Ich antworte nicht gleich, sondern überlege fieberhaft, wie ich meine Sicht der Dinge einfach und leicht verständlich an einen stark ideologisch aufgeheizten und – ich kann es nicht anders sagen – wenig gebildeten Republikaner vermitteln kann. Mir ist sehr daran gelegen, die Situation zu entschärfen, schließlich reite ich in diesem Moment durchs wahrhaftige Paradies und will mich nicht mit der Ultrarechten des Landes streiten, und schon gar nicht, nachdem Letztere meist Schusswaffen in ihren Satteltaschen mitführen!

Ich antworte ruhig und mit bedächtiger Stimme, dass man in Europa eine solche Gesundheitsreform in keinster Weise als sozialistisch beziehungsweise kommunistisch werten würde, schließlich würde jedes europäische Land bereits über ein ähnlich geartetes Gesundheitssystem verfügen. Ich sage ihm, dass wir Europäer ein solches System als direkte Umsetzung der christlichen Nächstenliebe erachten. »Für uns ist solch ein Gesundheitswesen ganz selbstverständlich, und niemand würde es je infrage stellen. Es ist letztendlich nichts anderes, als ein guter Christ zu sein, seinem Nachbarn in Not zu helfen, unabhängig davon, was ein jeder besitzt oder auch nicht besitzt, und eben nicht nur an sich selbst zu denken, sondern füreinander da zu sein.«

Dieses wenig differenzierte Statement scheint den Pferdeflüsterer getroffen zu haben, er verstummt augenblicklich und reitet nachdenklich schweigend neben mir her.

Zwischenzeitlich treibt meine kleine Gruppe schon eine ansehnliche Rinderherde vor sich her. Wir haben mit den Pferden die für *Cattle Drives* übliche V-Formation gebildet, in deren Mitte sich die Rinder befinden. Mit diesem »V« aus Pferden und Reitern treiben wir die Herde vor uns her, jeder mit gebührendem Abstand zu seinem reitenden Nachbarn, schließlich müssen wir Hunderte von Rindern nach vorn bewegen, und es darf keines entwischen. Auch müssen wir aufmerksam auf die Kälber achten, sie dürfen ihre Mütter auf keinen Fall verlieren, sonst bricht das Chaos aus, weil die Mütter wenden, um nach den Kälbern zu suchen.

Die Anzahl der Bullen scheint sich in Grenzen zu halten, ich konnte bislang nur drei von ihnen ausmachen. Sie sind leicht an ihrer enormen Größe zu erkennen und an ihrem spezifischen Körperbau. Und wunderschön sind sie, diese tonnenschweren Black-Angus-Männer, wie Wesen aus der Fabelwelt, rabenschwarz, mit mächtigen Hälsen und edel geschwungenen Köpfen. Ihr Anblick erinnert mich an die Geschichte von Zeus und Europa aus der griechischen Mythologie, nach der Zeus, als Stier verwandelt, das Mädchen Europa auf seinem Rücken entführte, weil er sich in sie verliebt hatte.

Ich habe Respekt vor diesen Ungetümen, auch wenn sie keine Hörner haben, zu oft gibt es tödliche Unfälle mit den schwarzen Riesen. Je älter die Bullen werden, desto aggressiver werden sie, schließlich müssen sie riesige Herden bewachen und für Zucht und Ordnung sorgen. Bei dieser Aufgabe ist ihnen der Mensch meist im Wege, und sie werden schnell wütend, schrecklich wütend. Schon manch ein Cowboy wurde von ihnen gerammt und mitsamt dem Pferd umgeschmissen und totgetrampelt. Spice scheint sich vor ihnen nicht zu fürchten, vielleicht kann er Männlein und Weiblein nicht auseinanderhalten. Oder aber er sieht in ihnen nur verwandte Pflanzenfresser, deren Geruch er schon gut aus den Pferdetransportern kennt.

Die Rinder in unserer Mitte sind weder ängstlich, noch fühlen sie sich von uns bedrängt. Sie scheinen das Prozedere zu kennen und marschieren entschlossen voraus. Es geht wieder hinunter vom Hochplateau, und in der Ferne kann ich einige Reitergruppen von uns erkennen. Auch sie haben etliche Rinder aufgesammelt, und alles bewegt sich langsam in der Nachmittagssonne Richtung Osten.

Aus dem Augenwinkel sehe ich plötzlich, wie ein Mutterrind samt Kalb aus unserer Formation ausbüxt und auf einem schmalen Tierpfad hinter einen Hügel verschwindet. »Ich hol sie zurück!«, brülle ich fast schon hysterisch und will mir diese Aufgabe auf keinen Fall entgehen lassen.

Der gute Spice bekommt mit raschen Impulsen meine Waden zu spüren, und diesmal hat er den Befehl verstanden. Er spurtet los und scheut sich nicht, seine Kumpanen zurückzulassen. Wir flitzen im flotten Galopp den Pfad entlang und um den Hügel herum, der Mutter samt Kind dicht auf den

Fersen. Doch mein Angriff war wohl zu unbeholfen und energisch, denn das Muttertier fühlt sich jetzt sichtlich bedroht und rennt um sein Leben, dicht gefolgt vom Kälbchen. So war das nicht geplant.

Es hilft nun alles nichts, ich darf die Rinder nicht verlieren. Ich setze zum Kurzstreckenspurt an, schließlich ist dies Spice' Markenzeichen, und donnere an den beiden vorbei. Der Boden bebt, und der Horizont rast an mir vorüber. *Holy moly*, Spice hat noch ein paar PS mehr auf Lager als der schwere Moon und beschleunigt auf rekordverdächtige *miles per hour*. Ich glaube nicht, je auf so einem schnellen Pferd gesessen zu haben, und es wird mir etwas mulmig ums Herz, während ich in den Steigbügeln stehe und mit meinem Hinterteil nur noch zart die Sattelfläche berühre, um Spice bei seinem Endspurt nicht zu behindern.

Zum richtigen Zeitpunkt muss ich wenden und den Rindern den Weg abschneiden. Diese Vorgehensweise setze ich um, als der Pfad von enger werdenden Hügeln eingerahmt wird. Mit entsprechender Gewichtsverlagerung meines Körpers werfe ich mein Ross in eine scharfe Linkskurve, und den unerfahrenen Spice haut es im gestreckten Galopp beinahe seitlich um. Solch wilde Aktionen ist der Kleine nicht gewöhnt, und prompt verfällt er wieder in seine übliche Aufregung. Nun stehen wir mit den Rindern Auge um Auge und wenden uns von rechts nach links und von links nach rechts, um das Paar am Weitergehen zu hindern.

Spice hat das Geschehen nach wenigen Sekunden auf seine Art verstanden: Er sieht die Rinder nun als Feind. Stoisch schreitet er auf Mutter und Tochter zu, legt die Ohren flach nach hinten und schiebt die Nase nach vorn. Er ist jetzt aggressiv und zum Angriff gewappnet, und ich muss herzlich lachen. Sichtlich entsetzt wendet sich das Muttertier ab und trottet zurück auf den schmalen Rinderpfad, mit dem verängstigten Kälbchen im Schlepptau. Spice hat seinen Job hervorragend erledigt.

Wir reiten an diesem Tag noch viele Stunden beseelt durch die Wildnis, und ich könnte für immer so weitermachen. Mittlerweile sind auch die anderen Gruppen zu uns gestoßen, und wir haben ein noch größeres räumliches »V« gebildet als zu Anfang, um die vielen Hundert Rinder nach Osten zu bewegen.

Vor mir reitet Brandon mit seinem beigen Cowboyhut und wiegt seinen Körper sanft vor und zurück im Rhythmus der Pferdebewegung. Ich weiß, dass auch er jede Minute genießt, obwohl er schon unzählige *Cattle Drives* miterlebt hat, aber ein Naturbursche wie er, verbunden mit den Naturmächten der montanischen Prärie, wird des Anblicks der Landschaft nie überdrüssig werden. Er blickt über Stunden andächtig von links nach rechts mit zärtlichen Augen und einer tiefen Zufriedenheit im Gesicht. Auch ich werde des Anblicks nicht müde, spüre weder Schmerz im Gesäß noch in den Oberschenkeln, obwohl ich bereits seit sechs Stunden im steinharten Sattel sitze.

Ich blicke in die Ferne und sehe aus der Staubwolke der Rinder die Pryor Mountains aufsteigen, das satte Grün der Nadelbäume und die schroffen grauen Felsen. Dort drüben am Horizont gibt es noch Wildpferde und Berglöwen sowie die imposanten Grizzlys, die von den Behörden dort ausgesetzt wurden, weil sie im Yellowstone-Nationalpark für zu viel Ärger gesorgt hatten – ach, wie gern würde ich durch diese Gebirgswälder reiten. Mein Blick schweift aus der Ferne zurück und bleibt andächtig auf Brandons wohlgeformtem Hinterteil hängen. Ich seufze in tiefer Zufriedenheit über all die herrlichen Anblicke, die mir heute gewährt werden.

Als wir endlich auf den neuen Weidegründen angekommen sind, macht sich allgemeine Erleichterung breit, und selbst die Kühe haben verstanden, dass die Reise nun beendet ist. Sie zerstreuen sich und fangen wieder an zu grasen, während ihre Kälbchen trinken dürfen.

Wir steigen ab und machen eine kurze Liegepause auf dem staubigen Boden, der wunderschön weich ist und viel angenehmer als die fürchterlichen Westernsättel, und die Pferde dürfen etwas Gras fressen.

Mit Blick auf die untergehende Sonne im Westen treibt Jason bald zur Eile an, schließlich müssen wir den ganzen Weg zu den Pferdetransportern wieder zurückreiten. Diesmal erfolgt das aber nicht im sanften Schritt, sondern Jason trabt an der Spitze der Kolonne los. Keines der Pferde verspürt den Drang, nach vorn zu stürzen und die Führung zu übernehmen, sie sind alle vollkommen erschöpft und traben eher unwillig hinter ihrem Anführer her. Doch der Gedanke an den heimischen Stall lockt, und das Kavallerieregiment wechselt langsam in einen ruhigen und wohlorganisierten Galopp. Diesmal bilden wir um Jason wie von selbst ein umgedrehtes riesiges »V« und fliegen wie eine Vogelformation über die Prärie. Es ist ein Gefühl, für das mir nun endgültig die Worte fehlen, daher werde ich gar nicht erst versuchen, es zu beschreiben.

Als wir die Transporter mit der untergehenden Sonne erreichen, gelingt meinem kleinen Spice vor lauter Erschöpfung kaum noch das Einsteigen, und ich muss ihn ein wenig von hinten anschieben. Auch ich komme kaum noch auf den Rücksitz des Pick-up-Trucks. Und schon beim Losfahren bin ich auf der Rückbank tief und fest eingeschlafen.

Trotz Schlaglöcher und Bodenwellen komme ich erst wieder zu mir, als die Fahrzeuge abrupt stehen bleiben. Sind wir schon zurück auf der Ranch? Nein, wir befinden uns noch mitten in der Prärie, und der Pferdetransporter des vordersten Trucks hat einen platten Reifen. Oh weh, oh weh, und das in dieser Wildnis. Ich sehe, wie Jason ein Ersatzrad von der Laderampe hebt und es seinem Sohn Jed in die Hand drückt. Der Reifen ist fast so groß wie der Achtjährige, aber dieser trägt den Reifen zum Anhänger, als sei er aus Pappe. Ich traue meinen Augen kaum, als Jed auf den Fersen sitzend einen mächtigen Wagenheber unter den zweiachsigen Hänger schiebt und energisch drauflos pumpt, während sich Jason beim Auto eine Flasche Wasser aufmacht. Dass sich neun Pferde im Hänger befinden, scheint weder den Wagenheber noch die Zuschauer zu stören, und schon schraubt Jed den kaputten Reifen herunter und schiebt den neuen auf die Aufhängung. Holla, denke ich, was für eine Leistung für ein Kind – die Wildnis lehrt so manches eben früher! Im Nu sind wir wieder startklar, und ich kann meinen wohlverdienten Schlaf fortsetzen.

Das Indianerreservat der Crow

An einem frühen Abend, inzwischen arbeite ich schon über eine Woche auf der Ranch, komme ich als Erste zum Essen auf der Veranda an. Ich habe den ganzen Tag lang einen Wassergraben mit der Schaufel ausheben müssen und lasse mich nun langsam auf einem der Stühle nieder, denn ich spüre so gut wie jeden einzelnen meiner Knochen.

Michel, der inbrünstige Geschichtslehrer und Einsiedler, ist heute auch wieder anwesend. Er bringt mir ein Bier aus der Küche mit und setzt sich zu mir. Wir plaudern ein wenig über Gott und die Welt, und Michel verschränkt seine Arme hinter dem Kopf, um seinen offensichtlich ebenfalls schmerzenden Rücken nach hinten zu strecken. Dabei springt ein Knopf von seinem altertümlichen Hemd, und ich erhasche unfreiwillig einen kurzen Blick auf seinen teilweise entblößten Oberkörper – mit Schrecken blicke ich auf entsetzliche Narben auf seiner Brust. »Oh gütiger Gott, hast du mit einem Bären gekämpft, Michel?«, entfährt es mir. Michel lächelt geheimnisvoll.

Erst später am Abend erzählt er mir, dass er vom Stamm der Crow vor langer Zeit adoptiert worden war. Die heftigen und schlecht verheilten Narben auf seiner Brust stammen von dem grausamen Adoptionsritual, das zahlreiche nordamerikanische Indianerstämme auch heute noch in manchen Fällen praktizieren.

Die Crow hatten ihn an einem Fleischerhaken an einem Baum aufgehängt, den sie ihm durch den Brustmuskel gebohrt hatten. Am Baum musste er über viele Stunden in der Nacht hängen, ohne auch nur die kleinste Klage von sich zu geben. Nachdem er dieses barbarische Ritual mit Würde ertragen und überlebt hatte, wurde er für immer in den Stamm als einer der ihren aufgenommen. »Ich wollte unbedingt zu ihnen gehören, ich wollte sie so gern verstehen und ein Teil von ihnen werden«, sagt Michel nachdrücklich mit leiser Stimme zu mir. Ich nicke, aber noch weiß ich nicht so recht, was ich von all dem Erfahrenen halten soll, noch liegt der Sog dieses einzigartigen Urvolkes für mich im Verborgenen.

Die Crow-Indianer zogen schon im 16. Jahrhundert als Nomaden durch das südliche Montana und den Norden von Wyoming und lebten hauptsächlich von der Büffeljagd. Heute ist ihr Gebiet auf das fast zehntausend Quadratkilometer große Reservatgelände beschränkt, auf dem immerhin um die zehntausend Crow heute noch selbstbestimmt leben. Ihr Name beruht auf einem Irrtum der weißen Siedler, denn die Crow nannten sich selbst »Apsarokee« – Kinder des Vogels mit dem großen Schnabel. Die Weißen interpretierten den besagten Vogel als Krähe, *Crow*, obwohl es sich bei dem ursprünglichen Vogel um eine bereits ausgestorbene Art handelte.

Das entbehrungsreiche Leben der Crow veränderte sich im 18. Jahrhundert schlagartig, als sich vereinzelte Pferdeherden auf der Prärie ausbreiteten, die von Tieren abstammten, die die ersten Siedler zurückgelassen hatten. Einige Indianerstämme erkannten schnell den enormen Wert der Pferde und fingen sie ein, um sie zu reiten und als Lastentiere zu gebrauchen. Ein alter Indianer wird mir später erzählen, dass die Büffeljagd eine sehr mühselige Angelegenheit war, bevor es das Pferd gab. Neben dem eigentlichen Erlegen eines Tieres war die lange Wanderung hin zu den Büffelherden die größte Herausforderung sowie auch der Transport der Beute zurück in die Camps. Mithilfe der Pferde konnten nun große Distanzen leicht überbrückt werden und das Fleisch gut transportiert werden. Zudem war die Büffeljagd weit weniger gefährlich geworden, denn vom Pferderücken aus konnte man geschickter manövrieren und mit Pfeil und Bogen besser schießen als direkt vom Boden aus, und weit weniger Stammesgenossen kamen in der Folge zu Tode. An einem einzigen Tag konnte jetzt die Nahrung für eine ganze Woche oder gar einen Monat beschafft werden.

Auch kulturell hatte die Errungenschaft des Pferdes das Leben der Indianer verändert, denn jetzt hatten sie mehr Zeit, sich mit anderen Dingen zu beschäftigen. Die Crow galten nämlich als besonders gutaussehendes und eitles Volk und schmückten sich gern mit einfach allem, was die Natur in Montana so hergab, mit Süßwassermuscheln, Nüssen, Samen und hübschen Steinen. Es entstanden ab dieser Zeit wahre Kunstwerke an Kleidungsstücken, Waffen und Tipis. Nicht selten also widmeten sie sich der Kunst, aber weit öfter schmiedeten sie Kriegsstrategien gegen ihre größten Feinde, die Blackfoot-Indianer im Norden Montanas, die als besonders grausam und blutrünstig galten.

Man muss summa summarum festhalten, dass die Crow vielleicht der anpassungsfähigste Stamm der nördlichen *Native Americans* waren, denn sie gingen schon früh Handelsbeziehungen mit den Weißen ein. Sie machten sich deren Bedarf an Pferden und Fellen zu Nutze und betrieben rege Tauschgeschäfte mit den Siedlern. Dieses Verhalten ließ sie noch mehr zum Feind der übrigen Stämme werden und heizte die Konflikte und kriegerischen Auseinandersetzungen um ein Vielfaches an.

Auch heutzutage scheint es auf den ersten Blick, als ob der Stamm der Crow besser in der modernen Welt zurechtkommt, als dies viele andere Stämme tun. Wenn man dann aber Statistiken von Lebenserwartungen unter Crow-Indianern betrachtet, kommen wieder Zweifel auf, denn die Lebenserwartung eines männlichen Crow liegt heute bei sechsundfünfzig Jahren. Bei einem Besuch im Reservat der Blackfeet einige Jahre später im Norden Montanas war ich dann aber doch wieder von der ursprünglichen Theorie überzeugt. Denn dort traf ich nur auf Alkoholismus, Drogen und Verzweiflung. In die weltweiten Schlagzeilen kam der Stamm der Crow 2008, als sie Barack Obama in einer aufwendigen Zeremonie als Sohn des Stammes adoptierten (man hatte wohl in diesem speziellen Fall von den üblichen Folterritualen abgesehen). Kurz darauf im selben Jahr wurde er zum amerikanischen Präsidenten gewählt.

Der vergleichsweise geringere Schaden, den die Crow durch die weißen Einwanderer im Vergleich zu anderen nördlichen Stämmen zu verzeichnen hatte, war weitestgehend ihrem letzten großen Häuptling zuzuschreiben, dem tapferen und klugen Chief Plenty Coups. Plenty Coups wurde als erfolgreicher Krieger mit achtundzwanzig Jahren, im Jahre 1876, Häuptling der Crow. Dies war bezeichnenderweise auch das Jahr der großen Schlacht um Little Bighorn, von der uns Michel an meinem Ankunftsabend schon erzählt hatte. Plenty Coups hatte die Crow mit General Custer verbündet und kämpfte mit einigen Kriegern auf der Seite der weißen Eroberer.

Dieses auf den ersten Blick unverständliche Vorgehen hatte seine Wurzeln in Chief Plenty Coups' frühen Visionen, in denen er vorausgesehen hatte, dass er seinen Stamm nur vor der totalen Vernichtung bewahren könne, wenn er mit den Weißen kooperiere. Und seine Rechnung ging auch auf. Die Eroberer verschonten seinen Stamm in den vielen Massakern nach der Schlacht um Little Bighorn.

Später reiste Plenty Coups unzählige Male nach Washington, um für die Rechte seines Stammes zu kämpfen und gegen die Verkleinerung des Reservatgeländes durch den Rohstoffabbau und die Landwirtschaft der Weißen. Mit seiner Strategie führte er sein Volk in Frieden in das 20. Jahrhundert. Viele andere nordamerikanische Stämme wurden vollständig deportiert und auf kleine, kaum fruchtbare Reservate beschränkt, nachdem man sie zahlenmäßig durch Ermordung und Krankheit stark dezimiert hatte oder sie gar völlig vernichtet hatte. Plenty Coups aber hatte durch hervorragende Diplomatie, Verhandlungsgeschick und gute Kenntnisse der englischen Sprache erreicht, dass die Crow auf ihrem Land bleiben durften.

Der kluge Häuptling hatte die Entwicklungen vorausgesehen und konnte mit Weitsicht und politischer Geschicklichkeit sein Volk und seine Kultur unter den schwierigen Umständen einigermaßen bewahren, während andere Stämme ganz oder nahezu untergingen.

All dies erfahre ich an einem heißen sonnigen Nachmittag, als die Arbeit auf der Ranch früher als gewohnt erledigt ist und Marvin uns mit seinem Pick-up-Truck zu einem Ausflug ins Crow-Reservat hineinfährt. Nach etwa einer Stunde Fahrt, bei der wir uns ein Bierchen aus dem Cooler gönnen, kommen wir in einer kleinen Parkanlage an, auf der ein rundes Gebäude aus Naturstein steht, das sich bei näherer Betrachtung als Besucherzentrum des Crow-Reservats entpuppt. In der Ferne kann ich das Dörfchen Pryor ausmachen. Dort leben zahlreiche Stammesmitglieder in stark verwahrlosten Holzhäusern, mit vermüllten Gärten davor, in denen neben all dem Abfall und Geröll auch Pferde grasen.

Wir betreten andächtig das Visitor Center und gehen an den Glaskästen mit altem Federschmuck und traditionellen

Waffen vorbei. Es sind alte Zeitungsartikel ausgestellt, Geschirr, Zeltmaterial, geschmückte Kleidung aus Leder sowie auch Werkzeug. Ich sehe mir alles genau an, bin aber weit mehr an einem Gespräch mit der indianisch aussehenden älteren Dame hinter dem Front-Office-Schreibtisch interessiert. Meine Ranchkollegen scheinen weit weniger Interesse am Vermächtnis der Ureinwohner zu haben als ich, denn sie haben das Gebäude schon wieder verlassen.

Ich wende mich an die ältere Dame hinter dem Tisch und stelle mich vor. Ich erzähle ihr von meinem gestrigen *Cattle Drive* durch das Reservatgelände und wie schön doch die Pryor Mountains von der Ferne ausgesehen haben. Ich erzähle ihr einfach alles, was mir gerade Vernünftiges in den Sinn kommt, um eine Konversation in Gang zu bekommen. Bernadette Smith, die sympathische Frau vom Stamm der Crow, fängt bald ebenso freimütig an zu erzählen. Nach einer Weile der Konversation blickt sie nachdenklich zu Boden und sagt im Flüsterton zu mir: »Wissen Sie, wir haben eigentlich schon geschlossen, aber Sie sind von so weit her aus Europa gekommen und verdienen es, hereingelassen zu werden, um sich umzusehen.« Mit dieser überraschenden Einladung greift sie unter den Tisch und holt einen großen verrosteten Schlüssel an einem ebenso verrosteten Metallring hervor. »Folgen Sie mir!«

Bernadette führt mich zur Hintertür des Rundbaus hinaus in einen einfachen Garten mit einer Rasenfläche und hochgewachsenen Pappeln. Hier stehen zwei uralte Blockhäuser aus Baumstämmen, die mit Sicherheit aus der Zeit um die Jahrhundertwende stammen. »Dies ist das Haus, in dem unser berühmter Häuptling Chief Plenty Coups während seiner letzten Jahre lebte. Nehmen Sie den Schlüssel und gehen Sie hinein. Geben Sie Acht auf seinen Geist, der immer noch in diesem Haus verweilt ... Wenn Sie wirklich das sind, wofür ich Sie halte, dann werden Sie ihn spüren.« Mit diesen Worten lässt mich Bernadette allein im Garten stehen.

Einige Minuten bewege ich mich vor lauter Ehrfurcht nicht von der Stelle. Dann schreite ich entschlossen dem altertümlichen Haus entgegen und schließe die Eingangstür auf. Innen ist es dunkel, und das grelle Tageslicht, das von außen durch die Tür strömt, lässt nur wenig erkennen. Es kommt mir ein modrig rauchiger Geruch entgehen, wie man ihn nur von ganz alten Holzhäusern kennt, ein Geruch, der aus der Vergangenheit erzählt, der die Kaminfeuer der letzten hundert Jahre in sich trägt, die gekochten Gerichte der indianischen Frauen, die Räucherzeremonien mit glimmendem Salbei, um böse Geister zu vertreiben. All diese Sinneseindrücke fließen wie ein heftiger Regenschauer über mich, und ich harre einen Moment im Türrahmen aus, um die Eindrücke gebührend in mich aufzunehmen. Dann trete ich ein in die Dunkelheit.

Ich stehe in einem Empfangszimmer aus dunklem Holz. Die knarrenden Dielen sind von Rauch und Ruß fast schwarz verfärbt, und man sieht ihnen ihr hohes Alter an. Die Wände und die Zimmerdecke sind aus stark verrußten Baumstämmen gefertigt. An der einen Wandseite befindet sich ein uralter offener Kamin, auf dem eine große Büste aus Bronze steht, der charaktervolle und furchteinflößende Kopf des Chief Plenty Coups in Übergröße. Seine Augen sind schmal und lassen den asiatischen Einschlag erkennen, sie liegen weit auseinander im breiten Gesicht. Seine hohen Wangenknochen haben die charakteristische indianische Form, die mich schon im Bus von Great Falls nach Billings an den Blackfoot-Indianern so fasziniert hatte. Die künstlerisch nachgebildete Haut zeigt die Spuren eines entbehrungsreichen Lebens und das hohe Alter des Häuptlings, die Nase erinnert in ihrer Form an einen Adlerschnabel. Es geht eine ganz besondere Schönheit von seinem Gesicht aus, eine friedvolle Erhabenheit, eine Souveränität, wie man sie nur bei großen Staatsmännern findet.

Um die Büste herum liegen überall Opfergaben, denn dies hier ist ein heiliger Ort. Ich sehe Vogelfedern, getrocknete Kräuter, Moose, besondere Steine und kleine Salbeibündel, und ich hüte mich, irgendetwas anzufassen, denn dazu habe ich kein Recht. An der Wand rechts und links von der Büste hängen zwei imposante Tierköpfe. Der eine ist ein ausgestopfter Büffelkopf, der andere ein Wapiti mit ausladendem Geweih.

Ich schlendere weiter durch das Haus und betrete die Küche. Auch dort sind die Wände vollkommen verrußt, aber einen Herd oder eine Feuerstelle scheint es nicht mehr zu geben, dafür hat man Zeitungsartikel in Glasvitrinen ausgestellt und Informationstafeln aufgestellt. Einige von ihnen lese ich, aber dann möchte ich mir den ersten Stock des Hauses ansehen.

Ich gehe zurück in das Empfangszimmer und von dort aus eine enge Holztreppe nach oben. Die Wände der oberen zwei Zimmer sind mit altmodischen, schmutzigen Tapeten beklebt, wie man sie aus alten Häusern in England kennt. An manchen Stellen haben sie Risse bekommen oder hängen an den Kanten herab. Im Schlafzimmer steht ein vergilbtes eisernes Bettgestellt, das schon einige Rostflecken zeigt, und ein hölzerner Schaukelstuhl. Ich blicke andächtig umher und nehme die Eindrücke in mich auf. Der Blick aus den Fenstern, die noch aus handgefertigtem, unebenem Glas bestehen, bietet eine herrliche Aussicht. Ich sehe, so weit das Auge reicht, die Prärie in ihren wunderbaren Gelbtönen und die Pryor Mountains in der Ferne – mein Gott, wie diese Landschaft mich berührt, mich verzaubert.

Vorsichtig setze ich mich in den knarzenden Schaukelstuhl, der in einer Ecke platziert wurde. Ich atme tief ein und nehme den Geruch des Hauses ganz bewusst wahr. »Hier hast du also die letzten Jahre deines langen Lebens verbracht, Chief Plenty Coups. Ich hoffe, du konntest an diesem Ort glückliche Stunden finden, Stunden des Friedens. Du warst so tapfer, so stark. Dein Stamm hat dich für deine Entscheidungen oft gehasst. Sie waren so anders als die der anderen Häuptlinge, so gar nicht von Stolz, Würde und hitzigen Emotionen geprägt, sondern von Unterwerfung, Vernunft, Weitsicht. Ungewöhnlich. Du hast das alles getan, um die Deinen zu schützen, um sie leben zu lassen. Dabei warst du selbst der beste Krieger von allen. Du musst ein wahrhaft großer Mann gewesen sein, Chief Plenty Coups, der größte Krieger auf dem nördlichen Kontinent, wie die Menschen in Montana sagen. Ich hätte dich so gern kennengelernt. Aber was wäre ich gewesen neben dir, ein Niemand, vielleicht ein weißer Feind?

Ich spüre Bewegung im Raum, Bewegungen, die aus mir kommen. Oder ist es nur der Schaukelstuhl? Ich rieche den alten Rauch, höre den Wind in den Pappeln rauschen und ein Knarren im Gebälk. Aber ich spüre noch mehr. Ich spüre die Kräfte in diesem Zimmer. Draußen bellt ein Hund in der Ferne. Ich möchte den Geist des alten Häuptlings fühlen, möchte ein Teil werden mit dieser Welt, wie sie einmal war, wie sie ist, wie sie sein wird. In den Wolken über mir ruft ein Bussard, wieder und immer wieder. Ich spüre ein unsichtbares Drücken an meiner linken Seite und dann von hinten, als sei ich im Wasser und eine Welle würde mich schieben. Im Geiste höre ich Trommeln, ganz leise, nehme weit entfernte Gesänge wahr, es sind die *Sun Dances.* Feuersäulen flackern in den Himmel. Ich sehe sie vor mir in der Ferne, sie tanzen, tanzen mit verzerrten Bewegungen um die Feuer. Es ist Nacht. Es sind fremde Laute, keine Melodien, sondern Geräusche, die tief aus den zuckenden Körpern kommen. Sie tragen

Felle und seltsame Bemalungen auf ihrer Haut. Sie bewegen sich in Kreisen, endlose Bewegungen in Zirkeln immer weiter um das Zentrum, das Feuer, die allgegenwärtige endlose Kraft, die Sonne, das Zentrum des Universums. Es ist der Zyklus der Natur, der ewigen Mächte, die Lebenskräfte der Welt. Durch Rauchschwaden sehe ich sie vor mir, wenn auch in weiter Ferne, in einer anderen Zeit, in einem anderen Raum.

Ich sitze noch eine ganze Weile so da und lausche den Klängen in der Ferne. Draußen nähert sich die Sonne dem Horizont, es wiehert ein Pferd in Pryor, und ich komme langsam wieder zurück in dieses Zimmer. Langsam gehe ich die Treppe hinab und flüstere noch einmal seinen Namen: »Plenty Coups, großer Krieger.« Ich küsse meine Fingerspitzen und werfe der Büste in Zeitlupe meine Handfläche entgegen. »Mögen sich eines Tages unsere Wege kreuzen in den ewigen Jagdgründen. Ich werde zurückkehren zu dir an diesen Ort.«

Ich trete zur Haustür hinaus in die Abendsonne, immer noch tief in meine Gedanken versunken. Vor dem Haus im Rasen steckt ein kleines Holzschild im Boden mit einem Pfeil darauf: »Heilige Quelle des Chief Plenty Coups«. Ich folge dem Pfeil und finde hinter einem Gebüsch einen winzigen Teich, der von einer kleinen Quelle gespeist wird. In den Büschen und Pappeln rund um das kleine Gewässer hängen farbige Notizzettel, Vogelfedern, Schleifen und bunte Bänder. Es scheint, als hätten manche Leute Opfergaben gebracht und in den Büschen befestigt. Hier fließt also das heilige Wasser, das von den Medizinmännern der Crow geweiht wurde.

Ich setze mich auf meine Fersen und tauche meine Finger in den Teich, und die klare Oberfläche kräuselt sich. Da fällt mir siedend heiß ein, dass Marvin und die anderen ja auch noch da sind! Oh Gott, hoffentlich sind sie nicht ohne mich abgefahren. Ich springe auf und renne zum Parkplatz, aber aus der Ferne kann ich schon den roten Pick-up-Truck erkennen, sie sind also alle noch da. Die Jungs haben im Auto das restliche Bier getrunken und sind etwas angeheitert. Sie unterhalten sich während der Rückfahrt über dies und das, wer mit wem ... und was die Landwirtschaft macht und dass es im Nachbardorf einen Brand gegeben hat. Ich selbst sage nicht viel, es scheint den Jungs gar nichts ausgemacht zu haben, so lange auf mich warten zu müssen. Zeit spielt in der Prärie einfach keine Rolle. Oder war ich vielleicht gar nicht so lange weg? Eine Ewigkeit in Raum und Zeit und doch nur einen Moment.

Irgendwann fragt mich Marvin völlig überraschend, ob ich aus der heiligen Quelle des Chief Plenty Coups getrunken habe. Für einen Moment wird es still im Truck, und alle drehen sich zu mir. »Oh, nein, leider, nein«, sage ich entgeistert. »Auf die Idee, dieses Wasser zu trinken, bin ich gar nicht gekommen. Oje, wie schrecklich schade ...« Dieses Versäumnis scheint niemand weiter schlimm zu finden, aber ich bin ganz entsetzt und betreten. Auf diese Weise hätte ich einen kleinen Teil von der indianischen Welt mitnehmen können. Nun ist es zu spät.

Cody – die Stadt des Buffalo Bill

Quer über den Frühstückstisch ruft mir Ranchbesitzerin Lillian zu, dass wir am heutigen Abend alle nach Cody fahren werden, um uns das berühmte Rodeo anzusehen, an dem auch ein paar Nachbarn aktiv mitwirken. *Oh boy and yippie yeah*, darauf freue ich mich mächtig, ein Abend mit all den bildschönen Cowboys, Pferden und Bullen und was sonst noch so dazu gehört. Aber Cody, das ist ja unten in Wyoming – die Hochburg des Wilden Westens, die Stadt des Buffalo Bill –, nicht gerade um die Ecke. »Wie lange dauert die Fahrt dahin denn?«, frage ich Lillian. »Oh, es ist nicht weit von hier, nur zweieinhalb Stunden.« Da haben wir wieder das berühmte montanische Zeitgefühl; zweieinhalb Stunden Autofahrt sind in diesem Staat zu vernachlässigen und jederzeit in Angriff zu nehmen, um jemanden zu besuchen oder eben an einer Veranstaltung teilzunehmen.

Bevor wir aber am Nachmittag losfahren, steht noch einiges an Arbeit an. Es müssen auf der anderen Seite des Hügels die Zäune der Büffelweide repariert werden. Sollte ein Buffalo ausbrechen und sich zwischen den Feldern verselbstständigen, wäre dies eine höchst gefährliche Angelegenheit, da diese Tiere nicht gerade für ihre Sanftmut bekannt sind und man sie auch nicht mal eben mit einem Lasso einfangen kann wie eine Kuh. Man müsste das wertvolle Tier mit einer großkalibrigen Waffe erschießen, bevor es jemanden zu Tode trampelt oder mit den Hörnern aufspießt. Daher sehe ich den Ernst der Lage ein und melde mich freiwillig zum Zäunereparieren.

Tye ist beauftragt, den Reparaturtrupp anzuführen, und wir hüllen uns gleich nach dem Frühstück in Arbeitskleidung, schützende Handschuhe und Cowboyhut, packen die Werkzeuge auf den kleinen *Four Wheeler* und fahren auf die andere Seite des Hügels. Es hat sich auch noch Richard zu uns gesellt, ein weiterer Gast der Ranch, der sich selbst während der Mittagshitze der letzten Tage als fleißiger Arbeiter entpuppt hat. Wir tuckern mit dem Quad auf dem Feldweg vor uns hin, und Tye kann sich die ein oder andere süffisante Bemerkung natürlich wieder nicht verkneifen. Ich ignoriere den arroganten und selbstverliebten Cowboy weitestgehend – wäre ich nicht so eine gute Reiterin, hätte ich dank ihm die letzten Wochen im Krankenhaus zugebracht, und das wäre dann das vorzeitige Ende meiner Reise gewesen. Tye ist ein Mistkerl! Ihm scheint unser kleines Spice-Rodeo zumindest etwas peinlich zu sein, und er versucht, die Wogen mit Konversation zu glätten.

Angekommen am beschädigten Zaun, steigen wir alle vom Fahrzeug, und Tye zeigt Richard und mir, wie der Zaun repariert werden muss. Wir knien im Staub der Prärie zwischen Büschen und Kakteen, ich halte Zange und Drähte fest in der Hand und hoffe, dass sich noch kein Büffel durch den Zaun geschlagen hat. Ich breche mir fast die Finger, um die dicken Drähte in Form und an die richtige Stelle zu bringen. Da kniet auch schon Tye hinter mir oder besser gesagt über mir. Aha und sapperlot aber auch! Da greift der Weiberhelden-Cowboy auch schon an, schmiegt seine wohlgeformte Brust an meinen Rücken und umarmt mich von hinten, um den Zaundraht am Pfosten zu befestigen. Nur weil er so gut duftet, so herrlich nach Heu und Pferd und einem sanften männlichen Aftershave, schüttle ich ihn nicht gleich ab.

Und da habe ich auch schon seine Wange an meinem Haar, und er flüstert in mein staubiges Öhrchen: »Hmm ... du riechst wundervoll.« Einen Moment lang bin ich verwirrt, weil er mir genau das sagt, was ich gerade auch über ihn gedacht habe. Ich drehe mich noch immer nicht um, denn ich habe keine Lust, in Tyes Gesicht mit dem breiten Verführergrinsen zu schauen. Und das hat er ganz gewiss aufgesetzt, das spüre ich auch so. Irgendwie ist es aber auch ganz schön, von diesem Traumkörper umwickelt zu werden, und ich brumme daher nur leise vor mich hin: »Tye, *honey baby*, was für ein Jammer, dass deine Freundin heute Morgen nach Schottland zurückreisen musste. Ich hoffe, dass du nicht allzu sehr darüber verzweifelt bist – sie war es auf jeden Fall, ich habe sie den ganzen Morgen weinen gesehen.«

»Ah yes, das war in der Tat ein sehr trauriger Abschied«, erwidert Tye theatralisch.

Ich sage süffisant: »Du bist so ein guter Zaunreparierer, Tye, welche anderen Dinge kannst du noch so gut?«

Nach dieser filmreifen Kommunikation höre ich Richard hinter seinem Busch ächzen, der Arme hat sich einen verrosteten Draht in den Finger gebohrt. Tye springt pflichtbewusst auf, um Richard zur Hilfe zu eilen, und reicht ihm ein stark verschmutztes kariertes Taschentuch, das sich Richard hastig um seinen Finger wickelt. Mit Blick auf die unschöne Verletzung schicke ich Tye und Richard zurück zur Ranch, die Wunde muss gut gereinigt und desinfiziert werden. Ich selbst bleibe mit einer Wasserflasche zurück und mache mich weiter an den Zaundrähten zu schaffen, den Blick immer wieder auf die friedlich grasenden Büffel gerichtet und hin und wieder auch auf die sandige Prärie, ob sich da nicht eine der zahlreichen Klapperschlangen anschleicht.

Später in meinem Hüttchen werden alle Register gezogen, die Cowboystiefel aufgebürstet und poliert, die Haare gewaschen und mit Haarspray toupiert, die Blumenbluse geschüttelt und die engen Jeans entstaubt. Auch wird Make-up aufgelegt, reichlich Parfüm versprüht und der Cowboyhut in eleganter Pose auf dem Kopf platziert. Ich fische noch meinen »Super Push« aus dem Koffer – ein Must-have für jede Reiterin –, ein BH, bei dem rein gar nichts verrutscht und keine Pferdebewegung den wohlgehüteten Busen erschüttert. Ganz nebenbei wird auch noch die Körbchengröße erhöht, was im Wilden Westen meines Erachtens gut ankommt. Ich sehe seitlich im Spiegel, dass Dolly Parton vor Neid erblassen würde. Es kann losgehen. Ich marschiere mit schwingenden Hüften hinüber zu den Pick-up-Trucks, und Jason der Pferdeflüsterer ruft schon von Weitem: »Julia, du kannst mit uns fahren!« Ich springe mit den zwei Schwedinnen Lena und Katherina auf die Rückbank des Trucks, Jasons Frau Denise und Sohn Jed steigen vorn ein, das Töchterchen bleibt zuhause im Pferdetransporter.

Unsere illustre Runde tuckert laut schwatzend im Zeitlupentempo über die montanische Landstraße. Es geht um Pferde, Countrymusik, Europa und wie man in Tennessee so in die Schule geht, nämlich gar nicht. Jason erzählt, dass seine Frau die gemeinsamen Kinder selbst unterrichtet. Ich frage Denise behutsam, was sie denn studiert habe, und erhalte eine nicht ganz verständliche Antwort. Auch sie habe vorzeitig ihre Ausbildung abgebrochen und nie einen Abschluss gemacht. »Aha«, sage ich. Hm, ja, so etwas kann man sich in Europa wahrhaftig nur schwer vorstellen – Kinder, die nicht in die Schule gehen. Da verwundert es nun nicht, dass es sehr viele Menschen in den Vereinigten Staaten gibt, die nicht lesen und schreiben können.

Ich frage mich, ob der kleine Jed ordentlich schreiben kann. Auf der anderen Seite hat er die letzten Tage mit ganz außergewöhnlichen praktischen Fähigkeiten geglänzt, und wenn ich es mir genau überlege: Was hat mir schon meine ganze Studiererei gebracht? Anwenden konnte ich von all dem Gelernten nur wenig. Und das, was wirklich wichtig gewesen wäre, hatte man mir ohnehin nicht beigebracht, nämlich wie man als rechtschaffene gutgläubige Frau in der aggressiven und intriganten Männerwelt der deutschen Industrie überleben kann, ohne bleibenden Schaden zu nehmen, wie man die allgegenwärtigen männlichen Widersacher mit ihren eigenen Waffen schlägt und mit List und Tücke im Hamsterrad agiert, um das eigene Überleben halbwegs zu sichern und dabei bei klarem Verstand zu bleiben.

All dies geht mir so durch den Kopf, als ich mit leerem Blick aus dem Fester starre und in der Ferne die Silhouette der Beartooth Mountains betrachte. Dann spricht mich wieder Denise an. »Ach, Julia, weißt du zufällig, ob der Adlerhorst auch im Winter geöffnet hat?« Adlerhorst, Adlerhorst, was war das noch mal? Ich grüble eine Weile, dann fällt mir etwas ein. Ach, du liebe Güte, war das nicht das unscheinbare Berghaus von Adolf Hitler irgendwo in Bayern? »Wir wollen da so gern mal hinreisen, aber im Sommer haben wir immer viel zu viel Arbeit um die Ohren.«

Ich bin vollkommen verdattert und sage erst einmal gar nichts. Dann muss es aber doch raus: »Der Adlerhorst? Wie kommt es, dass ihr nicht unsere wunderschönen Schlösser und großartigen alten Städte besichtigen wollt, sondern dieses unscheinbare Heim des größten europäischen Massenmörders aller Zeiten, der Millionen von Menschen ermordet hat?« War dieser Kommentar etwas zu heftig formuliert? Sie antwortet nach einem kurzen Moment des Nachdenkens: »Nun, er war ja dennoch eine sehr imposante historische Persönlichkeit.« Ich sage: »Nein, das war er nicht. Er war nur ein Psychopath, der Tod und Verderben über die Deutschen und die ganze Welt gebracht hat, und wir Deutschen schämen uns zutiefst für ihn.«

Die gute Stimmung im Pick-up-Truck ist jetzt erst einmal ruiniert, aber meine Toleranz kann so weit wirklich nicht gehen. Nur zu gut habe ich noch Jasons Hasstiraden gegen die Gesundheitsreform und gegen Präsident Barack Obama im Ohr. Sitze ich hier etwa mit Mitgliedern des Ku-Klux-Klans im Auto, Antisemiten oder sonst einer radikalen evangelikalen Bewegung? Meine eigene Stimmung ist auch im Eimer, und sollten diese sympathischen Menschen aus Tennessee tatsächlich Rechtsradikale sein, so wäre dies hoch enttäuschend. Aber vielleicht sind sie einfach nur hoffnungslos ungebildet und schlecht informiert. Dass solche Bürger dann ihre Kinder selbst unterrichten dürfen, ist allenthalben äußerst bedenklich.

Wie ich später erfahren werde, gehört dieser sanftmütige und sehr attraktive Pferdeflüsterer tatsächlich einer extrem evangelikalen und sektenartigen Bewegung an. Dies erklärte dann auch, warum die Frauen seiner Familie ausschließlich lange Röcke tragen, sogar auf dem Pferd, und ihre Haare bis zu den Kniekehlen hinab.

Lena rettet die Situation, indem sie ihr großes Handy hervorholt und uns Bilder von ihren Pferden in England zeigt. Es stellt sich heraus, dass die schwedische Lena im Süden Englands ein beachtliches Zuchtgestüt besitzt und über hundert Pferde ihr Eigen nennt. Sie züchtet Appaloosas, diese optisch höchst ungewöhnliche und farbenfrohe Rasse, die uns Jason auf dem *Cattle Drive* so imposant vorgestellt hatte. Sie erzählt, dass sie die einzige Züchterin dieser Rasse auf englischem Grund und Boden ist.

Lena ist auf unsere Ranch gekommen, um Jasons Methode des Anreitens von Jungpferden zu erlernen. Zweifelsohne muss Jason in England bekannt sein, denn Lena erzählt weiter, dass regelmäßig Kollegen und Geschäftspartner von ihr zu Jason nach Tennessee fliegen, um sich von ihm ausbilden zu lassen. (Kann so ein sanfter und fähiger Pferdemann wirklich ein Rechtsradikaler sein?)

Im letzten Jahr durfte Lena ein paar ihrer Pferde der Königin Elisabeth II. vorstellen, und zwar auf der Royal Windsor Horse Show, bei der ich selbst vor einigen Jahren mal Zaungast war. Die Königin habe ihr damals die Hand geschüttelt, und der größte aller Pferdeflüsterer, Monty Roberts, habe ihr auf dieser Veranstaltung zugewinkt.

»Wirklich?«, rufe ich. »Wie fabelhaft! Meine Güte, Lena, was bist du nur für ein Glückspilz! Dein Hobby ist also dein Beruf, dein Leben, dein alles ... Wie hast du das nur so geschickt eingefädelt? Wie hast du dein Leben nur so erfolgreich in die richtigen Bahnen gelenkt?« Manchmal muss man beherzte Fragen stellen, um von erfolgreichen und geschickten Leuten zu lernen, und mir ist meine Unverblümtheit in keinster Weise peinlich.

Lena schiebt schmunzelnd weitere Bilder über ihren Bildschirm. Nach Aufnahmen von Pferden mit ungewöhnlicher Farbschattierung erscheinen nun unzählige Fotos von Fahrzeugen der Marke Mercedes-Benz, gefolgt von einem Aston Martin. »Mein Mann sammelt Sportwagen. Er ist der CEO einer britischen Bank.« Da sind wir des Rätsels Lösung also nähergekommen: Lena verfügt über einen steinreichen Ehemann, der ihr aufwendiges Hobby finanziert, denn mit dem Züchten von Pferden ist bislang selten jemand reich geworden.

Mit dem Blick aus dem Fenster hänge ich weiter meinen Gedanken nach. Gibt es eigentlich irgendetwas, was ich in der Vergangenheit mal richtig gemacht habe? Ein paar Aspekte vielleicht schon, aber in der Auswahl meiner männlichen Lebenspartner habe ich auf der ganzen Linie kläglich versagt. Dies wird mir heute und hier im Auto mehr denn je bewusst.

Alle waren sie entweder von Psychosen und Depressionen, Schwermut und Antriebslosigkeit gebeutelt, oder aber am Hungertuch nagende gescheiterte Existenzen, oder aber beides zusammen. »Bravo, Julia«, sage ich innerlich sarkastisch zu mir, »bravo und *well done!*«

Im Zeitlupentempo rollen wir mit den Strahlen der Nachmittagssonne in Cody ein, und es ist auf den ersten Blick klar, dass dies hier eine echte Westernstadt ist. Die Straßen sehen aus wie die Filmkulisse eines alten Wildwestfilms, und man wartet instinktiv auf John Wayne, der gleich um die Ecke biegt. Es stehen neben Cowboys Frauen in langen altmodischen Kleidern und Hüten auf den Gehwegen. Es gibt Saloons und Geschenkläden, Musikgeschäfte für Countrymusik, Geschäfte für indianische Accessoires sowie sogenannte *Tack Shops*, Läden für Reiterbedarf, *my favorite*. Auch stehen auf den Straßen überall Harley-Davidson-Motorräder, und wilde Rocker humpeln die Touristenmeile entlang.

Wir finden am Straßenrand einen Parkplatz, und Jason verkündet, dass er ein bestimmtes Buch im Buchladen kaufen möchte, wir sollten uns doch alle in einer halben Stunde im Saloon Irma treffen. Ich flitze los und hechte in den nächstliegenden *Tack Shop* – ein wahres Paradies. Es gibt Sättel, Zaumzeug und Halfter, Bürsten und Stricke, Cowboystiefel und lange Mäntel aus gewachster Baumwolle, und es duftet herrlich nach Lederfett und Pferdefutter. Ich kaufe einen langen Führstrick, ein Halfter und eine besondere Fellbürste und mache viele Fotos von den Westernsätteln, die eher Kunstwerke als Gebrauchsgegenstände sind. Die Preise dieser Prachtstücke liegen zwischen zehn- und dreißigtausend US-Dollar, also keine Anschaffung, die man mal eben nebenbei tätigt. Dann ist es auch schon Zeit, und ich laufe zügig in Richtung Stadtmitte, wo sich das berühmte Hotel Irma mit seinem beliebten

Saloon befindet. Vor über hundert Jahren wurde es von Buffalo Bill selbst erbaut und ausgestattet.

Als ich am Hotel ankomme und meinen Blick auf das imposante Gebäude richte, kommen alte Erinnerungen in mir hoch. Ich war schon einmal hier, und zwar 1986. Dies hatte ich, wie so vieles andere auch, vollkommen vergessen. Meine Schwester und ich machten damals mit meinen Eltern eine sechswöchige Rundreise durch den Wilden Westen der USA mit einem Wohnmobil, eine Reise, die mich damals als Teenager ordentlich aus der Bahn des Schulalltags warf.

Ich trete ein in die altertümliche Zeitmaschine namens Irma Hotel. Die alte Bar im Eingangsbereich ist genau so, wie man sich einen edlen Saloon im Wilden Westen vorstellt. Urig gewundene Kronleuchter hängen von verzierten schwarzen Holzdecken herab, vergilbte dunkelrote Blümchentapete klebt an der Wand unter unzähligen Schwarzweißaufnahmen in verschnörkelten Holzrahmen, auf jedem freien Zentimeter des zerschlissenen Teppichs steht uraltes Mobiliar, und der Geruch von modrigem Holz und Kaminrauch liegt in der Luft.

Lena und Katherina sitzen schon an der berühmten Bar aus dunkelrotem Kirschholz und lassen sich ein Glas Wein schmecken. Ich setze mich zu ihnen, bestelle ein Bier, und kurz darauf marschieren auch schon Jason und seine Familie über die Türschwelle. Nach dem ersten Aperitif des Abends begeben wir uns hinüber in den Restaurantbereich, werden von der Kellnerin an einen schweren verschnörkelten Holztisch in einer Ecke gesetzt und blättern sogleich hungrig durch das angebotene Menü. Mit Blick hinauf zur Decke stelle ich fest, dass ich direkt unter einem riesigen ausgestopften Elchkopf sitze, und frage mich sogleich, ob meine seltsame Position vielleicht Glück bringt.

Ohne zu zögern bestelle ich den berühmten und besonders dicken *Buffalo Burger* mit *Cold Slaw*, also Krautsalat, und Pommes frites und gleich noch ein zweites Bier. Als die bestellte Monstrosität dann vor mir aufgebaut wird, verwundert es mich nicht, dass ein großer Teil der Amerikaner in diesem Saloon stark übergewichtig ist. Es handelt sich bei diesem Essensberg um locker fünftausend Kalorien. Tapfer verschlinge ich dennoch das Ganze, denn der Burger erweist sich als überaus köstlich, wenn auch etwas trocken.

Nach dem Essen fahren wir hinüber zu den *Rodeo Grounds*, auf denen während der Sommermonate fast täglich Rodeowettbewerbe abgehalten werden. Ach, und da sehe ich auch schon Brandon in der Ferne aus dem Auto steigen. Er sieht besser aus denn je, da auch er sich für den Abend zurechtgemacht und sein Cowboy-Sonntagsoutfit hervorgeholt hat. Bei diesem schönen Anblick verschlägt es mir wieder regelrecht den Atem. Auch die übrigen Angestellten und Gäste der Ranch trudeln langsam mit ihren Fahrzeugen ein.

Wir kaufen unsere Tickets und gehen durch den Eingang der riesigen Anlage. Und was sehe ich vor mir, seitlich neben der Tribüne? Einen lebenden tonnenschweren Koloss, der sich mit Blick auf ein kleines Schild als »Harvey« entpuppt! Ein älterer Rancher hat heute Abend seinen Lieblingsbullen mitgebracht, so wie andere Leute eben ihre Hunde mitbringen. Harvey hat sich in dieser Gegend wohl einen Namen als Zuchtbulle gemacht, und seit seiner Jugend ist er auch als furchteinflößender Rodeobulle bekannt. Der Rancher möchte Harvey gern den Gästen vorstellen und für die Zucht mit ihm werben. Harvey hat mehr Ähnlichkeit mit einem asiatischen Elefanten als mit einem Rind. Er ist der größte Bulle, den ich in meinem ganzen Leben je gesehen habe, und er ist über und über mit harten Muskeln bepackt. Selbst der schwarze Black-Angus-Stier im Indianerreservat der Crow würde hier vor Neid erblassen. Der braun melierte Harvey blickt schläfrig vor sich hin und wirkt vollkommen friedlich. Vielleicht hat man ihm auch eine Wasserflasche voll Valium gespritzt.

Ich kraule dem Bullen die Stirn und gebe ihm ein Küsschen auf die Nase, was er mit einem schüchternen Blinzeln beantwortet. Der alte Rancher lacht ein tiefes bauchiges Lachen und sagt zu mir: »Miss, Sie haben Glück, heute hat der alte Harvey einen besonders guten Tag. Wenn Sie möchten, können Sie für ein Foto aufsitzen.« *What*? Mit dieser Einladung stellt er mir auch schon einen Schemel an Harveys Seite und zeigt mit seiner Hand darauf.

Zügig schiebe ich alle Bedenken beiseite – wer sein Leben lang auf Pferden gesessen hat, muss ab und zu auch mal auf ein anderes Tier steigen. Dann gebe ich mir einen Ruck und klettere unbeholfen auf Harveys Rücken hinauf. Da sitze ich nun recht verloren und blicke lächelnd zu meinen erschrockenen Kollegen hinab. Zum Glück zücken alle sofort ihre Handys und schießen viele Bilder, denn man weiß ja nie so genau, wann man das nächste Mal im Leben wieder auf einem Rodeostier Platz nehmen darf. Und es fühlt sich sogar richtig gut an, so hoch oben auf Harveys breitem Rücken. Der Besitzer lacht wieder sein tiefes Lachen und meint zu mir: »Ich glaube ja nicht, dass er Sie auf seinem Rücken überhaupt bemerkt, er denkt vielleicht, Sie sind ein kleiner Vogel, der da auf seinem Rücken sitzt, ho, ho, ho!« Ah, mein Harvey und ich, wir können halt miteinander, vielleicht kann ich ihn ja mit nach Hause nehmen als Maskottchen und als Kuscheltier. Schließlich krabble ich von Harvey wieder hinunter, bedanke mich recht herzlich beim alten Rancher und laufe zügig hinter Brandon her.

Es ist kaum zu glauben, wie sanft sich Bulle Harvey soeben verhalten hat und wie wild diese Stiere dann toben können, wenn sie von Rodeoreitern geritten und geärgert werden. Aber es ist ja nicht nur das Ärgern, das sie so zornig macht, es sind die Schmerzen, die ihnen die Menschen beim Rodeo zufügen. Mit dem sogenannten *Flank Strap*, ein lederner Gürtel, der dem Bullen oder Hengst über den Genitalbereich und den hinteren Rücken geschnallt wird, übt man unangenehmen Druck auf die männlichen Geschlechtsteile des Tieres aus. Der Schmerz variiert, je nachdem, wie fest der Riemen geschnallt wird. Dies führt dann dazu, dass das Tier den Riemen unbedingt loswerden will und in Folge wie wild um sich tritt und springt.

In den meisten europäischen Ländern ist Rodeo aufgrund der damit einhergehenden Schmerzen als Tierquälerei verboten. Hierzulande gehört das Ganze nach wie vor traditionell zum kulturellen Leben dazu, und man ist auch stolz darauf. Zum Glück müssen die Pferde und Bullen diese Gürtel nur kurz tragen, denn sie werden sofort mit einem Ruck abgenommen, sobald der Reiter nach den berüchtigten acht Sekunden hinuntergefallen ist. Auffälligerweise werden die Tiere nach Abnahme des Gürtels sofort ganz ruhig.

Fälschlicherweise glauben manche Laien auch heute noch, dass junge Pferde grundsätzlich beim Einreiten bocken und toben; dies wurde früher in vielen Wildwestfilmen auch so dargestellt. Wäre dies tatsächlich der Fall, würde sich der Reiter beim Einreiten in Lebensgefahr begeben. Meistens verhalten sich Jungpferde aber recht friedlich und kooperativ, wenn man die Sache denn richtig angeht. Und ganz ähnlich war es nun auch mit Harvey eben. Ich habe ihm keine Schmerzen zugefügt, ihn aber eifrig am Nacken und an der Schulter gekrault, was er als angenehm und schön empfunden hat. Es war für ihn klar, dass Toben und Kämpfen in diesem Moment überhaupt nicht nötig ist, sondern dass alles in bester Ordnung ist.

Brandon schlendert mittlerweile neben mir, und ich freue mich von Herzen, in seiner Nähe zu sein. »Wie wäre es, wenn ich uns beiden ein Budweiser hole?«, frage ich Brandon, der freudig dazu nickt. Ich marschiere auf einen überdachten Stand zu, aus dem Flaschen und Dosen herausgereicht werden, und soll sogleich der beleibten Dame hinter dem Tresen meinen Führerschein zeigen. Uh, was für ein Kompliment! Da fingre ich das deutsche Ding doch gern aus der Handtasche und halte es der indianisch aussehenden Frau unter die Nase. »Das soll ein Führerschein sein? Ah, du bist aus Europa. In der Alten Welt ist wohl alles anders, was? Nimm dir …« Mit nur einem Schneidezahn im Mund, dafür einem dicken schwarzen Zopf im Nacken, der bis zu ihren Kniekehlen reicht, lächelt sie mir zu und schiebt mir die Dosen herüber.

Ich sprinte schnell zu Brandon zurück auf die Tribüne und hechte auf den Sitz neben ihm. Nicht auszudenken, hätte mir jemand meinen Platz streitig gemacht. Ich gedenke, dem Schönen heute Abend nicht mehr von der Seite zu weichen. Ein paar andere Gäste unserer Ranch sind nun auch eingetrudelt und verteilen sich auf die umliegenden freien Tribünensitze. Dann erschallen die ersten Takte der Nationalhymne, und Brandon schießt wie von der Tarantel gestochen nach oben, reißt sich den Hut vom Kopf und hält ihn über sein Herz. Was für ein bezaubernder Anblick an jugendlichem Patriotismus. Auch ich schieße nach oben und stehe feierlich neben Brandon stramm, schließlich durfte ich auf dieser Reise in das Herz der Vereinigten Staaten abtauchen und den wahren *American West* am eigenen Leib erfahren. Dafür bin ich jeden Tag zutiefst dankbar und kann mir ein paar feierliche Tränen beim Anblick der fabelhaften Pferdeparade, die soeben mit vielen *Stars and Stripes* einmarschiert, nicht verkneifen.

Als Nächstes wird über den Lautsprecher für die Teilnehmer des Rodeos gebetet, dass sie unverletzt bleiben und dass der liebe Gott auf sie aufpassen möge.

Sobald wir wieder auf dem Hosenboden sitzen, wende ich meine Aufmerksamkeit wieder Brandon zu. Allerdings gehört er leider zu den wenigen Rodeobesuchern, die hier tatsächlich wegen des Rodeos hergekommen sind und nicht etwa wegen all der Menschen, Bierdosen, Hotdogs, Cowgirls und Cowboys – so wie ich. Er starrt gebannt auf die tobenden Pferde und sorgt sich sichtlich um die zu Boden gestürzten Reiter – meine Güte, man wundert sich mit jeder neuen Runde, dass sich diese Cowboys nicht den Hals gebrochen haben und immer wieder aufs Neue munter aufstehen.

Dann sind die Damen an der Reihe, und es folgt die Rodeodisziplin des *Barral Racing*. Man hat in der Arena farbig angemalte Ölfässer zu einer Art Slalomparcour aufgestellt, um die die Damen dann möglichst schnell im Renngalopp herumreiten müssen. Es geht um jede Sekunde, die Pferde legen sich mächtig in die Kurve, und es ist kaum zu glauben, dass sie bei dieser Schräglage nicht umfallen. Dies wäre auch wahrhaft ungünstig, denn menschliche Knie mögen es nicht, wenn Pferde darauffallen, was mir in der Vergangenheit schon des Öfteren im Springparcour passiert ist. Als dann eine junge Frau mit langen braunen Haaren, pinkfarbenem Cowboyhut und einem schicken kleinen Schimmel losrast, ruft Brandon in wilder Aufregung: »Julia, sieh nur, das ist Kathy, die Tochter von Jack, dem Hufschmied! Und schau, da unten ist auch Jack. Er ist einer der besten Bullenreiter Montanas, wir werden ihn später noch sehen!« *Oh my*, hier ist also die gesamte lokale Gemeinde vertreten, und man reitet gegen seine Nachbarn, als hinge Leib und Leben davon ab.

Brandon, der süße Spatz, gerät bei jeder weiteren Reiterin, die er kennt, immer mehr aus dem Häuschen, so dass ich ihm eine weitere Bierdose zur Beruhigung aufzwingen muss. Mir selbst fällt es schwer, die beträchtliche Gefahr, die für Pferd und Reiterin bei diesen Sportarten besteht, als seichte Unterhaltung hinzunehmen. Eines der Pferde springt so wild im Schmerz in die Höhe, dass es schrecklich zur Seite stürzt und sich vielleicht nun schwer verletzt hat. Nein, dies ist wirklich kein tierfreundlicher Sport, und es ist gut so, dass das Ganze bei uns in Europa verboten ist. Bei uns zu Hause ist man ja auch um jeden Bocksprung dankbar, den das Pferd nicht vollführt.

Nun sind die Bullen dran. Für dieses nicht selten tödliche Unterfangen lenke ich dann doch etwas mehr Aufmerksamkeit auf die Arena. Was für ein Blödsinn, was für eine Gefahr für Leib und Leben! So ein Schwachsinn kann wirklich nur Männern in den Sinn kommen, denn Frauen sind von dieser Disziplin zum Glück ausgeschlossen. Schon manch eine strammer Bursche hat im Rodeoring von Cody bei dieser Disziplin das Zeitliche gesegnet.

Und dann geht es los. In den Zaunboxen vor der Tribüne werden die ersten Stiere fertig gemacht. Es sind Kolosse mit mächtigen Hörnern, und sie sind keineswegs friedlich wie Harvey eben. Den Zorn und die Wut in ihren Augen kann man bis von meinem Tribünenplatz aus sehen. Zeitgleich haben sich bunt bemalte Clowns in der Arena eingefunden, die die Aufgabe haben, den Bullen vom Reiter wegzulocken, sobald der Reiter in den Sand gefallen ist. Die Clowns tragen große bunte Fässer aus leichtem, aber stabilem Kunststoff bei sich, in die sie bei Gefahr hineinspringen, um vor den Stierhörnern einigermaßen geschützt zu sein. Dennoch erleiden auch sie häufig schwere Unfälle und gelten im Rodeosport als die eigentlichen Helden der Veranstaltung.

Das ganze Geschehen hier erinnert an eine mittelalterliche

Mutprobe aus der Ritterzeit, und ich frage mich, wie Krankenkassen mit Rodeoreitern verfahren. Haben sie vielleicht eine extra Versicherung? Oder am Ende überhaupt keine, wie so oft in diesem Land?

Der erste Bulle schießt aus seiner Box und tobt drauflos, dass es jedem Zuschauer angst und bange wird. Die Wucht der Stöße und Sprünge scheint bei den Bullen kraftvoller zu sein als bei den Pferden, dabei bewegen sich die Bullen meines Erachtens etwas langsamer. Und schon kracht der Reiter zu Boden. Der stark gereizte Stier dreht auf dem Absatz um und rast zu seinem Reiter zurück, um ihm seinen Kopf samt Hörnern mit voller Wucht in den Rücken zu rammen. Zum Glück trägt der junge Mann eine Schutzweste. Schon sind die Clowns in Aktion und lenken den Stier auf sich selbst und weg vom offensichtlich verletzten Reiter. Dieser rappelt sich zwar zügig auf, geht aber gebückt und unter großen Schmerzen rasch zum Zaun. Zeitgleich muss einer der Clowns sein schützendes Fass aufsuchen und hineinspringen. Mit einem fürchterlichen Stoß rollt der Stier das Fass samt Clown durch die Arena. Ich bin vollkommen entsetzt. Das Ganze hier ist wirklich nur etwas für die allerhärtesten Cowboys, die es bei uns in Europa ohnehin noch nie gab. In diesem Falle zum Glück.

Dann ist *Jack the Farrier*, der Hufschmied, an der Reihe. Brandon ist kurz vor dem Überschnappen und hängt höchst aufgeregt über dem leeren Vordersitz. Jack schießt los. Er klammert sich mit seinen Beinen am Bullen fest, als sei sein Körper ein Schraubstock, ganz so, wie ich es auch bei Spice gemacht habe. Allerdings trägt der Bulle keinen Sattel, was das Unterfangen stark erschwert. Jack schafft es, sich die erforderlichen acht Sekunden bis zum Klingelton oben zu halten. Er hat seinen Ritt heil überstanden, und die Chancen stehen gut, dass er den Wettkampf gewinnt.

Nun kommt der dritte Reiter an die Reihe. Sein Bulle ist braunschwarz und sieht ganz besonders aggressiv und verärgert aus. Das Gatter geht auf, und das Tier schießt heraus. Nur wenige Sekunden kann sich der schlanke Cowboy auf dem Stierrücken halten, und schon donnert er zu Boden. Während er benommen aufstehen möchte, rammt ihm der Stier seine Hörner in den Hinterkopf. Wie von Sinnen rasen die Clowns herbei, um den Stier abzulenken, aber der Cowboy steht nicht auf. Mit mehreren Lassos von verschiedenen Seiten um die Hörner gewickelt, wird der Stier abgeführt und aus der Arena gebracht. Der junge Mann steht immer noch nicht auf. Brandon starrt blass nach vorn und ist völlig verstummt. Auch mir ist der Ernst der Lage bewusst. Es kommen Sanitäter herbeigeeilt und legen den Mann auf eine Bare. Er blutet nicht, aber er ist weiß wie Schnee im Gesicht. Was für ein amerikanischer Irrsinn, was für ein archaischer Schwachsinn! Vermutlich wird er Hirnblutungen haben, vielleicht auch bleibende Schäden, vielleicht ist er auch an der Wirbelsäule verletzt, wer kann das schon wissen? Und das alles nur wegen einer Mutprobe unter Männern. Ja, es gibt auch heute noch schockierende und dunkle Seiten des Wilden Westens, die schleunigst abgeschafft und eingestellt gehören. Da ich nur ein durchreisender Besucher bin, konnte ich all die schlechten Seiten weitestgehend ausblenden und alles Verbleibende in rosigen Farben malen, aber nun hat mich die raue Realität eingeholt.

Das Rodeo wird aufgrund des Unfalls zumindest in dieser Disziplin beendet. Es wird über die Lautsprecher für den Verunglückten ein Gebet gesprochen. Ich bin mir nicht sicher, aber der junge Mann sah ganz und gar nicht gut aus. Er kommt sofort in ein Krankenhaus.

Die Sonne ist schon untergegangen, und das Rodeo neigt sich dem Ende zu. Wir packen unsere leeren Bierdosen zusammen und schlendern zu den Trucks. Jason ist mit seiner Familie und den Schwedinnen schon früher zurückgefahren; ich darf also bei Brandon mitfahren. Ich steige ins Auto, lege meinen staubigen Cowboyhut auf die Ablage unter der Windschutzscheibe, und wir fahren los. Brandon ist still, auch ihm hängt noch der schreckliche Unfall in den Knochen. Wir fahren aus Cody hinaus und hinein in die nächtliche schwarze Prärie. Der Himmel ist bewölkt, und man kann ausnahmsweise nicht den berauschenden Sternenhimmel sehen, und meine Rancher hatten heute schon hoffnungsvoll von Regen gesprochen, denn die Felder hätten ihn so dringend nötig.

Wir sind allein, es gibt weit und breit kein anderes Auto, nur die Prärie und das sanfte Summen des Motors. Ein Kojote huscht vor uns über die Straße. Ich frage Brandon, was sein nächster Arbeitsauftrag sein wird und ob er den Winter über auf einer Ranch arbeiten wird. Ja, das hat Brandon vor. Bill und Shannon, deren Rinder wir während der letzten Tage betreut haben, hätten bei ihm schon angefragt, und er könnte auch bei ihnen wohnen. Platz hätten hier oben schließlich alle genug. Ich frage ihn, wie ein Job als *Ranch Hand* in der Praxis so abläuft, und Brandon erzählt, dass es eigentlich immer genau so gemacht wird wie auch auf unserer Ranch. Alle Ranchbewohner leben und essen zusammen, als seien sie eine große Familie, und jeden Morgen werden aufs Neue die Arbeiten aufgeteilt. Es ist ein ruhiges und beschauliches Dasein und ein gutes, aber bescheidenes Leben in dieser herrlichen Natur.

Brandon erzählt, dass er so gern eines Tages nach Europa reisen würde. Vielleicht hat er Glück, so hofft er, und lernt auf unserer Ranch jemanden kennen, für den er in Europa arbeiten könnte. Natürlich müssten auch Pferde dazugehören, denn ohne sie zu leben könnte er sich überhaupt nicht vorstellen. Ich rate ihm sofort, mal auf Lena zuzugehen, da sie ja so ein großes Gestüt habe. Brandon möchte so gern die Welt erkunden, möchte wandern und reiten und sich ein Bild über die Menschen und das Leben in diesen fremden Ländern machen. Er sehnt sich so sehr nach der Ferne, schon zu lange war er im Westen der USA unterwegs. Ich rede Brandon gut zu und ermuntere ihn, seinen Traum zu verfolgen. Ich sage zu ihm: »So wie dich ein unsichtbares Band über den Atlantik in Richtung Europa zieht, so ziehen auch mich unsichtbare Kräfte über den Atlantik, wenngleich auch in die andere Richtung, nämlich genau hierher. Diese Kräfte sind nicht minder stark als die deinen.«

Brandon versteht – er weiß, wie es ist, wenn man trotz aller Bemühungen die Abenteuerlust nicht mehr unter Kontrolle bekommt, wenn man gezogen wird von unsichtbaren Mächten, von Strömungen und Kräften, das Gefühl, dass es jetzt weitergehen muss, dass man nicht mehr auf der Stelle treten kann, dass man es in seinen alten vier Wänden einfach nicht mehr erträgt, nicht mehr in die gleichen Gesichter blicken kann. Ja, Brandon kennt all diese Gefühle. Wir sprechen darüber mit leisen Stimmen, beinahe flüstern wir, denn diese Fahrt ist uns heilig, denn wir sind beide aus dem gleichen Holz geschnitzt, kommen aus Welten, die unterschiedlicher nicht sein könnten, und doch sind sich zwei Seelen begegnet, die im Gleichklang tanzen.

Als wir nach etlichen Stunden zurück auf der Ranch die Auffahrt unter den *Cottonwood Trees* hinauffahren, bin ich längst an Brandons Schulter eingeschlafen. Er berührt sanft meine Wange und flüstert: »Hey Julia, wir sind zu Hause.« Ich komme langsam zu mir, will gar nicht wirklich wach werden, denn alles war so wunderbar auf dieser langen Fahrt. Ich lege meine Hand auf Brandons Schulter und sage leise zu ihm: »Mein lieber Brandon, lass uns all unsere Träume und Abenteuer erleben, und eines Tages, wenn wir alt sind, lass uns hier wieder treffen an diesem Ort in Montana, damit wir dann für immer hier leben können bis an das Ende der Zeit.« Ich küsse den Schönen sanft auf die Wange und gehe langsam zu meinem Hüttchen hinauf. Ach, was war dies für ein wundervoller Abschluss dieses ereignisreichen Tages.

Das Einfrieren in der Krise

Die Tage auf der Lonely Horseshoe Ranch vergehen wie im Fluge, und wie schon in den Rocky Mountains habe ich auch hier unten im Yellowstone-Delta jegliches Gefühl für Zeit und Raum verloren. Es ist bereits der Herbst ins Land gezogen, und die Tage werden langsam kürzer. Während der Abende muss ich jetzt schon meine ärmellose Daunenjacke hervorholen, und auch die Bäume verändern so langsam ihre Farbe. Dennoch ist jeder weitere Tag eine neue interessante Herausforderung für mich, und ich erlerne wertvolles Wissen, von dem ich zukünftig reichlich profitieren möchte. Ich bilde Jungpferde aus, sehe nach den Büffeln, repariere Zäune, hebe Bewässerungsgräben aus, verlade Kälbchen, reinige Sattelzeug und vieles mehr. Und natürlich sitze ich jeden Tag viele Stunden hoch zu Ross im Sattel, um nach den Rinderherden zu sehen, was mein Lebensglück zur Vollkommenheit anschwellen lässt.

Mit Brandon verbindet mich mittlerweile eine tiefe Freundschaft. Wir arbeiten täglich zusammen, oft schweigend und wie selbstverständlich Seite an Seite. Tye und ich ignorieren uns, soweit die Arbeit es zulässt. Auch hat mich Tye wohl von seiner Strichliste an kurzlebigen Eroberungen gestrichen, sollte ich denn je dort vermerkt gewesen sein, und er lässt mich diesbezüglich in Ruhe. Und der kleine Hoss Cartwright alias Chase – nun ja, er ist mir auf den Fersen *like white on rice*, wie die Amerikaner sagen. Es ist mir unerklärlich, aber leider nicht zu leugnen: Der Jungspund mit seinen zarten einundzwanzig will mich gestandene Frau erobern und lässt sich trotz energischem Widerstand nicht entmutigen. Er reicht mir ja gerade einmal bis zur Wange und strahlt mich den ganzen Tag mit seinen braunen Kautabakzähnen an. Jeden Abend schlägt er vor, mit seiner Gitarre noch mit in mein Blockhüttchen zu kommen, um mich in den Schlaf zu singen. Den Vollmond dürfte ich auf meiner Veranda keineswegs allein bewundern, und überhaupt würde es Unglück bringen, wenn man unter dem Vollmond nicht geküsst wird. Er richtet mein Pferd, manövriert meinen Sattel und überhäuft mich mit herzerwärmenden Cowboy-Komplimenten: »Wenn Schönheit so wäre wie die Zeit, meine liebe Julia, dann wärest du die Ewigkeit.« Und erst gestern: »Deine wunderschönen Augen glänzen wie der Morgentau auf einem Tennessee-Magnolia-Baum.« Und heute früh: »Ein Lächeln von dir, meine Liebe, lässt mich schmelzen wie Schokolade in der Sonne.«

Seit ich meinem Hoss Cartwright auf einem der langen Sechs-Stunden-Ritte unbekümmert mein Leid über meine hoffnungslose Beziehung zu Hause geklagt habe, ist der junge Cowboy nicht mehr zu halten. Und ich kann nicht leugnen, dass mir seine jugendlichen Avancen hier und da doch auch schmeicheln, wenngleich es zu manchen Situationen und Gesprächen kommt, über die ich hinterher herzlich lachen muss. Nein, also mit Hoss Cartwright in Miniaturform kann ich mir beim besten Willen keine Affäre vorstellen, auch nicht eine ganz kurze.

Heute früh werden alle Ranchgäste unter Jasons Aufsicht mit den Jungpferden arbeiten. Wir haben dafür eine kleine Gruppe zweijähriger Pferdchen auf eine Koppel nahe der Kitchen Barn gebracht. Jeder von uns bekommt nun ein Halfter mit langem Führstrick in die Hand, und ich schnappe mir behutsam ein dunkelgraues Hengstlein, das etwas abseits und recht verloren neben der übrigen Herde am Zaungatter steht.

Der Kleine ist recht schüchtern und hat Angst vor mir. Er hat bislang im Schutze seiner Herde in völliger Freiheit am Fuße der Prior Mountains gelebt. Er ist also praktisch ein Wildpferd, obwohl er natürlich Eigentum dieser Ranch ist und auch das entsprechende Brandzeichen trägt. Dennoch folgt er mir bereitwillig aus der Koppel heraus, lässt sich auf der Stirn und hinter den Ohren kraulen und geht tapfer mit mir hinab auf den großen Sandplatz.

Dort hat Jason schon einige Vorrichtungen aufgebaut, die die kleinen Pferdchen in Angst und Schrecken versetzen. Es flimmern dort unten bunte Bänder, farbige Tücher flattern durch die Luft, und grelle Kunststoffplanen wurden mit Pflöcken auf dem Boden befestigt. »Die zwei wesentlichen und sehr wichtigen Zusammenhänge, die wir heute erlernen wollen, sind: 1) Gewinne das Vertrauen deines Pferdes, und 2) Wie verhalte ich mich in der Krise?« Dies ruft uns Jason vom anderen Ende des Sandplatzes aus zu. Aha, das kann ja heiter werden. Hoffentlich bekommt niemand von uns einen Huf ins Gesicht.

Ich bin als Erste an der Reihe und soll meinen Junghengst über die grelle blaue Plane führen, die Jason extra dafür auf dem Boden befestigt hat. Der Hintergrund dieser Übung ist, dass das Pferd lernen soll, dem Menschen Vertrauen zu schenken, sich seinen Entscheidungen anzuschließen und mit ihm Schritte in unbekanntes Terrain zu wagen. Das Pferd soll lernen, dass der Mensch ganz in Ordnung ist, es nicht in Gefahr bringt, dass man ihm getrost als Herdenleittier folgen kann und im Gegenzug dafür Lob und Streicheleinheiten bekommt. Der Mensch nutzt bei diesen Übungen das Bedürfnis des Pferdes, sich einer Herde anzuschließen.

Bevor ich starte, soll der Hengst mich kennenlernen. Ich soll ihn überall berühren, mit der flachen Hand über seinen Hals fahren, seinen Rücken, seine Hinterhand. Auch die

Beine soll ich hinabstreichen, die Hufe aufheben und ihm immer wieder gut zureden, damit er meine Stimme kennenlernt. Ich soll ihn zwischen den Vorderbeinen kraulen, da er dort selbst mit den Zähnen so schlecht hinkommt. Jason erklärt uns, dass es sehr hilfreich ist, wenn man Pferde an Körperstellen krault, an die sie selbst nicht gut herankommen. Dafür seien sie dann dankbar, und das Vertrauen wird gestärkt. Ich merke sofort, dass Jason sich mit den Übungen sehr viel Zeit lässt, manch eine Lektion kann mehrere Stunden dauern. Denn auch dies ist ein Erfolgsfaktor – dass man ein höheres Durchhaltevermögen als das Pferd an den Tag legt und es sich bei all der Zuneigung irgendwann fügt.

Nach einer Ewigkeit des Abtastens und des Kommunizierens führe ich den Kleinen an die blaue Plane heran. Entsetzt haut er die Bremse in den Boden, bleibt einen Meter vor dem blauen Bodenbelag wie angewurzelt stehen und lässt sich keinen Millimeter mehr bewegen. Auweia, was mache ich jetzt nur? »Nun beginnt die Übung!«, ruft Jason von der Seite herüber. Ich soll mich jetzt auf Schulterhöhe dicht neben den Kleinen stellen und das Ende des Führstricks sanft auf seine rechte Hinterhand schwingen lassen, wieder und immer wieder. Ich soll ihm also keineswegs auf den Hintern hauen, denn dies hätte nicht die gewünschte Wirkung. Das Pferd soll unter keinen Umständen Angst bekommen, daher gebe ich ihm nur sanfte, immer wiederkehrende Klapse. Dies erzeugt laut Jason einen gewissen Druck beim Pferd, *Pressure*. Diesem Druck will der Hengst gern ausweichen, in unserem konkreten Fall also mit einem Schritt nach vorn oder aber auch einem Schritt zur Seite. Beides soll ich durch Streicheln belohnen. Jede noch so kleine Bewegung in die richtige Richtung wird also bei dieser Übung belohnt. Man will auf keinen Fall Angst oder gar Panik beim Pferd erzeugen, denn das bedeutet in Pferdelogik automatisch Flucht, und das Letzte, was man erreichen will, ist, dass das Pferd mit wehenden Fahnen davonrast. Sollte mein Hengst jetzt doch Angst bekommen und rückwärtsspringen, soll ich ihm das auf jeden Fall gestatten und nicht etwa wüst an seinem Strick zerren. Er soll so weit rückwärtsgehen können, wie er möchte. Man muss dem Pferd also immer ein Hintertürchen offen lassen, ihm einen Fluchtweg einräumen, wenn man die Absicht hat, Vertrauen aufzubauen. Ich befürchte, dies in der Vergangenheit oft falsch gemacht zu haben.

Also gut, ich habe verstanden und patsche dem Kleinen immer wieder den Führstrick auf den Popo, und der Hengst weicht jedes Mal einen Schritt zur Seite aus. Ich lobe ihn, auch mit Streicheln, und die gleiche Übung geht von vorn los. Eine gefühlte Ewigkeit vollziehen wir die gleiche Abfolge von *Pressure and Release*, wie Jason dieses Ausbildungsgrundprinzip nennt, und es ist trotz dreißig Grad im Schatten kein Ende in Sicht. Der Schweiß läuft mir in Bächen hinab, ich bin halb am Verdursten, aber eine Trinkpause käme dem Aufgeben gleich, und daran ist natürlich nicht zu denken. Dann hätte ich verloren und das Pferd eine falsche Lektion gelernt, nämlich dass es mit ausreichend Sturheit um die Sache herumkommt. Wir machen also weiter. Nach vielleicht einer Stunde setzt mein Hengstlein endlich einen Huf auf die Plane, um ihn dann gleich wieder erschrocken zurückzuziehen. Ich rufe: »Er hat's gemacht! Er hat die Plane berührt! Wir sind für heute fertig!« – »*No way!*«, ruft Jason zurück, und wir machen weiter. Ich bin stark genervt, der Hengst überhaupt nicht, er blickt nur stoisch geradeaus und ignoriert mich.

Nach einer weiteren Stunde bin ich den Tränen nahe und vor lauter Dehydrierung ist mir schlecht und schwindelig. Da geschieht das Wunder. In aller Seelenruhe marschiert das Hengstlein über die Plane, als hätte er noch nie etwas anderes getan. Erst jetzt ist die Übung beendet.

Endlich darf ich Wasser trinken und mich auf einem schmutzigen Plastikstuhl ausruhen. Ich möchte dem Hengst eine Belohnung zu fressen geben, aber dies lehnt Jason kategorisch ab. Pferde im Wilden Westen werden so erzogen, dass sie möglichst selbstständig sind. Sie sollen aus Bächen oder Brunnen trinken, sie sollen das Gras auf den Wiesen fressen und im Winter das kostbare Grün unter dem Schnee hervorgraben, damit es ihnen beim Graben warm wird. Nur selten wird hierzulande mit Getreide zugefüttert, und wenn, dann nur bei extrem schwer arbeitenden Pferden.

Jason erklärt, dass das ständige Füttern nebenbei zur Bestechung und zur Belohnung aus Hosen- und Jackentaschen heraus die Pferde bissig macht. Es würde sie von ihren Aufgaben ablenken, und sie würden nicht mehr auf Basis von Loyalität und Vertrauen handeln, sondern aus der Fresslust heraus mit sehr negativen Folgen für das Mensch-Pferd-Verhältnis. Im Übrigen geht man das Verladen von Pferden in Transporter auf exakt die gleiche Weise an wie die heutige Übung mit der blauen Plane. Na, hätte ich das schon ein paar Jahre früher gewusst!

Dann folgt die nächste, weit schwierigere Lektion – *Dealing with a Crisis,* der Umgang mit einer Gefahrensituation. Hierzu führt Jason einen besonders gewieften Junghengst in ein kleines Rondell und macht die Übung für uns vor. Der braunweiß gescheckte Hengst mit wuscheliger Mähne und wilden Augen wird vom Führstrick gelöst, soll losrennen und wird von Jason auf die Außenbahn des Zirkels gescheucht. Er rast in wilder Furcht Runde um Runde, und Jason wirft immer wieder das Ende des Führstricks nach ihm. Dann wendet sich Jason ab, dreht sich zur Seite und blickt in eine andere Richtung. In diesem Augenblick geht von Jason keine Gefahr mehr aus, und der Hengst verfällt in einen gemäßigten Trab. Jason wiederholt die Übung des Scheuchens und Wegdrehens ein paarmal und entfernt sich dann sogar abgewendet ein paar Schritte vom Pferd. Zu meiner großen Überraschung folgt ihm das Pferd mit langsamen Schritten.

Es fällt mir nicht leicht, Jasons zweite Übung sachgerecht zu beschreiben. Diese Art der Pferdeausbildung wird seit vielen Jahrzehnten in den USA erfolgreich praktiziert, dennoch sind die Methoden komplex, keineswegs an einem Tag zu erlernen und auch nicht in den zwei Wochen, die ich in großer Dankbarkeit mit Jason verbringen darf. Dennoch möchte ich versuchen, ein paar Aspekte daraus näher zu beschreiben, denn das, was ich an diesem Mittag erlerne, hätte mir jahrzehntelangen Kummer erspart, wüste Verletzungen und häufige Verzweiflung.

Was Jason hier zeigt, wird als Join-up-Methode bezeichnet. Diese Methode macht sich zum einen den Fluchtinstinkt des Pferdes zu Nutze und zum andern das Bedürfnis des Pferdes, sich einer Herde anzuschließen. Denn obwohl der kleine Hengst in großer Angst vor Jason flieht, möchte er gern in den Schutz einer Herde aufgenommen werden. Instinktiv weiß er, dass er allein, ohne Herde, Raubtieren schutzlos ausgeliefert ist und keine Überlebenschance hat. Der Hengst möchte Jason als Leittier annehmen und ihn zu seiner Herde machen. Sollte es Jason nun gelingen, die Rolle des Leittiers korrekt und nach den Vorstellungen des Pferdes auszuüben, dann hat er das Pferd als seinen Untergebenen gewonnen, und es wird ihm treue Dienste erweisen.

Die korrekte Ausübung der Leittierrolle ist allerdings sehr schwierig und muss mühsam von erfahrenen Pferdetrainern vermittelt werden. Niemand sollte auf die Idee kommen, das Ganze mal auf gut Glück allein auszuprobieren, dieser Schuss könnte gefährlich nach hinten losgehen. Denn man darf nie vergessen, dass diese auf den ersten Blick sanften und freundlichen Wesen enorme Kräfte besitzen, die einen Menschen schrecklich verletzen können.

Jason erlaubt dem kleinen Hengst nun, langsam auf ihn zuzugehen, und zur Belohnung krault er ihn liebevoll am Hals, wie eine Mutterstute ihr Fohlen. Jason hat es mit seinen Übungen tatsächlich geschafft, den jungen Hengst zu überzeugen, ihm zu folgen und ihn als Leittier anzunehmen.

Der nächste Schritt ist nun, dem jungen Hengst beizubringen, wie er sich im Falle des Auftauchens von Gefahr verhalten soll: *Dealing with a crisis.* Dazu nimmt Jason einen langen Besenstiel in die Hand, an dessen Ende er einen großen Strauß raschelnder farbiger Bänder gebunden hat. Das junge Pferd hat er zwischenzeitlich wieder am Führstrick befestigt, und nun fängt er an, ruckartig den Besen samt Bänder um den Hengst herum zu schütteln. Der Kleine verfällt in wilde Panik, steigt mit der Vorhand in die Höhe und rennt in nackter Angst rückwärts. Auch an dieser Stelle gestattet Jason das Rückwärtstreten, er erlaubt dem Tier die Flucht.

Nach einer Weile der Panik und des Tobens wird der Hengst ruhiger und bleibt stehen. Jason raschelt mit den Bändern unter dem Pferdebauch, über dem Rücken, berührt den Kleinen mit der Konstruktion an der Hinterhand. Der Hengst steht jetzt wie angewurzelt da und bewegt sich keinen Millimeter mehr, obwohl seine Augen nach wie vor in blanker Panik funkeln. »Das hier ist das Einfrieren in der Krise, seht ihr?«, ruft Jason zu uns herüber. Zur Belohnung krault er den Junghengst auch dieses Mal wieder ausgiebig. Jason möchte dem Tier auf diese Weise beibringen, dass die beste Methode, mit Gefahr umzugehen, die ist, einfach totenstill stehen zu bleiben und dem Menschen zu vertrauen, die Situation zu richten. Dies erscheint mir auf den ersten Blick absurd, da ein Pferd ja instinktiv vor Gefahr fliehen möchte, laut Jason gibt es aber Wege, dem Pferd dauerhaft beizubringen, die andere Option als die sinnvollere zu erachten, nämlich jene des »Einfrierens«, also regungslos stehen zu bleiben.

Nach dieser Übung wird es richtig ernst. Jason legt sich einen leichten Sattel über den Arm, in der anderen Hand hält er eine Sattelunterlage, ein sogenanntes Sattelpad, das er dem Kleinen behutsam auf den Rücken legt. Dieser geht sofort rückwärts und Jason in aller Ruhe seitlich hinterher. Dann legt er den Sattel auf und krault den Hengst beruhigend am Hals. Behutsam schließt er den Sattelgurt und geht einen Schritt zurück. Dem Hengst ist der Sattel aber so gar nicht willkommen und noch weniger der enge Gurt, und er tobt wieder wild drauflos und rennt bockend und hüpfend im Kreis. Nach einer Weile ist auch dieses Pulver verschossen, und der Kleine marschiert hilfesuchend zu Jason in die Mitte des Rondells. Hier wird er wieder gelobt und beruhigt; unser mutiger Pferdeflüsterer steigt mit einem Bein kurz in den Steigbügel und legt seinen Körper quer über den Sattel, sodass er jederzeit leicht vom Pferd hinwegspringen kann. Der Hengst geht ein paar Schritte rückwärts und wird von Jason gestreichelt. Jason lässt sich wieder zu Boden gleiten und wiederholt die Übung noch ein paarmal.

Dann bittet er seine Lieblingsschülerin Lena in den Zirkel, sie möge doch bitte sanft auf den Hengst aufsteigen. Die bildschöne und furchtlose Lena zuckt nicht mit der Wimper, klettert über den Zaun und streichelt dem Hengstlein sanft den Hals. Dann steigt sie auf (ganz ohne Sturzhelm oder sonst einer Schutzvorrichtung) und reitet ohne Zaumzeug und Zügel im Kreis, als sei der Hengst schon seit Jahren unter dem Sattel. Sie trabt sogar und wechselt die Fahrtrichtung, und ich sehe keine Spur von Angst in ihrem Gesicht. Mein lieber Scholli, denke ich, zum Glück hat Jason nicht mich gefragt, ich wäre vor Angst gelähmt gewesen. Zu viele Unfälle habe ich in meiner langen Pferdevergangenheit gesehen.

Ich blicke nach rechts und auch nach links – Tye und Brandon sitzen neben mir, und ich sehe, wie konzentriert sie ebenfalls zuschauen. Der mormonische Tye, für den wir Frauen anscheinend reine Abschleppobjekte sind, blickt ehrfürchtig zu Lena empor, und Brandon ist vor lauter Wertschätzung auch wie eingefroren. Aber mir ergeht es ja nicht anders in meinem Plastikstuhl; ich verfolge ebenfalls jede Sekunde von Jasons Vorführung intensiv und vergesse beeindruckt alles andere um mich herum, bis Jason den kleinen Gescheckten auf die Pferdekoppel zu den anderen entlässt. Und bereits am nächsten Tag wird er doch tatsächlich mit diesem Junghengst ausreiten, um nach den Rinderherden zu sehen.

Die Pryor Mountains

Auf der Lonely Horseshoe Ranch ist heute Aufbruchstimmung angesagt: Alle Gäste werden mit ihren Pferden für zwei Tage verreisen, um Rinder- und Pferdeherden am äußersten Ende des Crow-Indianerreservats zu besuchen, eine Gegend, die mehrere Stunden von der Ranch entfernt liegt. Die Schwedinnen Lena und Katherina sind mittlerweile zu meinem großen Kummer abgereist, wie auch die Donovans und die anderen Gäste, mit denen ich die letzten Wochen verbracht habe.

Die neu hinzugekommenen Gäste sind recht seltsame Amerikanerinnen, die noch nicht einmal halbwegs reiten können, noch sind sie bereit, auf der Ranch mitzuarbeiten. Sie scheinen sich weit mehr für Alkohol und flache Witze zu interessieren als für das Leben im Wilden Westen, es handelt sich bei ihnen ganz klar um echte Großstadtneurotiker. Auch erfahre ich bald, dass sie aus Chicago kommen und für das Landleben eigentlich überhaupt nichts übrighaben. Nur eine ältere elegante Dame aus Texas hat mein Interesse geweckt, es ist Dana aus Houston.

Wir beraten uns nach dem Frühstück, wie unser Vorhaben in die Tat umgesetzt werden kann und wer von der Ranch alles mitfahren soll. Ranchbesitzer Marvin verkündet, dass von den Cowboys nur Chase mitkommen soll. *Oh no!* Tye und Brandon sollen vor Ort bleiben und wichtige Rancharbeiten erledigen. Tye ist darüber stinksauer und murrt vor sich hin: »Alles, was ich den ganzen Tag erledigen soll, ist Pferdescheiße wegschaufeln, als wäre ich zu nichts anderem fähig!« Mit diesem zornigen Ausbruch springt er von der hölzernen Bank auf und stürmt zur Tür hinaus.

Brandon und ich sehen uns an. Was für ein Desaster, auch Brandon darf nicht mitgehen! So hatte ich doch insgeheim immer noch auf eine gemeinsame romantische Nacht im Mondschein gehofft, er und ich eng umschlungen inmitten von einsamer Prärie, das Heulen der Kojoten im Hintergrund und grasende Pferde in der Ferne. Ich habe nachts fantasiert, dass wir uns doch noch näherkommen, habe seine Lippen auf meinen gespürt, meine Finger in seinem blonden Haar, meinen Kopf an seiner Schulter. Ich war bis zuletzt der naiven Überzeugung, dass meine grenzenlose Sehnsucht von den mächtigen Kräften dieser unberührten Natur vielleicht doch noch erhört werden würde. Ich hatte so sehr auf ein Wunder gehofft, das unsere Schicksale doch noch zusammenführen würde, auch unter den widrigsten Umständen. Es dämmert mir in diesem Moment zum ersten Mal, dass all meine Gefühle für diesen schönsten aller Jünglinge, für den Herrn der Prärie, für meinen Ritter ohne Furcht und Tadel, auf feurigem Hengst durch die Nacht reitend, um mich zu retten aus meinem Elend, aus meinem misslichen Leben, aus meinem Gefängnis im Schwabenland, vielleicht blanke Illusion waren. Waren all diese Gefühle und Träume nur die Fantasie eines Schulmädchens und nicht das solide Wissen einer gestandenen Frau, die sich allein – und erfolgreich – um ihren Lebensunterhalt kümmert? Es ist, als hätte jemand große Mengen Wasser über mich gegossen. Ich zerfließe, und mein Körper wird von einem Moment zum anderen ganz schwer.

Ich schwanke auf kraftlosen Beinen aus der Kitchen Barn hinaus und auf die Veranda. Dort steht Chase mit seinem riesigen schwarzen Cowboyhut und wartet auf mich: »Du musst keinen Schlafsack einpacken, Darling, du darfst meinen mit mir teilen.« Seine stahlblauen Augen funkeln lachend in seinem Gesicht. Ich könnte auf der Stelle losheulen, lasse mir aber meinen Kummer vor den Cowboys nicht anmerken.

Apathisch stapfe ich zu meiner Hütte hinauf und lasse dort den Tränen der Verzweiflung freien Lauf. »Gütiger Gott«, sage ich nach einigen massiven Weinkrämpfen zu mir selbst, »du kannst dir doch jetzt nicht allen Ernstes Hoffnungen auf Brandon machen und dass es da eine gemeinsame Zukunft geben könnte?« Bin ich verrückt geworden? Habe ich den Verstand verloren? Brandon ist blutjung, er hat Pläne, er will die Welt sehen, er hat keine Verwendung für eine viel ältere Freundin aus der Großstadt, die hier draußen auf Seelenrettung hofft! Die Tränen fließen weiter und weiter, und es tut sogar richtig gut, mal ordentlich zu weinen. Ich habe ewig nicht geweint. Weinen hatte ich mir schon als Kind verboten und abgewöhnt, denn es war in meiner Familie nicht erlaubt. Kummer und Leid waren nicht erwünscht, mussten versteckt werden, konnten bloß heimlich und allein ausgetragen werden. Jetzt weine ich um mich, um mein Leben, um meine Einsamkeit, um meine Sehnsüchte, die vielleicht niemals in Erfüllung gehen werden. Ich weine um ein Leben, das mir gehört, das ich leben darf, wie ich es will.

Wir sollen schon mal unsere Seesäcke packen und auf die Pick-up-Trucks verladen, damit wir nachher zügig loskommen. Jason und seine Familie werden ebenfalls auf der Ranch bleiben und sich den Jungpferden widmen. Unseren Arbeitstrupp im Reservat wird diesmal Marvin selbst anführen. Lillian wird am Abend nachkommen und den monströsen Gasgrill samt Steaks mitbringen. Ich packe rot verheult, aber wieder einigermaßen beieinander, meine Campingausrüstung zusammen und gönne mir noch ein paar Minuten Ruhe auf meinem Himmelbett, um die Entwicklung der Dinge noch einmal vernünftig zu durchdenken.

Gut, so hat es wohl nun sollen sein. Ich habe meinen Träumen während dieser großen Reise freien Lauf gelassen und mich von jedem Tag und seinen Gegebenheiten neu inspirieren lassen. Es ist gekommen, wie es kommen musste, diese Reise hat mich verändert. Genau genommen hat sie mich wieder zu dem gemacht, was ich einmal war und im Kern immer geblieben bin. Sie hat all das in mir wieder aufgedeckt, was jahrzehntelang im Verborgenen lag – ungezwungene Freude, Ausgelassenheit, inneren Frieden, Hoffnung, den Drang nach Abenteuer und Freiheit und die grenzenlose Liebe zur Natur. Sie hat all das Unschöne und aus der Not heraus Erlernte hinweggefegt wie ein Herbststurm tote Blätter von den Bäumen – Verbissenheit, innere Verkrampfung, seelische Abstumpfung und Schwermut, Zukunftsangst und aufgesetzte Schauspielerei.

Nein, ich werde nicht einfach zurückgehen können in mein altes Leben und mir einbilden: »Nett war's, schön, jetzt machen wir da weiter, wo wir aufgehört haben, wie nach einem Cluburlaub an der türkischen Riviera.« Nein, es wird vieles anders werden, ich werde eben nicht weitermachen können wie bisher. Lange genug schon habe ich mich selbst verleugnet und mir mein Dasein mit aller Kraft schöngeredet, und wenn man es mal genau beim Namen nennen möchte – ich habe das Leben einer anderen gelebt. Nein, nein, aber noch ist meine Reise nicht zu Ende, noch geht es weiter, der Wildwestfilm läuft, und ich schwärme nun mal für Brandon und lasse mir die Hoffnung nicht nehmen und auch nicht die jugendlichen Schwärmereien. Ich will das alles hier erleben und ausleben und durchleben und durchdrehen und abdrehen und keinesfalls umdrehen, und der *American Dream Man*

Brandon wird die folgenden Tage noch geknutscht, so wahr ich hier liege und grüble, ich schwöre es.

Es wird Zeit. Ich habe meine Bergstiefel angezogen, mit Wadenchaps darüber, in der Hoffnung, dass sie mich vor giftigen Schlangen schützen – die Hoffnung eines unwissenden Greenhorns. An Ausrüstung habe ich alle Utensilien eingepackt, die mir schon in den Rockies für raues Camping treu gedient haben. Auch meine mittlerweile eingekauften Sattelhorntaschen Marke Jim, in die man Bierdosen und Whiskyflaschen aufrecht hineinstellen kann, habe ich dabei. Natürlich werde ich keinen Whisky mitführen, dies wäre im Indianerreservat höchst illegal, denn es herrscht dort striktes Alkoholverbot.

Ich werfe mir den Seesack über die Schulter, schließe mein Hüttchen gut ab und marschiere durch das Kleefeld in Richtung Scheune zu den Pferden hinab. Ich werde den großen weißen Moon mit auf den Ausflug nehmen. Marvin meinte, Spice sei noch zu jung und zu unberechenbar für das anspruchsvolle Gelände dort draußen im Reservat. Auch gebe es nirgendwo mehr Raubtiere in Montana als dort, wo wir heute hinfahren. Na bravo, unter diesen Umständen bin ich mit Marvins Entscheidung recht zufrieden, obwohl ich für den kleinen pfiffigen Spice mittlerweile einen *Softspot* hege, wie man es hier nennt, wenn man für etwas eine Schwäche hat. Moon hat sich bislang allerdings als sehr zuverlässiges und ausdauerndes Reitpferd erwiesen, und ich reite ihn gern.

Ich verlade meinen Seesack auf den Truck, setze meinen Cowboyhut auf und gehe zur Koppel, auf der Moon geduldig seinen Einsatz erwartet. Ich putze und sattle ihn, wie immer unter größten Schwierigkeiten, aber so einigermaßen hieve ich diesmal das schwere Ding nach oben. Das Zaumzeug hänge ich nur über den Sattelknauf und führe Moon vor den

Eingang der großen Scheune. Dort warten schon die anderen und verladen gerade ihre Pferde. Auch Moon steigt ohne Probleme vergnügt in den gut gefüllten Trailer; es scheint fast so, also würde er sich auf den Ausflug freuen.

Marvin, der sich das Ganze aus der Nähe anschaut, haut mir kräftig auf den Hintern und sagt trocken: »Ein nettes Hinterteil hast du da, Süße, in diesen seltsam aussehenden europäischen Hosen.« Ich antworte ebenso trocken: »Danke, mein Lieber«, und drehe mich zur Kitchen Barn um – hoffentlich biegt nicht gerade Lillian um die Ecke. Von den Cowboys habe ich erfahren, dass die irische Lillian – und vermutlich nicht ohne Grund – extrem eifersüchtig ist. Es hätten sich in der Vergangenheit wohl schon dramatische Szenen zwischen Marvin und Lillian auf der Ranch abgespielt. Es wäre mir daher recht unangenehm, wenn ich unfreiwillig für zusätzlichen Zündstoff sorgen würde. Zudem ist es mir während der letzten Wochen nicht verborgen geblieben, dass die allermeisten Cowboys recht ausgeprägte Weiberhelden sind, Brandon natürlich ausgenommen.

Bislang habe ich mich mit Lillian recht gut verstanden, obwohl ich ihr ausgeprägtes Irisch nur mit Mühe verstehe. Auch verformt sie die Vokale auf solch bizarre Weise im Mund, dass ich diese Laute selbst gar nicht nachmachen könnte. Von den Jungs habe ich erfahren, dass Lillian wohl vor langer Zeit einmal selbst Gast auf der Lonely Horseshoe Ranch war und auf diese Weise Marvin kennenlernte, dem dieses Landstück zusammen mit seiner damaligen Ehefrau gehörte. Lillian war zu dieser Zeit mit einem Iren verheiratet und lebte mit ihrem Mann und ihrem Sohn in einer kleinen Stadt in Irland. Lillian und Marvin verliebten sich hoffnungslos ineinander und verließen beide ihre Familien. Lillian zog zu Marvin nach Montana, und gemeinsam machten sie aus der wenig einladenden Anlage eine bildhübsche Guest Ranch. Trotz der großen Liebe plagten Lillian Schuldgefühle; den verlassenen Partnern und Kindern ging es auch noch Jahre nach der Trennung nicht gut. Die schmerzhaften Ereignisse scheinen seither wie ein Fluch auf der schönen Ranch und ihren Eigentümern zu lasten, denn Lillian kam seither nie mehr ganz aus ihrer Depression heraus, und auch Marvin wurde von einer schweren Krankheit nach der anderen gejagt und weiteren schweren Schicksalsschlägen. Zudem wurden beide Opfer schrecklicher Pferdeunfälle, die um ein Haar tödlich ausgegangen wären, gäbe es nicht in der Stadt Billings so hochversierte Chirurgen, die selbst die schlimmsten Knochenbrüche immer wieder erfolgreich zusammenflicken.

Nachdem nun alle startklar sind, rollen die Trucks auch schon langsam vom Hof in Richtung Crow-Indianerreservat.

Auch heute sind wir wieder *on the Road* mit mehreren Pick-up-Trucks, die im Zeitlupentempo hintereinander hertuckern. Nach nur wenigen Kilometern verlassen wir die Asphaltstraße und biegen rechts ab auf die Schotterpiste in Richtung Indianerreservat, wo wir ja schon vor ein paar Tagen zu Besuch waren. Diesmal fahren wir aber in Richtung Indianerdorf Xavier und weiter und immer weiter durch noch schönere Prärie, als ich sie überhaupt je bislang zu Gesicht bekommen habe. Die Fahrt dauert mehrere Stunden, während denen ich wieder mit der Nase an der Scheibe klebe. Verlassene Ranches, die wie Geisterstädte aus hohem Gras herausragen, gibt es diesmal nicht zu sehen, sondern nichts als Weite, Felder, Grasland, Hügel in den obskursten Farbtönen, von Orange bis Gelb und Dunkelrot, durchzogen von Gräben in Schwarz und Dunkelgrün. Denn dieses Land hier ist Indianerland. Es ist nicht verbaut, verpachtet und bewirtschaftet, nein, es ist einfach nur Land, das Land sein darf.

Nach einer Ewigkeit des Geholpers auf unwegsamen Wegen sind wir auf einer Ranch am Ende der Welt angekommen. Sie gehört dem Rancher Raimon und liegt am Fuße der sagenumwobenen Pryor Mountains, das heilige Gebirge der Crow, aus dem sich »Bleichgesichter« fernzuhalten haben. Ich blicke ehrfurchtsvoll auf die schwarzgrüne Gebirgskette vor mir, die sich wie eine gigantische Tsunamiwelle steil vor mir aufbaut. Aus der Ferne konnte ich diese einmalige Felsformation schon bewundern, aber als sich dieses Naturphänomen nun direkt vor meinen Augen aufbaut, muss ich für einen Moment die Luft anhalten.

Dort oben leben die Geister der Crow, dort oben befinden sich die *Medicine Wheels*, prähistorische Steinkreise, gebaut vor Hunderten von Jahren, von den alten Urvölkern der Prärie, lange bevor es die Weißen auf diesem Kontinent gab. Dort hinauf steigen die Crow, wenn sie über Tage hinweg in völliger Einsamkeit meditieren, ohne Nahrung und Wasser, um ihre Visionen entgegenzunehmen, die ihnen ihren zukünftigen Lebensweg weisen sollen.

Wir dürfen unsere Pferde auf Raimons Ranch übernachten lassen und unten am Rattle Snake Creek unsere Zelte aufschlagen. Bevor wir uns aber dem Aufbau des Nachtlagers widmen, gibt es noch aufwendige Arbeiten zu erledigen. Marvin hat in dieser traumhaften Hügellandschaft, die weit weniger trocken erscheint als das Gebiet rund um die Lonely Horseshoe Ranch, Mutterstuten mit ihren Fohlen ausgesetzt, damit der Nachwuchs frei und vom Menschen ungestört aufwachen kann. Dies, so hatte Marvin mir erzählt, würde bei Pferden zu den besten Resultaten führen, und man würde die mutigsten, zuverlässigsten und umgänglichsten Jungpferde erhalten. Dennoch muss man ab und zu nach den Fohlen und Mutterstuten sehen, prüfen, ob ein Tier verletzt ist, ein Fohlen vielleicht zu Tode gekommen ist oder ob ein Pferdepaar vielleicht ganz verschwunden ist, was in dieser Wildnis vorkommt, sich aber so gut wie nie aufklären lässt. Somit haben wir über den Tag heute einiges an Meilen hoch zu Ross zu bewältigen und ein teils undurchdringliches Gelände zu durchqueren.

Wir laden die Pferde aus den Transportern und lassen das übrige Gepäck erst einmal auf den Trucks. Ich sattle Moon mit Chase' Hilfe und belade die Satteltaschen mit Proviant und Wasser. Wasser wird heute besonders wichtig sein, denn wir werden viele Stunden auf dem Pferderücken zubringen. Es gibt aber auch zahlreiche Bäche in dieser Gegend, in deren Wasser allerdings Bakterien schwimmen, die von den vielen Rindern dort hineinbefördert wurden. In meiner Satteltasche befinden sich daher eine Filterflasche und ein extra Fläschlein mit Wasserentseuchungstropfen. Gern würde ich allerdings das Trinken dieser Chlortropfen vermeiden.

Da ich schneller war als die anderen, steige ich schon mal in den Sattel und trabe mit Moon um die Strohballen eines abgeernteten Weizenfeldes herum. Ah, mit diesen Hindernissen könnte man gut für ein *Barrel Race* trainieren, dieses berühmte amerikanische Slalomrennen, das ich beim Rodeo in Cody als Zuschauerin miterleben durfte.

Im Zeitlupentempo lasse ich Moon nun um die Strohballen herumgaloppieren, er holt mächtig in jeder Kurve aus, ich bekomme ihn aber keineswegs eng um den Strohballen herum. Ich lehne mein ganzes Gewicht in die Wendung, was Moon überhaupt nicht interessiert und schon gar nicht zum Slalomlauf animiert. Ich ziehe am Zügel und verlagere die Beine, nichts hilft, um Moon in eine Kurve zu befördern. Ach, was soll's, Moon ist eben kein Dressurpferd, das man nur mit dem bloßen Gedanken und ein wenig Gewichtsverlagerung steuern kann, nein, er ist ein grobmotorischer Traktor. Dann galoppieren wir eben geradeaus, und ich düse schon mal auf die Pryor Mountains zu, auf den mächtigen Wall, der bis in den Himmel ragt, aus grauen Felswänden, schwarzen Nadelbäumen und lindgrünen *Cottonwood Trees*. Die anderen sind inzwischen am Aufholen, und ich kann sie aus dem Augenwinkel auf dem Feldweg flott entlangtraben sehen. Marvin stört es nicht, dass ich schon mal vorgeritten bin, überhaupt stört den guten Marvin eigentlich überhaupt nichts, obwohl ihm die ganze Pferdemeute gehört und er für unsere Gruppe die Verantwortung trägt. Die einzige Vorgabe, die er uns heute früh mit auf den großen Ritt gab, war, wir sollten auf Präriehundelöcher achten und auch um Klapperschlangen herumreiten.

Marvin trabt nun neben mir auf einem schicken großen Braunen, seinem *Roping Horse*, mit dem er regenmäßig an Wettbewerben für Lassowerfen zu Pferde teilnimmt. Wie aus dem Nichts heraus sagt Marvin auf einmal zu mir: »Weißt du, Julia, dies hier ist mir der liebste Ort auf der Welt; dies hier ist die Gegend, die ich am meisten liebe. Wenn ich sterbe, möchte ich, dass meine Asche genau hier verteilt wird, denn ich möchte dann ein letztes Mal mit dem Wind reiten, wenn alles vorbei ist. Ich habe diesen Wunsch bereits allen mitgeteilt, ich hoffe, dass dafür dann auch wirklich gesorgt wird. Es könnte ja schon morgen sein, das weiß man nie so genau. Meine Gesundheit war nie besonders gut, und ich glaube daher nicht, dass ich besonders alt werde.« Ich weiß zuerst nicht so recht, was ich darauf sagen soll, aber dann rate ich ihm leise: »Es macht immer Sinn, alles schriftlich festzuhalten, vielleicht solltest du diese Wünsche in einem Testament festlegen.« Danach sagt Marvin nichts mehr, er reitet nur still vor sich hin und betrachtet zufrieden diese sagenhafte Landschaft aus hügeligem Prärieland, durchzogen mit dicht bewachsenen felsigen Canyons und immer wiederkehrenden Inseln aus dichtem Tannenwald.

Ich bin mir nicht sicher, aber vielleicht hatte Marvin an diesem Tag eine Vorahnung oder gar eine indianische Vision, was in dieser magischen Landschaft vermutlich keine Überraschung wäre. Denn schon zwei Jahre nach unserem Gespräch wird es für Marvin auf Messers Schneide stehen, aber die tapferen Ärzte im Billings Hospital werden ihn aus dem Koma zurückholen und ihm noch ein paar weitere Jahre schenken.

Nicht nur in Marvins Herz wird diese Landschaft voll Farben und Blumen, unberührten Hügeln und menschenleeren Wäldern für immer einen Platz finden. Nein, auch mein Herz wird all das hier nie wieder loslassen. Auch ich werde in den Jahren danach in wachen Nächten dorthin zurückkehren, in meinen Träumen über die Prärie reiten, die noch einsamer ist als die Wälder der Rocky Mountains, um dort Frieden zu finden, um dort ruhen zu dürfen. Aber nicht nur in meinen Träumen werde ich dorthin zurückkehren.

Am liebsten reite ich allein. Meine Arbeitskollegen habe ich zwar immer noch in der Ferne im Auge, und ich habe mir auch präzise den Weg zurück zur Raimons Ranch gemerkt, dennoch möchte ich in dieser Einsamkeit nicht verloren gehen. Ein beträchtlicher Abstand ist mir dennoch wichtig, um die Landschaft in Ruhe und mit gebührendem Respekt in mich aufnehmen zu können. Ich hänge meinen Gedanken nach und erlebe meine üblichen Glücksgefühle in der Magengrube, die in dieser Umgebung gar nicht mehr abreißen wollen. Auch fühle ich mich mittlerweile in meinem bizarren Westernsattel sehr wohl, sodass nach den langen Wochen im Sattel mein altbekanntes Gefühl der Verwachsenheit mit dem Pferdekörper wieder eingetreten ist.

Ich blicke über die Pferdeohren hinweg auf dunkelrote

Hügel, bedeckt mit Klatschmohn und vereinzelten dunkelgrünen Tannen. An manchen steilen Stellen sind die Hänge der Hügel abgerutscht und aufgerissen, und satte orangefarbene Erde blickt hervor. Aus den Blumenfeldern heraus ragen immer mal wieder graue Granitfelsen, die sich wohl aus den Steinwänden der Pryor Mountains gelöst haben und auf die Ebene hinabgerollt sind. Andere Hügel sind mit weiß blühendem *Bears Grass*, Bärengras, bedeckt, durchsetzt von abstrakten Blütenformationen in Gelb und Lila. Mit Blick hinab auf Moons Hufe kann ich immer wieder bekannte Blumen erkennen, die mir schon in den Rockies begegnet sind: *Indian Paintbrush*, ein rot blühendes Sommerwurzgewächs, und die lila leuchtenden *Blazing Stars*.

Kaum bin ich um die nächste Tanne gebogen, bleibt Moon mit einem Ruck stehen und bewegt sich nicht mehr von der Stelle. Sein Atem ist schnell, und ich kann seinen Herzschlag zwischen meinen Beinen spüren, denn ungefähr achtzig Meter vor uns stapft eine riesige Braunbärin mit zwei Jungen entlang der Hügelseite gegenüber auf uns zu. Meine Kollegen, die nur noch kleine Punkte in der Ferne sind, haben die Bärin jetzt auch entdeckt, denn sie zeigen mit den Händen zu ihr hinauf. Ich prüfe instinktiv meine Optionen und wende mich langsam nach links, um einen möglichen Fluchtweg hinab zu meinen Kollegen ausfindig zu machen. Diesen nicht ganz so steilen Hang könnte ich schon hinunterbrettern, allerdings weiß ich, dass ein Bär in Wut schneller ist als ein Rennpferd. Natürlich würde ich es trotzdem mit Moons Hilfe versuchen. Ohne Pferd ist es klüger, wie ich seit Dagmars Zusammenstoß mit dem Grizzly weiß, an Ort und Stelle zu bleiben, beruhigend mit dem Bären zu sprechen, sich flach auf den Bauch zu legen und die Hände nach hinten gerichtet um den Nacken zu falten.

All diese Überlegungen schießen mir in Sekundenschnelle durch den Kopf, ich bleibe aber nach wie vor wie angewurzelt stehen und blicke gelähmt vor Schreck auf die Bärin. Moons Herz rast immer schneller, während meines gänzlich aufgehört hat zu schlagen. Die Bärin bewegt sich unaufhaltsam auf uns zu. Der Hügel, an dessen Seite sie entlanggeht, ist aber durch das schmale Tal von meiner Position am Waldrand getrennt, und die Bärin müsste erst einmal das Tal durchqueren, um zu mir zu gelangen. Auch spüre ich an meinen Haaren, dass der Wind von vorn kommt. Sie kann mich also vermutlich nicht riechen, es sei denn, das edle Burberry duftet auch gegen den Wind. Verflucht, hätte ich diesen auffälligen Lockstoff heute früh nur weggelassen, er hat hier draußen nichts zu suchen, und Bären fühlen sich bekanntlich von auffälligen Gerüchen magisch angezogen.

Die Bärin trottet weiter auf mich zu, scheint mich allerdings noch nicht bemerkt zu haben. Ihr entzückender Nachwuchs sieht gut genährt aus, das dunkle Fell der Kleinen glänzt in der Sonne, und es ist ein drolliger Anblick, wie sie abwechselnd hüpfend und dann wieder stramm marschierend ihrer Mutter folgen. Aber meine Güte, was für eine Mutter haben diese Kleinen hier bei sich! Das riesige Fellmonster bringt bestimmt sechshundert Kilo auf die Waage, die Dame ist ein Koloss. Ja, es gibt in diesen Wäldern Grizzlys, die man gut an der Form ihrer Nase erkennen kann. Nachdem ich die Bärin aber nicht von der Seite aus betrachten kann, kann ich auch die Form ihrer Nase nicht beurteilen.

Von Marvin weiß ich, dass zahlreiche Grizzlys, die drüben im Yellowstone-Park für Ärger gesorgt haben, mit Hubschraubern und einer kräftigen Ladung Betäubungsmittel vor ein paar Jahren in die Pryor Mountains geflogen worden sind, da die Indianer sie gern in ihrer Nähe haben. Grizzlys dürfen, wie bereits erwähnt, in den Vereinigten Staaten nicht erschossen werden, denn sie stehen unter strengem Schutz und gelten als amerikanisches Nationalgut. Für Indianer gilt diese Regelung allerdings nicht, und sie dürfen innerhalb ihrer Reservatgrenzen Grizzlys erlegen, was sie auch mit Begeisterung tun, da sie die Felle für Stammesrituale benötigen. Die in den Pryor Mountains ausgesetzten Grizzlys hätten wohl einen roten Plastikknopf im Ohr zur Wiedererkennung, auch dies kann ich aus der Ferne bei der Bärin leider nicht erkennen.

Nachdem sich Moon in dieser Wildnis gut auskennt und vermutlich auch hier aufgewachsen ist, beschließe ich instinktiv, auf ihn zu vertrauen, und ich bleibe einfach bewegungslos auf seinem Rücken sitzen, während er das Geschehen aufmerksam bewacht. Zur Sicherheit habe ich meine Beine fest um seinen Körper gespannt, und mit der Hand umschließe ich kraftvoll den Sattelknauf, sollte Moon wie eine Rakete umdrehen und den Hang hinab davonrasen.

Die Bärin scheint jetzt etwas gerochen zu haben, aber zum Glück, wie es scheint, aus einer anderen Richtung, nämlich vom Gipfel des gegenüberliegenden Hügels her. Sie schnuppert in die Luft, setzt sich für einen Augenblick auf ihre massigen Hinterläufe und hält die Vordertatzen, die so groß sind wie Pizzateller, nach oben, eine Haltung, in der sie noch riesiger erscheint als während des Gehens. Dann wendet sie sich nach rechts ab, klettert den Hügel hinauf, dem verlockenden Duft von Beeren entgegen, die hier oben am Waldrand in üppigen Mengen wachsen. Erst als sie mit ihrem Nachwuchs im Gehölz verschwunden ist, biege auch ich zur Seite ab und reite in einem flotten Trab hinab zu meiner Gruppe.

Es war sehr schön, die Bärin getroffen zu haben, aber für heute reicht es mir dann auch an Abenteuer – für eine Weile habe ich nun genügend große Raubtiere getroffen.

Unten angekommen schließe ich mich mit einem überheblichen Lächeln wieder meiner Gruppe an und tue so, als sei es das Normalste auf der Welt, Auge um Auge einen Bären vor der Nase zu haben. Ich bin schließlich selbsternanntes Cowgirl, und ich bin cool. Marvin dreht sich mit einem Blick zu mir um, der Bände spricht, und ich sage nur arrogant: »*My, my*, das war aber eine große pelzige Dame dort oben!« Und so wendet sich Marvin auch schon wieder nach vorn, und wir reiten weiter.

Mein Herzschlag scheint sich langsam wieder zu normalisieren, und ich atme in tiefen Zügen erleichtert die herrliche Prärieluft ein. Moon scheint nach unserer Bärenbegegnung verstärkt die Nähe der Herde zu suchen und möchte gern bei seinen Kollegen bleiben. Ich streiche ihm liebevoll über den Hals und sage: »Danke, dass du vorhin auf mich aufgepasst hast, Moon, du hast dich wirklich sehr klug verhalten.« Auch kommt es mir in diesem Moment in den Sinn, dass Moon hervorragend *Freezing in a Crisis* betrieben hat, also genau das, was Jason mühevoll den Jungpferden beibringt, wenn sie in einer Gefahrensituation regungslos dastehen sollen. Ich streiche meinem weißen Fliegenschimmel noch einmal über den Hals: »Gut gemacht, mein Sweetheart.«

Der Wunsch nach Bärenfreiheit erübrigt sich allerdings schon hinter dem nächsten Hügel, denn wir treffen dort auf einen jungen Schwarzbären, der vermutlich um die zwei bis drei Jahre alt ist und sich genüsslich an einem *Choke-Cherry*-Busch zu schaffen macht, eine einheimische Wildkirschenart, deren Früchte eigentlich nur aus Kernen bestehen und auch ganz schrecklich die Zähne lila verfärben. Es ist nicht zu übersehen, wie sehr der junge Bär seine Mahlzeit genießt. Er stopft sich die Kirschen teils mit den Tatzen in den Mund, teils beißt er gleich direkt in die mit Früchten vollen Äste. Mit jedem Schlucken schließt er die Augen genüsslich und hat an uns rein gar kein Interesse, denn schließlich ist er gerade zu Tisch.

Man kann es dem Bären nicht verübeln, auch die *Native Americans* schätzen diese Früchte über alles und machen aus ihnen »Pemmikan«, ein typisches indianisches Gericht, das bis zum heutigen Tag auf lange Streifzüge und Jagdausflüge mitgenommen wird. Man stellt diese kleinen Fladen aus zerstoßenem Trockenfleisch her, zerstoßenen Beeren und auch gern Getreide, fügt dieser Mischung Tierfett oder heutzutage auch Butter hinzu und knetet daraus einen Teig, der dann zu Fladen geformt getrocknet wird. Mit *Choke Cherries* vermengt schmeckt das Ganze eher nach Schwarzer Johannisbeere als nach Kirsche, aber es ist in frischem Zustand – sollte das Fett nicht schon ranzig geworden sein – durchaus lecker, wie ich Jahre später feststellen werde.

Brünhild aus Montana

Meine Arbeitsgruppe, bestehend aus den seltsamen Amerikanerinnen aus Chicago und auch Dana aus Houston, Texas, tapfer angeführt von Ranchbesitzer Marvin, reitet behutsam am kirschenessenden Bären vorbei. Nach dieser abenteuerlichen Einlage tun wir alsbald wieder, wozu wir alle eigentlich hier sind, nämlich nach Stuten und Fohlen suchen.

Etwa eine Stunde später finden wir einige wenige Stuten hinter einem herrlich grünen Hügel. Ich bin entzückt von den Farbkombinationen, die Marvin hier sein Eigen nennt. Dreifarbige Schecken, gesprenkelte Appaloosas, elegante Grautöne, ein illustres Arrangement aus Papageienpferden. Es scheint allen gut zu gehen, nur die Fohlen sind ungewöhnlich scheu und verstecken sich zwischen den Beinen ihrer Mütter.

Welch glückliches Leben diese Pferdegruppe hier draußen leben darf! Sie haben genügend Wasser aus den felsigen Bächen zu trinken, saftiges Gras und bunte Blumen zu essen. Solange sie in einer gut organisierten Gruppe zusammenbleiben, können ihnen die Bären und Wölfe nichts anhaben, denn mit ihren Hufen können die Stuten den Raubtieren wüste Tritte zufügen, sollten sie ihren Fohlen zu nahe kommen.

Würde sich eine Mutterstute aber von der Gruppe absondern, wären sie und ihr Fohlen in ernster Gefahr. Zu dieser Jahreszeit finden die Bären allerdings pflanzliche Nahrung im Überfluss, die so unkompliziert und entspannt zu beschaffen ist, dass die anstrengende Jagd nach Pferdefleisch für die Bären nicht lohnenswert ist. Auch wurden schon Bären beobachtet, die wie Rinder eine Wiese abgrasen. Ich sehe den bunten und glücklichen Pferden noch lange nach, bis sich unser Pfad in den Wald hineinschlängelt.

Es ist noch einiges an Strecke zurückzulegen, und die Wasserreserven werden langsam knapp, daher legt Marvin einen flotten Trab vor. »Wir reiten jetzt zu einer weiter entfernt liegenden Ranch, wo wir Wasser aus einem Brunnen pumpen können!«, ruft er uns über die Schulter zu und wechselt in einen energischen Galopp. Es ist herrlich, auf dem blumigen Waldweg entlangzudonnern; immer wieder springen erschreckte Hirsche ins Gebüsch, die am Waldrand unbescholten gegrast hatten. Ich galoppiere im leichten Sitz und stehe nach vorn gebeugt in den Steigbügeln, denn nach all den Stunden im Sattel schmerzt mein Hinterteil mal wieder gewaltig. Den Cowboys mit ihren Hinterteilen aus Stahl macht dies natürlich nichts aus, und Marvin sitzt tief im Sattel, so als würde er gerade die Tagesschau auf dem Sofa verfolgen.

Nach längerem Galopp kann ich zwischen den Bäumen in einer weit entfernten Senke ein paar Häuser mit grünen Dächern erkennen. Marvin zeigt mit der Hand in diese Richtung und fordert uns auf, ihm dorthin zu folgen. Der Pfad führt uns aus dem Nadelwald hinaus in ein kleines Birkenwäldchen hinein, durch das ein fröhlich sprudelnder Bach plätschert. Die Hügel des Indianerreservats sind mittlerweile höher und trockener geworden, und sie leuchten dunkelrot in der Nachmittagssonne. Dies hier ist wieder echte »Bonanza«-Prärie, und ich sehe Rinder in der Ferne. Oho, aber trügen mich hier etwa meine Augen, oder befinden wir uns in Schottland?

Auf einer steil abfallenden Hügelseite stehen kleine wuschelige Rinder im hohen Gras, die wie versteinert und mit großen Augen zu uns herüberblicken. Es sind Rinder mit langen graubraunen Zotteln, die fast bis zu den Hufen reichen, weit ausladenden Hörnern mit spitzen Enden, die jeden Menschen sofort aufspießen und ins Jenseits befördern könnten. Dies hier sind keine kurzhaarigen, hornlosen Anguse-Rinder, sondern Geschöpfe aus der Eiszeit. Sie haben mehr gemeinsam mit einem Moschusochsen als mit einem Hausrind. Was wir hier sehen, sind *Scottish Highland Cows,* Schottische Hochlandrinder, und das mitten in der nordamerikanischen Wildnis. Es sind mir in Deutschland schon vereinzelt solch imposante Rinder auf Weiden begegnet, daher ist mir die Rasse bekannt. Es muss hier einen Liebhaber für diese Urtiere geben.

Wir reiten näher an die beeindruckenden Geschöpfe heran, und ich stelle fest, dass es sie auch in zahlreichen anderen Farbschattierungen gibt. Ich sehe fast weiße Tiere, graue, braune und ins Rötlich gehende und zwischendurch auch das ein oder andere schwarze Rind. Aber alle gemeinsam verfügen sie über ein Geweih auf dem Kopf, das ein *Texas-Longhorn*-Rind vor Neid erblassen lassen würde. Mit diesen Mordwaffen sind sie hier draußen sicher, und ich habe mehr Respekt vor ihnen als vor der Bärin, was sicherlich eine haltlose Fehleinschätzung ist.

»Was zum Himmel machen diese schottischen Urviecher hier?«, rufe ich Marvin zu, der vorn an der Spitze der Gruppe reitet. »Star!«, brüllt er über die Schulter zurück. *Star?* Hm, was will er mir sagen? Wir reiten weiter hinab in die Präriesenke, die uns bis an den Eingang eines malerischen Canyons führt, gesäumt von satten grünen Kleefeldern und abgemähten Wiesen, mit großen runden Heuballen darauf. Vor dem prächtigen Eingang des Canyons befinden sich die grünen Dächer der Gebäude einer ganz besonderen Ranch.

Unsicher reite ich auf einem Schotterweg den anderen durch die Präriesenke hinterher. Die schmale steinige Straße bildet die Einfahrt zu einer großen und einwandfrei gepflegten Ranchanlage. Die Gebäude liegen weit auseinander. Zur Rechten des Weges befindet sich das Haupthaus der Rancherfamilie mit schöner hölzerner Veranda und sauber geschnittenen Büschen davor. Zur Linken des Weges steht eine große Scheune mit grünem Dach für Maschinen und Traktoren sowie Werkzeuge aller Art, wie man durch das große offene Tor sehen kann. Selbst dieses Gebäude ist sauber angestrichen und mit Blumenbeeten eingesäumt, in denen Malven, Sonnenblumen und hübsche kleine Büsche wachsen.

Vor dem Haupthaus ragt eine uralte Blockhütte aus schwarz geteerten Baumstämmen aus dem Gras empor, die mit Sicherheit noch aus dem vorigen Jahrhundert stammt und vielleicht einst den Crow-Indianern gehörte. Mitten durch die Ranchanlage fließt ein Bach, der sich durch die Einfahrt und auch durch den Gemüsegarten schlängelt und den man zu Fuß nicht ohne Weiteres trocken überqueren könnte, aber da erspähe ich auch schon eine kleine Brücke aus Holz.

Ein altes Blockhaus scheint ein Stall zu sein, denn ich kann eine Menge Hühner davor erkennen und sogar ein paar Schweine, die lauthals vor sich hin quieken. Zwischen den Gebäuden wachsen vereinzelte Inseln aus Büschen und Blumen, und kleine Gruppen an stattlichen Tannen und *Choke-Cherry*-Bäumen zieren die Anlage. Der stattliche Gemüsegarten der Ranch verfügt über elegant angelegte Hochbeete und deutet auf versiertes gärtnerisches Fachwissen hin; es ist klar, dass hier keine Hobbygärtner am Werk sind.

Auf der Rasenfläche hinter dem Haupthaus entdecke ich eine hölzerne Hollywoodschaukel, wie meine Großmutter sie früher auf ihrer Terrasse stehen hatte. Das Anwesen ist erfreulich beeindruckend, aber vielleicht gerade deshalb fühle ich mich auch ein wenig wie ein Eindringling. Schließlich hat hier draußen jeder nicht nur eine Schusswaffe, sondern in der Regel ein ganzes Waffenarsenal hinter der Eingangstür.

Es scheint niemand zu Hause zu sein, oder aber es wird gerade in den Gebäuden gearbeitet, denn ich kann keine Menschenseele auf dem Gelände entdecken. »Ihr könnt gleich hier vorn von euren Pferden absteigen und sie dort drüben in die Umzäunung sperren. Da können sie auch aus dem Bach trinken und etwas Gras fressen. Ach, und jetzt ist auch ein guter Zeitpunkt für die Lunchpakete. Zieht vorher eure Schuhe aus und lauft zur Abkühlung durch den Bach!« Dies ruft uns Marvin zu, bevor er im Haupthaus verschwindet. Ich fühle mich etwas gehemmt, hier so einfach bei fremden Leuten aufzuschlagen und mich ungefragt in ihrem Garten niederzulassen.

Meine Arbeitskollegen scheinen damit aber kein Problem zu haben, denn sie satteln munter ab und packen ihre Pferde auf die zugewiesene Weide. Auch ich befolge daher Marvins Anweisung und befreie den großen weißen Moon, der sich bereits gierig auf den Bach und den gut gepflegten Rasen gestürzt hat, von seinem Zaumzeug. Ich streichle ihm den verschwitzten Hals, während er seine Nüstern in das kristallklare Wasser taucht und mit jedem Schluck einen ganzen Liter Wasser aus dem Bach saugt. »Danke noch mal, lieber Moon, dass du heute so gut auf mich aufgepasst hast, als der Bär auf uns zukam, mein Liebling, ganz herzlichen Dank.« Doch Moon trinkt schweigend unbeirrt weiter, denn wir verstehen uns auch ohne Worte. Bei all den guten Gefühlen und der eintretenden Entspannung setzt Moon auch gleich noch einen riesigen Haufen auf den Rasen, der es auf mindestens dreißig Liter Masse bringt, und ich blicke mich verschämt nach einer Schaufel um. Nachdem ich keine finden kann, bringe ich Moon ganz schnell auf die Weide – wir waren es nicht, es war wer anders.

Aus den hinteren Satteltaschen fische ich mein mehrstöckiges *Corned Beef Sandwich* und einen Apfel dazu, aus den vorderen

Sattelhorntaschen hole ich meine Wasserflasche hervor und auch mein Schweizer Taschenmesser. Im Schneidersitz setze ich mich mit nackten Füßen unter eine Tanne; die dampfenden Bergstiefel habe ich neben mich gestellt und kaue auf meiner geschmacksneutralen Stulle herum. Ich habe heute Morgen versäumt, große Mengen an Mayonnaise und Senf unter das Rindfleisch zu schmieren, wie es die Amerikaner so gern mögen. Aber der Hunger treibt es bekanntlich hinein.

Vor mir plätschert der kleine Bach durch hohes Ufergras, und aus den Wolken ertönen die Rufe der Bussarde. Vom Stallgebäude her höre ich das Gackern der Hühner und das hohe Quieken der Schweine. Das Geplätscher des Wassers macht mich ganz schläfrig; ich lehne mich nach hinten an den Stamm der Tanne an und blicke andächtig über das Ranchgelände. Auch diese Ranch befindet sich am Fuße der Pryor Mountains und in nächster Nähe zu der Steilwand, die sich fast senkrecht wie eine Welle nach oben wölbt, bis hinauf zu einem kaum ergründeten Hochplateau. Auf dem Grund und Boden des Indianerreservats. Ich frage mich noch, was für Probleme und Schwierigkeiten dieser Standort wohl für einen weißen Rancher mit sich bringt, döse aber im nächsten Moment auch schon selig ein.

Ich weiß nicht, wie lange ich geschlafen habe, aber als ich aufwache, steht ein Mann vor mir – ich kann nur seine Umrisse gegen die Sonne ausmachen. Er ist groß und hat breite Schultern. Ich halte mir die Handfläche als Schutzschild gegen die Abendsonne über die Augen. Gütiger Gott, ich starre entgeistert aus meiner verdrehten und höchst unbequemen Haltung am Fuße des Baumstammes nach oben. Vor mir steht ein Germane, ein Kelte oder vielleicht ein Wikinger. Nein, er ist Germane, die Reinkarnation des Siegfrieds aus der Nibelungensage, Siegfried der Drachentöter, der einst in Drachenblut badete und danach, bis auf eine kleine Stelle auf seinem Rücken, unverwundbar war.

Ich blinzle angestrengt unter meiner Hand empor. Der Mann vor mir trägt weder Hemd noch Hut, sein Oberkörper ist nackt und seine Haut hell, wie die Farbe von reifem Getreide. Jede Sehne und jeder Muskel ist zu erkennen, sein Körper ist asketisch, drahtig, kraftstrotzend. In der Hand hält er den Speer, mit dem er einst den Drachen tötete – nein, es ist eine Schaufel. Sein Haar ist dick und blond, fällt in einem langen geflochtenen Zopf bis auf seine Taille hinab und schimmert wie Gold in der Abendsonne. Sein Gesicht ist auffällig breit mit starken Wangenknochen und noch stärkeren Kieferknochen, seine Augen blitzen stahlblau unter dem Gold seiner Haare hervor. Er lehnt nun auf seiner Schaufel und blickt zu mir herab.

Siegfried spricht zu mir, aber ich habe nichts verstanden, ich kann nur auf das Trugbild starren, das die seitlich einfallenden Strahlen der Abendsonne vor mir erschaffen haben. Er tritt einen Schritt zur Seite, was meinem Blick einen besseren Einfallswinkel ermöglicht, und ich kann nun ganz klar erkennen: Es ist tatsächlich Siegfried der Drachentöter. Da spüre ich eine Bewegung auf meinem nackten rechten Fuß und sehe mit Entsetzen, wie eine schwarzorangefarbene Schlange über meinen Fuß gleitet. Sie ist nicht sehr groß, aber sie dreht ihren Kopf in meine Richtung, blickt mich an mit ihren kleinen Augen, und ich schreie laut auf, hechte im Sitzen zur Seite, so gut man im Sitzen eben hechten kann, und Siegfried greift in Sekundenschnelle nach dem Drachen, nach der Schlange also – und zwar mit seiner bloßen rechten Hand.

»Das ist nur eine heimische Natter, völlig harmlos, keine Angst.« Seine Stimme ist hell und leicht, und er hält die *Gardener Snake*, wie sie im Amerikanischen heißt, vor seiner

Brust in der rechten Hand, in der linken die Schaufel. So steht er da und lacht mich an. Ich liege ihm hilflos zu Füßen und starre immer noch wortlos unter meiner breiten Hutkrempe hervor. Er zeigt einladend mit der rechten Hand, in der er immer noch die Schlange hält, in den Garten. »Hier vorn ist ein Brunnen, gleich neben dem Gemüsebeet, du kannst dir dort Wasser holen.« Ich blicke in Richtung des Brunnens, es ist ein Wasserhahn, der aus dem Rasen herausragt und wohl hinab in das Grundwasser führt.

Siegfried setzt sanft, fast liebevoll die kleine Schlange in der Nähe des Baches zu Boden. Verängstigt kriecht sie hinfort in den Schutz des Ufergrases. Aus den wenigen Sätzen des jungen Mannes habe ich einen Akzent herausgehört, ja, es war Deutsch, eindeutig Deutsch, aber schon hat er sich mit einem Lächeln abgewendet und ist hinter dem Haupthaus verschwunden. Noch immer habe ich kein Wort gesprochen. Endlich stehe ich mit wackeligen Beinen auf und begebe mich verwirrt zu den Kollegen hinab, die etwas weiter unten am Bach barfuß durch das eisige Wasser waten, und ich stapfe ihnen tapfer über die kantigen Kieselsteine hinterher.

Nach einer gefühlten Ewigkeit höre ich die Eingangstür zum Haupthaus quietschen, und Marvin kommt die Treppen der Veranda hinab. Hinter Marvin tritt eine große blonde Frau auf den Rasen und schreitet mit einem strahlenden Lächeln auf uns zu. Auch sie ist zweifelsohne der Nibelungensage entsprungen, dieser deutschesten aller Heldensagen. Ihr Stockmaß bringt es mit Leichtigkeit auf einen Meter achtzig, ihre Schultern sind so breit wie die eines starken Mannes, ihre Oberarme unter dem hellkarierten Hemd haben den Umfang meiner Oberschenkel, und ihre schweren Stiefel sind doppelt so groß wie meine. Dennoch wirkt sie sehr weiblich und ist wunderschön.

Eben erst ist Siegfried hinter dem Haus verschwunden, nun steht die schöne Brünhild vor mir, die kriegerische und unbesiegbare Königin des Altertums, die ihre Verehrer auch gern mal mit dem Kopf nach unten an der Decke aufhängte, solange sie es eben für nötig hielt, um die strammen Jungs mürbe zu machen.

Brünhild strahlt uns ihr königliches Lächeln entgegen, und ihre lange hellblonde Haarpracht leuchtet in der Sonne. In feinstem Englisch mit schwäbischem Einschlag sagt sie: *»Did you all häf a good swim? Wär will you sleep tonight? Don't tell me next to Rattle Snake Creek! Sär are too many snakes down sär. I will come sär later tonight to see if you are still alive.«* Nach ihrer Warnung vor den vielen Schlangen nahe unserer Schlafstelle lacht sie ein herzhaftes Lachen. Ich nehme meinen ganzen Mut zusammen, hole tief Luft und sage auf Deutsch mit einladender Geste zu ihr: »Es gibt heute Abend reichlich Bier, zwar kein schwäbisches, aber dafür Bud Light.« Brünhild lacht erneut und antwortet in reinstem Schwäbisch: »Ha, do komm i heit obed uf an Schluck vorbei. Kommscht du au aus em Ländle? Ha, die Schwoba trifft mer iberall.« Damit dreht sich Brünhild wieder zum Haus um und stapft davon.

»Das war Star«, klärt Marvin uns auf. »Sie ist vor vielen Jahren aus Deutschland nach Montana gekommen; ich glaube, sie kommt aus Süddeutschland wie du. Die Crow-Indianer haben sie ›Star‹ genannt, wegen ihrer funkelnden blauen Augen. Und der junge Mann von eben ist Aaron, Stars Sohn. Aber jetzt sattelt besser eure Pferde, wir haben noch einen weiten Weg bis zum Rattle Snake Creek.«

Die ausgeruhten Pferde traben mit uns zügig von dannen, der rote sandige Feldweg führt uns parallel zu den Pryor Mountains wieder zurück zu Raimons Ranch. Dieser höher gelegene Weg erlaubt uns einen herrlichen Blick über die zerklüftete Canyon-Landschaft des Indianerreservats, auf die von Tannen und Kiefern gesäumten Felsspalten, die malerisch die farbige Prärie durchziehen. In der Ferne kann ich von einer Felskante aus sogar bis nach Billings hinüberblicken, denn die Luft ist klar und sauber an diesem herrlichen Nachmittag. Der Blick nach unten in den dicht bewachsenen Canyon erlaubt mir gerade noch einen Kojoten bei der Jagd zu beobachten, bevor er im Gestrüpp verschwindet. Ich blicke zurück auf die Senke, in der wir soeben Brünhilds Ranch besuchen durften, und sehe, wie ein großer Schwarzbär gerade aus den Büschen hinter dem Haupthaus heraustrottet. Star wird ihn sicherlich gleich mit den bloßen Armen überwältigen und in die Pryor Mountains hinaufjagen. Was für eine imposante und mutige Frau, und was hat sie nur aus dem Schwabenland heraus in diesen hintersten und einsamsten Winkel von Montana gebracht? Ach, wie gern würde ich diese Frau näher kennenlernen!

Zurück am Rattle Snake Creek müssen erst einmal die Zelte aufgebaut werden. Ich bin todmüde nach dem langen Ritt und dem Suchen nach den Mutterstuten, will aber nicht unbeteiligt neben den arbeitenden Cowboys herumstehen. Daher reiche ich brav Stangen und Heringe an die männlichen Zeltbauer und tue so, als ob ich mich an der Arbeit beteilige. Die Pferde sind auf einer nahe gelegenen Koppel untergebracht, sie haben vorhin von Rancher Raimon sogar Hafer zu fressen bekommen, was für unsere schwerstarbeitenden Vierbeiner eine seltene Delikatesse ist.

Wir befinden uns in einer Senke auf einer Halbinsel, um die ein kleiner plätschernder Bach herumfließt. Das Gras ist hoch und trocken und muss erst von uns niedergetrampelt werden, um die Zelte überhaupt aufstellen zu können. Die Halbinsel ist von dichtem dornigen Gebüsch umgeben, und nur ein Trampelpfad führt hinauf auf den Feldweg, der zu Randalls Ranch führt. Marvin hat einen wahrhaft urtümlichen Ort für unser Nachlager gewählt, allerdings mit einer recht beschaulichen Aussicht. In Anbetracht der kleinen Teiche, die der Bach weiter oben im Tal geformt hat, mit Unterstützung einiger sehr begabter Baumeister, hoffe ich, dass es hier nicht so viele Moskitos gibt.

Auf dem Rückweg habe ich nämlich die typischen verdächtigen Baumstümpfe erspäht, die Biber abgenagt zurücklassen, nachdem sie einen Baum gefällt haben. Biber haben in diesem Tal zahlreiche Dämme gebaut und mit den somit entstandenen Teichen ihre Wohnanlagen geflutet, damit sie vor Räubern in Sicherheit sind. Die Eingänge zu ihren Häusern befinden sich dadurch unter Wasser und können nicht ohne Weiteres von Füchsen, Kojoten oder auch Bären gestört werden. Dank der Biber haben sich in dieser trockenen Prärie Biotope gebildet, die neben allerhand Insekten und Amphibien auch viele Säugetiere beherbergen. Und sie haben natürliche Wasserreservoire angelegt, die in trockenen Zeiten die Wild- und Nutztiere dieser Gegend versorgen.

Mittendrin in dieser Biberlandschaft will Marvin nun sein Nachtlager aufschlagen. Was hat Brünhild gesagt, es gebe hier auch so viele Schlangen? Das ist mir aber gar nicht recht, ich hatte heute schon genug Schlange, und es gibt in Montana ein paar wahrhaft unangenehme Sorten. Wie bereits beschrieben, sind die gefährlichsten die Klapperschlangen. Nun, ich hoffe, die Cowboys wissen, was sie tun.

Die Aussicht ist auf jeden Fall herrlich. Der Blick nach Norden zeigt die schwarzgrüne Wand der Pryor Mountains, der Blick nach Süden zeigt die malerischen Grashügel des Crow-Indianerreservats in ihrer vollen Pracht, und ich kann über Hunderte von Meilen durch die klare Luft bis nach Billings blicken. Auch muss ich feststellen, dass mit jeder Stunde des

Tagesverlaufs die Farben der Hügel andere Schattierungen annehmen. Die Abendsonne hat die Landschaft zwischenzeitlich in herrliche Violett- und Rottöne getaucht, die mal wieder mit schwarzen Punkten durchsetzt sind – Black-Angus-Rinder, dieses Mal jene von Rancher Raimon.

Es ist nun auch Lillian eingetroffen, sie rollt über eine selbstgebaute Rampe fachmännisch ihren gigantischen Gasgrill vom Pick-up-Truck hinab aufs Gras. Auch die Zelte stehen mittlerweile. In einem der Trucks sind Feldbetten für uns mitgenommen worden, steinharte Pritschen aus Aluminium und Segeltuch, wie sie schon oben in den Rockies zum Schlafen verwendet wurden. Ich springe auf den Truck und lade die Feldbetten Stück für Stück ab. »Ihr könnt auch draußen übernachten, wenn ihr Lust habt; die Zelte haben wir nur aufgestellt, falls es regnen sollte!«, ruft Lillian vom Gasgrill herüber. Diesen Vorschlag werde ich definitiv beherzigen, denn wenn ich schon einmal in der Prärie übernachten darf, dann unbedingt auch unter freiem Himmel – an die Schlangen und Moskitos denke ich jetzt einfach mal nicht.

Chase, der seine Gitarre mitgebracht hat, ist ein paar Meter weiter mit dem Lagerfeuer beschäftigt. Ich habe ihn ein paarmal schon heimlich beim Spielen belauscht, als ich mir im Dunkeln auf meiner Veranda die Sterne angesehen hatte, und es klang ziemlich gut. Ich habe auf dem heutigen Ausflug bislang einen großen Bogen um ihn gemacht, zu sehr waren mir seine Annährungsversuche die Tage zuvor lästig geworden. Auch kann ich nicht leugnen, heute wieder viel an Brandon gedacht zu haben, er fehlt mir. Chase war heute der Anführer der zweiten Reitergruppe, und sie haben nach Stuten auf anderen Weidegründen gesucht. Ich bin absichtlich mit Marvin und der ersten Gruppe mitgeritten – zu meinem großen Glück, denn hätte ich anders gewählt, hätte ich nicht die Bekanntschaft von Brünhild und Siegfried machen dürfen. Dennoch grinst Chase immer wieder unter seinem schwarzen Cowboyhut zu mir herüber, und ich kann immer nur auf seine braun verfärbten Zähne schauen. »Pass auf die Schlangen auf, Süße!«, ruft er mir zu. Ja, ja, denke ich, mach nur deine dummen Sprüche.

Kurz darauf höre ich Lillian von der anderen Seite der Halbinsel kreischen: »Uh, Chase, komm schnell hier rüber, es hat sich im Gras soeben etwas bewegt, etwas Farbiges, ich glaube, es war eine Klapperschlange!« Oh, ah, eine Klapperschlange! Bislang habe ich noch keine Klapperschlange vollständig zu Gesicht bekommen. Ich springe spontan auf und hechte in Lillians Richtung. *»Be careful!«*, ruft sie. »Schau, wo du hintrittst, diese Viecher sind wirklich gefährlich!« Ich marschiere mutig weiter und taste mit den Augen das zertrampelte Gras am Boden ab. Ja, dort drüben bewegt sich tatsächlich etwas, und ich halte gebührend Abstand. Eilig scheint es die Schlange nicht zu haben, denn viele Feinde gibt es hier draußen für sie nicht, wenn sie erst einmal eine stattliche Größe erreicht hat. Nur mit großer Mühe kann ein Greifvogel solch ein schweres Reptil davontragen. Die Klapperschlange bewegt sich in Richtung des Pick-up-Trucks, auf dem der Gasgrill transportiert wurde, und ich kann ihren Rasselschwanz durch das Gras erkennen.

Da sehe ich, wie Chase einen riesigen Satz hinauf auf den Pick-up-Truck macht und sich eine Schaufel mit langem Holzstiel greift. In weniger als einer Sekunde springt er auf der anderen Seite des Trucks wieder hinab und sticht die Schaufel mit einem entsetzlichen Hieb ins Gras, einmal, zweimal. In Sekundenschnelle hat Chase die Klapperschlange grausam enthauptet. Ich stapfe betreten an den Ort des Mordes und sehe mit Entsetzen, wie der blutende abgetrennte Kopf im Gras liegt. Der Kopf zuckt immer noch und auch der restliche

Körper, es ist ein furchtbarer Anblick, es schüttelt mich und fährt mir kalt den Rücken hinab. Die Schlange ist enorm groß, ihr Körper ist fast zwei Meter lang und von einer zauberhaften Farbschattierung in Grün- und Violetttönen.

Ich wollte nicht, dass dieses Tier stirbt, auch wenn es über ein entsetzliches tödliches Gift verfügt. Dieses Land ist nicht unser Land, es ist das Land der wilden Tiere und der Indianer. Wir haben kein Recht dazu, hier einzufallen und unschuldige Tiere zu töten, nur weil sie zum falschen Zeitpunkt an der falschen Stelle sind. Ich bin ganz erstarrt, der Anblick ist einfach zu grässlich.

Chase schiebt mich zur Seite und gräbt mit seinem Spaten ein kleines Loch neben dem Kopf der Klapperschlange, der immer noch gespenstisch zuckt. Chase schiebt den Schlangenkopf in das Loch und schüttet Erde darauf. Er erklärt mir, dass die langen Giftzähne der Schlange immer noch eine Gefahr darstellen, die Hunde könnten damit spielen und mit Leichtigkeit daran sterben. Dann hebt er den immer noch zuckenden Schlangenkörper mit einer Hand vom Boden auf und trennt mit einem Buschmesser die Rassel vom Schwanz der Schlange. Chase erklärt mir beglückt, dass er die Rasseln sammelt und dass dies hier die größte Rassel ist, die er je gesehen hat, dass die Größe der Rassel wohl direkt mit dem Alter der Schlange zusammenhängt, und im Übrigen hätten wir es hier mit einem stattlichen Männchen zu tun, einem Großvater sozusagen, dem wir soeben seinen wohlverdienten Lebensabend gestohlen haben.

Er will die Schlange auf Lillians Gasgrill legen und zum Abendessen verspeisen. Mit seinem üblichen hämischen Grinsen schwärmt er mir vom feinen und unvergleichlich guten Geschmack des Schlangenfleisches vor; Schlangenfleisch sei eben nur etwas für echte Männer. Und schon habe ich auch seine Hand wieder auf meinem Hinterteil. Ja, ein echter

Mann ist er wohl, der kleine Chase, er wird gefeiert wie ein Held im weiteren Verlauf des Abends. Marvin und Lillian sind von ihm begeistert, dies ist nicht zu übersehen, aber ich selbst habe seit dem Schlangenmord ein ungutes Gefühl in meinem Bauch. Eine Vorahnung sagt mir, dass dies ein schlechtes Omen war, eine Sünde, begangen auf den heiligen Jagdgründen der Crow-Indianer. Nichts anderes!

Nachdem das Nachtlager vollständig aufgebaut ist, setzen wir uns auf Klappstühlen um das Lagerfeuer herum, und Lillian grillt freudig plaudernd die mitgebrachten Steaks. Auf einem Klapptisch ist ein Salatbüfett aufgebaut mit Nudel- und Kartoffelsalat, beides mit reichlich Mayonnaise versehen, und es gibt dazu noch *Baked Potatos*. Auch hat Lillian den hierzulande beliebten *Red Velvet Cake* gebacken, natürlich mit Unterstützung der handelsüblichen Rührkuchen-Fertigmischung, die schon von Amy in den Rocky Mountains verwendet wurde. Mit dem künstlichen Farbstoff und der ganzen anderen Chemie in Lebensmitteln haben die Amerikaner so gar keine Probleme, wie ich immer wieder feststelle.

Wir essen, schwatzen und trinken vom heimlich mitgebrachten Bier, das die Jungs entgegen der gesetzlichen Vorgaben unter dem Rücksitz des Pick-up-Trucks ins Reservat hineingeschmuggelt haben. Es ist ein großer Packen aus vierundzwanzig einzelnen Budweiser-Dosen, den wir vor dem Ausflug noch an der Tankstelle gekauft hatten und der für den heutigen Abend reichen sollte.

Als sich alle Mitreisenden nach und nach am Lagerfeuer entspannen und auch ich den Schlangenschreck langsam mit dem Steak verdaue, beginnen die Cowboys ihre wilden und wenig realitätstreuen Geschichten über Begegnungen mit Indianern und wilden Tieren zu erzählen. Lillian lacht bei all den Schwänken ungläubig vom Gasgrill herüber und scheint sich sichtlich wohl und unbeschwert zu fühlen. Es zwitschern die Vögel, und aus weiter Ferne dringt immer mal wieder das Muhen einer Kuh zu uns herüber, ansonsten ist es vollkommen still am Fuße der Pryor Mountains.

Dann höre ich weit entfernte Motorengeräusche, es klingt nach einem *Four Wheeler*, und schon fährt so ein kleines gelbes Quad den Trampelpfad hinab auf unsere Halbinsel. Obenauf sitzt Brünhild alias Star, sie parkt das Gefährt sachgerecht in einer kleinen Gebüschnische und steigt elegant vom Sattel. Sie schlendert mit einem strammen »*Hello sär*« auf unser Lagerfeuer zu, packt sich den nächstbesten freien Klappstuhl und blickt in die Runde. »Wie sieht's aus?«, fragt sie auf Schwäbisch-Englisch. »Keine Schlange bisher zu erlegen?«

Ich neige in bedenklicher Pose meinen Kopf zur Seite und mache der germanischen Königin eine Bierdose auf. Chase greift stolz unter seinen Stuhl und hält die Leiche der riesigen enthaupteten Klapperschlange in die Luft. Brünhild ist von diesem entsetzlichen Anblick völlig ungerührt – im Gegensatz zu mir, aber bei einem Leben unter Drachentötern ist das wohl nicht verwunderlich. Ich drücke ihr die Bierdose in die Hand, sie nickt dankend und sagt auf Schwäbisch zu mir: »I ben d' Bärbel.« Also doch nicht Brünhild.

Auch ich stelle mich vor und teile ihr meine Freude mit, solch herrliches Schwäbisch mitten in der montanischen Wildnis anzutreffen. Bärbel lacht. »I be scho lang hier draußa in Montana. Mir isch's dahoim z' eng worda.« Auch ich falle sofort in mein bestes und breitestes Tübinger Gôgen-Schwäbisch, das ich in der Vergangenheit aufgrund seiner Unverständlichkeit schon als *Language Code*, also als Geheimsprache, eingesetzt habe, wenn ich mit meiner Freundin Eva und noch anderen im Café saß und hochgeheime Themen besprechen wollte. Nur Eva, meine alte Schulfreundin aus Tübingen-Hirschau, ist in der Lage, diesen kieferbrechenden Dialekt zu verstehen, ansonsten weit und breit niemand. Bärbels Schwäbisch wiederum ist eher der Region des Allgäus zuzuordnen. »Mit de Indioner isch's heit au nimmer so wie frier ond scho gar net wie beim Winnetou«, sagt Bärbel nun und lacht.

»Noi, noi«, gebe ich verständnisvoll zurück, »des häd mi au arg gwondert.«

Bärbel beginnt mir vom Leben in Montana zu erzählen, dass sie die schottischen Rinder züchtet, weil diese auch im strengen Winter so gut zurechtkommen, und dass es wichtig ist hier draußen, gute Pferde zu haben, »koine Schpinner« wie die europäischen Vollblüter, sondern grundsolide Arbeitspferde, gleichgültig welcher Rasse. Ich muss bei ihren Worten unwillkürlich an meine überzüchteten, unberechenbaren und völlig durchgeknallten Dressurpferde in Deutschland denken.

Dann fallen mir ihre schrecklichen Verletzungen am Hals und an den Armen auf. Sie hat lange tiefe Schnitte in der Haut, die eher notdürftig zusammengenäht scheinen. Ich frage sie behutsam, was ihr zugestoßen ist. Bärbel erzählt, dass sie vor Kurzem auf dem Heimweg durch eines ihrer zahlreichen Zaungatter gefahren ist. Irgendein Fremder hatte das Zaungatter mit dem Stacheldrahtgeflecht unerwartet geschlossen, vielleicht war es ein Jäger oder aber ein unüberlegter Indianer. Je nach Einfallswinkel des Lichts kann man nur schlecht erkennen, ob solch ein Gatter mit seinen metallenen Drähten geschlossen ist oder auch nicht. Bärbel sah es nicht und fuhr mit dem Quad mit hoher Geschwindigkeit hindurch.

Die Verletzungen durch den Stacheldraht waren schlimm und tief, aber zum Glück wurde ihr Gesicht verschont, und Arme und Hals konnten einigermaßen genäht werden. Dennoch war es eine Autofahrt von mehreren Stunden, um das Krankenhaus in Billings zu erreichen, und Bärbel verlor auf der Fahrt eine Menge Blut. Weitere grausige Details möchte ich an diesem schönen Abend lieber nicht von Bärbel erfahren, darum muntere ich sie auf, ein bisschen mehr von ihrem Leben hier in Montana zu erzählen.

Wir schwäbeln noch ein wenig vergnügt vor uns hin, aber Bärbel kann leider nicht lange bleiben. Sie verdrückt noch ein großes Steak mit Nudelsalat, um dann schwungvoll auf ihren *Four Wheeler* zu steigen, wie ein Cowboy auf sein Pferd, denn die Arbeit auf der Ranch ruft. Ich ergreife entschlossen den Moment, reiße die Pappverkleidung des Budweiser-Pakets auseinander, bitte Chase um einen Stift, der dann nicht wirklich schreiben will, und kritzle Bärbel meine E-Mail-Adresse auf ein Stückchen blaue Pappe. Auch Bärbel schreibt pflichtbewusst die ihre auf einen zweiten Fetzen Pappe, und ich schiebe mir das unförmige Schriftstück in die Jackentasche.

Ich weiß an diesem besonderen Abend am Rattle Snake Creek, dass ich diese germanische Frau, die so viel Persönlichkeit und Lebenskraft ausstrahlt und die diesen mutigen und bewundernswerten Schritt gegangen ist – aus dem Schwabenland hinaus in den Wilden Westen –, unbedingt wiedersehen will! Ich möchte dann all das erfahren, wofür es bei dieser viel zu kurzen Begegnung keine Zeit gab. Und ich bin mir sicher, dass ich noch viel von ihr lernen werde.

Im Regen am Rattle Snake Creek

Nachdem Bärbel mit dem gelben Quad wieder davongefahren ist, setzt so langsam die Dämmerung ein. Der Himmel leuchtet in allen Farben, die so prächtig und intensiv sind, dass nur der beste aller Maler sie auf Leinwand festhalten könnte.

Die Sonne verschwindet Stück für Stück am westlichen Horizont hinter den Hügeln, und die Schatten der Büsche und Bäume werfen bizarre Formen auf das trockene Gras. Das Feuer knistert in unserer Mitte und wärmt mich angenehm, denn es weht ein kühles Lüftchen durch das Tal.

Ich möchte mir noch ein bisschen die Gegend rund um unser Camp ansehen, obwohl mir die Begegnung mit der Klapperschlange immer noch durch den Kopf geistert. Chase, der wild mit den Amerikanerinnen aus Chicago flirtet, versichert mir, dass unsere Anwesenheit und auch die umherrennenden Hunde sämtliche Schlangen vertrieben hätten. Sein Wort in Gottes Ohr.

Ich gehe den Pfad entlang an dichtem Gebüsch nach oben, trete auf den einzigen Feldweg dieser Gegend und kann von dort aus bis an den Horizont blicken. Es gibt keine Lichter und keine Gebäude in der Ferne, da ist nichts außer betörender Graslandschaft und Hügeln – und einer Farbenpracht, die mit jeder Minute dunkler und mystischer wird. Ich wandere den Feldweg hinab in Richtung Raimons Ranch; in Richtung der Pryor Mountains möchte ich lieber nicht gehen, wer weiß, wie viele Bären hier unterwegs sind zu dieser späten Stunde. Quer durch das Präriegras sollte ich mich in Anbetracht der vielen Rattlers lieber auch nicht bewegen, und somit bleibt nur der Feldweg hinab in die Prärie.

Entschlossen marschiere ich drauflos, hänge meinen Gedanken nach und all den Ereignissen, die mir heute widerfahren sind. Es erscheint mir, als seien die Tage in Montana so voll mit Eindrücken, Erlebnissen und Erfahrungen, dass es für einen gewöhnlichen Europäer kaum zu verkraften ist. Häufig denke ich, ich müsste ein Notizbuch hervorholen, um alles festzuhalten, um ja nichts zu übersehen und ja nichts zu vergessen. Aber ich bin so intensiv beschäftigt während jeder Minute des Tages, dass ein Notieren des Erlebten schlicht unmöglich ist. Und plötzlich spricht wieder diese durchdringende Stimme aus meinem Inneren zu mir, die ich in den Rocky Mountains schon einige Mal vernommen hatte und die mich jedes Mal in Angst und Schrecken versetzt. Die Stimme sagt nüchtern: »Was du in deinem Herzen trägst, muss nicht aufgeschrieben werden, zumindest noch nicht, denn du wirst nichts davon vergessen.« Noch nicht? Muss es dann später aufgeschrieben werden? »Ja, unbedingt.« Ich gehe nachdenklich weiter. Aufschreiben soll ich also, hm, ich habe noch nie etwas aufgeschrieben. Aber wann? Wenn ich wieder zu Hause bin? Zu Hause? Daran will ich jetzt gar nicht denken. Zu Hause gibt es nicht, und zu Hause soll es am besten auch nie wieder geben. Als ich das denke, fährt mir ein kalter Schauer den Nacken hinab, denn bis zu meiner Abreise ist gar nicht mehr so viel Zeit.

Nach einem längeren Fußmarsch hinab zu Raimons Ranch drehe ich wieder um und gehe zum Zeltlager zurück. Es lehnt für mich noch ein zusammengeklapptes Feldbett an einem Baum und eine dicke Luftmatratze, damit die Pritsche nicht so hart ist. Hätte ich doch nur schon in den Rockies eine Luftmatratze wie diese gehabt! Ich baue das Ganze etwas weiter weg von den anderen auf, aber dennoch dicht bei einem der Zelte, da ich dem »Wildlife« hier draußen nach den heutigen Begegnungen nicht mehr über den Weg traue.

Dann setze ich mich mit einer Dose Budweiser zu den anderen ans Feuer. Die Amerikanerinnen aus Chicago sind wohl bei ihren Lieblingsthemen angelangt, ihre Gespräche interessieren mich jedoch überhaupt nicht, und ich möchte auch gar nicht mitreden. Es wird über TV-Sendungen gesprochen und dortige Charaktere, wer sexy ist und wer nicht. Wie mir auffällt, sprechen allesamt nicht wirklich miteinander, vielmehr scheinen sie irgendeinen zusammenhanglosen Blödsinn in die Dunkelheit zu werfen, in der Hoffnung, dass die anderen wenigstens darüber kichern könnten. Ein echter Austausch an Informationen mit anschließender Bewertung und Kommentierung findet nicht statt. Auch hat es den Anschein, als ob sich viele Amerikaner nicht wirklich füreinander interessieren. Ich beteilige mich nicht an der bizarren Konversation, sondern starre in die Flammen und hänge wieder meinen Gedanken nach.

Marvin und Lillian haben einen der Pick-up-Trucks mitgenommen und sind auf den Feldweg hinaufgefahren. Dort haben sie ihr Fahrzeug abgestellt, um allein auf der Laderampe des Pick-ups übernachten zu können und ein wenig Ruhe vom Geschnatter zu haben. Nach einer Weile greift sich Chase seine Gitarre und fängt an, die Saiten zu zupfen. Er stimmt sein Instrument, dreht an den Saitenwirbeln und fängt ganz leise im Hintergrund an zu spielen. Es dauert eine Weile, bis auch die Gäste aus Chicago verstummen. Dann beginnt Chase zu seinen eigenen Klängen zu singen, und ich lausche verzaubert seiner schönen und hellen Stimme, die wie ein silberner Mondstrahl sanft durch die Dunkelheit fließt. Jedes Cowboylied und jeder Countrysong erzählen eine eigene Geschichte, Geschichten von Liebe und Leid, vom Leben und seinen Irrwegen und auch von Tod und Verderben. Manche seiner Lieder sind traurig, andere beinahe lustig. Ganz besonders ergreift mich ein alter Song, der von einer hölzernen Indianerfigur mit dem Namen *Kaw Liga* handelt, die in einem Antiquitätengeschäft einsam auf einen Käufer wartet. Chase' Gesang hallt leise durch die Nacht.

Kaw Liga, der tapfere Krieger, die Indianerfigur aus Holz, stand die längste Zeit seines Lebens neben der Eingangstür des Antiquitätengeschäfts. Bislang hatte ihn trotz seines schönen Federschmucks und seines imposanten Tomahawks niemand gekauft. Während der vielen Jahre seines Daseins an eben diesem Platz neben dem Eingang hatte er sich in die schöne weibliche Indianerfigur mit den vielen Perlen und den dicken schwarzen Zöpfen verliebt, die ebenfalls im Geschäft ausgestellt und zum Verkauf angeboten wurde. Aber der hölzerne Kaw Liga konnte seine Gefühle nicht zeigen, denn auch sein Herz war aus Tannenholz geschnitzt. Somit ließ er sich seine Liebe niemals anmerken. Der arme Kaw Liga hatte daher auch nie die Erfahrung gemacht, wie es ist, geküsst zu werden.

Eines Tages kam ein reicher Kunde in das Antiquitätengeschäft, kaufte die weibliche Indianerfigur und nahm sie mit sich fort. Kaw Liga war von diesem Moment an schrecklich einsam und wünschte sich tief in seinem hölzernen Herzen, wieder nur ein Stück Tannenholz ohne Gefühle zu sein.

Das wunderschöne Lied von versäumten Gelegenheiten und von schmerzhaftem Verlust berührt meine Seele zutiefst, und ich versuche, mir den bewegenden Text und auch die bezaubernde Melodie einzuprägen.

Ja, er ist schon etwas ganz Besonderes, der kleine Chase – ein Cowboy, ein Mann der Prärie par excellence. Vielleicht habe ich ihn bislang nicht mit genügend Anerkennung bedacht, da mein Fokus immer auf dem wunderbarsten aller

Männer hier vor Ort, auf Brandon, lag. Chase ist aber auch ein wirklich fabelhafter Reiter, der beste von allen auf der Ranch. Er hat ein Händchen für die jungen Pferden, behandelt sie sanft und voller Verständnis. Tye hingegen ist ruppig, ungeduldig und wenig einfühlsam, er ist ein ziemlich schlechter *Horseman*. Brandon hingegen reitet ganz passabel, er ist aber recht unerfahren.

Chase hat tatsächlich ganz bemerkenswerte Fähigkeiten. Auf unseren bisherigen gemeinsamen Touren konnte ich viel von ihm lernen – wie man mit Jungpferden in herausforderndem Gelände umgeht, wie man ihnen hilft, Selbstvertrauen und Mut aufzubauen, und wie man ihnen insbesondere beibringt, dem Menschen zu vertrauen. Auch war mir aufgefallen, dass Pferdeflüsterer Jason von Chase sehr angetan war, er hatte ihn auf eine ganz besondere Art unter seine Fittiche genommen. Und singen und Gitarre spielen kann der kleine Cowboy, dass es mir das Herz erweicht. Wie ein blonder Engel sitzt er mit seinen wuscheligen Locken und den strahlend blauen Augen auf seinem Campingstuhl; er singt so schön, dass man meinen könnte, John Denver wäre nach seinem Flugzeugabsturz direkt in den Pryor Mountains wiederauferstanden. Ja, es steckt mehr in diesem kleinen Schlangentöter und Westernhelden, als man auf den ersten Blick erkennen mag. Aber dennoch – dieser Mann ist nichts für mich!

Chase sieht das anders. Er singt und schaut dabei mit sanftem Blick zu mir herüber, zwinkert und lächelt mir zu. In einer musikalischen Pause flüstert er mir verführerisch ins Ohr, dass in seinem Schlafsack noch reichlich Platz für mich wäre, und ich solle doch bei all den Schlangen unbedingt bei ihm übernachten. Hat der junge Mann mit seinen zarten einundzwanzig eigentlich vergessen, wie alt ich bin? Ach herrje, das ist ja gar nicht möglich, denn ich habe so dreckig gelogen und mein Alter deutlich nach unten geschraubt, sodass ich mich vielleicht unfreiwillig in seine Reichweite bugsiert habe. Bei solchen Lügen, das Alter betreffend, sollte man sich grundsätzlich die erlogene Zahl gut merken, ich habe sie zwischenzeitlich leider vergessen. Wie auch immer, mit dem Fernsehhelden Hoss wird definitiv nicht angebandelt!

Dennoch ist es schön, hier und da ein paar nette Schmeicheleien zu hören, die Chase gar so großzügig verteilt. Nicht nur mit den Pferden ist er sanft und einfühlsam, auch die Frauenwelt scheint er auf diese Weise erfolgreich zu bezirzen. Ach, gäbe es bei uns im Schwabenland doch auch solch sanfte Seelenbetörer! Aber der Schwabe ist ja bekanntermaßen eher sachlich, gern ruppig und selten charmant.

Auf dem Rückweg von einer weiteren Portion Kartoffelsalat greift Chase mir mit geschickten Fingern in den Nacken und massiert mir mit geübter Hand die schmerzenden Muskeln. Den heutigen Acht-Stunden-Ritt trage ich in allen Knochen, und sanft schnurrend gebe ich mich Chase' Zauberhänden hin. Dann wendet er sich wieder den Amerikanerinnen aus Chicago zu. Ich ergreife die Gelegenheit und ziehe mich in meinen Schlafsack zurück. Aus der Ferne kann ich noch die Stimmen meiner Arbeitskollegen hören und immer mal wieder den Klang der Gitarre und hier und da einen entfernten Schnarcher aus einem der umliegenden Zelte.

Endlich ist es still geworden im Camp, und ich liege mit dem Gesicht zum Himmel auf meinem Feldbett in der Wildnis. Die Nacht ist schwärzer als schwarz, denn der Mond formt nur eine schmale Sichel am Firmament, und es gibt hier draußen keinen europäischen Lichterteppich, der die menschliche Überbevölkerung selbst aus den Fernen des Weltalls zeigt.

Über mir schwebt die Milchstraße wie ein silbernes Band durch das All, ich kann sie deutlich gegen den Nachthimmel ausmachen. Vor vielen Jahren habe ich sie das letzte Mal so deutlich im afrikanischen Busch betrachten dürfen, in den Dünen der Wüste Namib. Wo diese breite Straße aus Sternenstaub wohl hinführen mag? Bestimmt in weit entfernte Galaxien, wo es die kleinen unbedeutenden Sorgen der Menschen nicht gibt. Ich sehe das Sternbild des Orion zu meiner Linken, er hat seinen Gürtel eng geschnürt, und auch den Großen Wagen, der so instabil auf seiner Deichsel zu stehen scheint. So klein und unbedeutend komme ich mir vor unter all den vielen Sonnen und Planeten. Ich kann nur schwach die bedrohlichen Umrisse der Pryor Mountains ausmachen, denn sie sind nur eine Nuance schwärzer als der Himmel, und sie scheinen regelrecht über mir zu schweben. Aus allen Richtungen ist das Zirpen der Grillen zu hören und immer mal wieder das Rufen einer Eule. Aus dem Dunkel der Pryor Mountains kann ich Kojoten heulen hören und hoffe, dass es nicht die Wölfe sind, über die ich heute so viel erfahren habe.

Ich liege noch lange so da und lausche in die Stille hinein. Schlafen kann ich nicht, denn dafür war der Tag viel zu aufwühlend und lebhaft. Ich versuche, alle Gedanken aus meinem Geiste zu leeren, die Sorge um die Heimkehr; sogar Brandon soll für eine Weile weichen. Ich möchte nur im Hier und Jetzt sein, nirgendwo sonst, ich möchte all das hier aufnehmen und an einen gebührenden Platz in meinem Inneren schieben, um es für immer festzuhalten. Denn hier draußen ist es gut, hier spüre ich die Enge nicht mehr, den Druck auf meinen Lungen, der mir die Luft zum Atmen raubt. Ich sinke in einen leichten Dämmerschlaf, bis ich eine zarte Berührung auf meinem Gesicht spüre.

Oje, es hat angefangen zu regnen. Das darf ja nicht wahr sein. Es tröpfelt mir ins Gesicht, und die Nässe wird langsam unangenehm. Ich spiele meine Optionen durch. Im Zelt nebenan schnarcht meine Mitreiterin Dana, dass ein Seeräuber vor Neid erblassen würde. Dort kann ich also nicht übernachten, und bei Chase drüben schon zweimal nicht, sonst kommt der feurige Cowboy wieder auf wilde Gedanken. Unter den großen Baum unten am Bach will ich lieber auch nicht flüchten, denn dort ist das Gras noch hoch, und vielleicht sitzt da der Cousin des enthaupteten Klapperschlangenopas. Ich gebe mich geschlagen und ziehe mir das Schlafsackende über den Kopf. Die Nacht wird so ungemütlich, wie ich es befürchtet habe; mein Schlafsack weicht so langsam durch. Auch am nächsten Tag ist von der Romantik am Rattle Snake Creek nichts mehr übrig geblieben, denn wir müssen durchnässte Zelte abbauen und durchweichtes Gepäck durch den Schlamm ziehen.

Ich fühle mich wie von einer Dampfwalze überrollt, als ich in den frühen Morgenstunden den weißen Moon in den Pferdetransporter verlade, und ich möchte nur noch so schnell wie möglich in meinem Blockhüttchen unter die heiße Dusche steigen. Lebe wohl, Indianerland, lebe wohl, meine liebe Bärbel, Königin der schwäbischen Germanen! Schon bald werde ich in diese fernen Ausläufer des Wilden Westens zurückkehren, das verspreche ich.

Schmerzlicher Abschied

Heute ist mein letzter Tag auf der Ranch. Ich versuche, diese Tatsache bestmöglich zu verdrängen, aber es gelingt mir nicht. Fast schon panisch stapfe ich zwischen den Gebäuden auf dem Gelände umher, um mir alles noch einmal genauestens anzusehen und mir die Details meiner Ponderosa für immer einzuprägen. Ich jogge eilig auf die Pferdekoppel, um noch einmal jedem der Tiere über den Hals zu streichen, um noch mal mit Sugar in Verbindung zu treten und mit dem kleinen Spice zu schmusen. Ich fühle mich schlecht, mein Innerstes ist tief beunruhigt, und dieser Zustand ist trotz allem guten Zureden meinerseits nicht zu beseitigen.

Wie soll nur alles weitergehen jetzt, wie werde *ich* weitergehen, wie werde ich wieder Fuß fassen können in der Großstadt, an meinem Arbeitsplatz, in meinem Gefängnis? Was ist mit meinem Partner daheim, den ich während meiner Reise fast vollkommen vergessen habe? Er wohnt in meiner Wohnung, und ich werde mich von ihm trennen müssen, denn es gibt nun wirklich nicht die klitzekleinste Schnittmenge zwischen uns. Es graust mir entsetzlich vor allem, was da vor mir liegt.

Hans-Dieter versteht mich nicht, und ich habe ihn nie verstanden. Er muss mich all die Jahre mehr als Bedrohung empfunden haben denn als Freundin, mehr als lebhaften Störfaktor seiner verzweifelt gesuchten Ruhe denn als Inspiration und kraftspendende Weggefährtin. Mich hingegen hat er meist bis zur Verzweiflung gelangweilt, sein Desinteresse, seine Apathie, seine Lethargie. Es ist mir natürlich nicht erst seit Beginn meiner großen Reise klar, dass meine Beziehung eine wahre Totgeburt ist, nein, ich weiß es schon lange und habe es nur systematisch verdrängt, um die Einsamkeit nicht spüren zu müssen, um mir nicht selbst ins Gesicht blicken zu müssen, um mich selbst weiterhin verleugnen zu können. Was für ein Albtraum!

Bei den Pferden findet meine gemarterte Seele etwas Ruhe, und ich verweile eine Zeit lang auf der Koppel. Ich setze mich im Schneidersitz auf das dürre Gras, und die Herde grast friedlich um mich herum. Sugar bleibt gern in meiner nächsten Nähe, und ich muss aufpassen, nicht ein Bein unter seine Hufe zu bekommen. Was ist da nur für eine seltsame Verbindung entstanden zwischen uns beiden, eine Freundschaft zwischen zwei unterschiedlichen Säugetieren, die ich so noch nie erlebt habe? Sugar hatte verstanden, er hatte mich verstanden. Viel habe ich über Pferde gelernt auf dieser Reise, so viel, dass ich selbst an der Pferdefront nicht mehr so weitermachen kann wie bisher. Nicht einmal das ist mir geblieben. In diesen letzten Momenten im Paradies scheint es einfach keinen einzigen Stein mehr zu geben, der noch auf dem anderen steht. Wie kann man unter diesen Voraussetzungen nur weiterleben?

Da meldet sich die alte Stimme aus meinem Innersten wieder zu Wort: »Aber du hast doch jetzt die besten Voraussetzungen geschaffen, es wurde in den letzten Wochen bereits der Grundstein gelegt. Auf bereits bebauten Grundstücken kann man nicht bauen, daher muss man erst einmal alte Gebäude abreißen.« Die seltsame Stimme tröstet mich wenig, ich kann zu diesem Zeitpunkt leider kein Licht am Horizont erkennen, sondern nur Dunkelheit und Leere.

Sugar steht dicht neben mir und hat seine Nase in einem Grasbüschel versenkt. Ich lehne mich an sein Vorderbein und umarme es fest. »Lass mich doch bei dir bleiben, Sugar, ich würde auch immer gut auf dich aufpassen.« Sugar kaut beseelt weiter, es stört ihn nicht, dass ich mich an seinem Bein festhalte, er findet das völlig in Ordnung.

Nach einer Weile stehe ich auf und gehe hinab zu meinem Hüttchen. Auf der kleinen Veranda setze ich mich noch einmal in den wackeligen Schaukelstuhl und blicke über das Yellowstone-Delta und bei der guten Sicht heute bis hinunter zum Nordrand des Yellowstone-Nationalparks an der Grenze zu Wyoming. Noch nie haben mich Erlebnisse so tief erschüttert wie das alles hier. Die Rocky Mountains in all ihrer majestätischen Größe, ihrer Macht und Erhabenheit werden mich nie wieder loslassen, sie haben sich in meine Seele eingebrannt. Die lautlosen Weiten der Prärie in ihrer duftenden Endlosigkeit, ihren Hügeln und kunstvollen Felsformationen, die wie versteinerte Riesen für immer in dieser Landschaft leben müssen, und der warme Sommerwind, der mir so liebevoll durchs Haar strich, all das werde ich für immer mit mir tragen.

Ja, ich habe wahrhaftig den Boden unter meinen Füßen verloren. Haben mich all diese Erlebnisse zu meinem eigenen Ich zurückgeführt, oder war ich in einem vergangenen Leben vielleicht mal nordamerikanischer Rancher, oder habe ich bislang einfach ein für mich grottenfalsches Leben geführt? Vielleicht ist es eine Mischung aus allem. Was tut man nur in solch einer ausweglosen Situation? »Man spricht ein Gebet.« Huch da war sie schon wieder, diese innere Stimme. Also gut. Gut, dann spreche ich jetzt ein Gebet.

Ich falte die Hände und hole meinen Blick zurück vom silbrig funkelnden Yellowstone River, hinab auf den Holzboden meiner Veranda. Die Worte formen sich in aller Stille wie von selbst in meinem Mund, und ich sage Danke. Danke für das alles hier, für dieses größte aller Geschenke, danke, dass mir die Augen geöffnet wurden, dass mein Blick nun auf mein Leben gerichtet wurde, auf mein neues Leben und auf eine Zukunft in Freiheit, die ich mir gestalten kann, wie ich es möchte. Danke, dass ich wieder mit beiden Beinen auf den Boden gestellt wurde, nachdem ich schon so lange keine Verbindung mehr mit den erdigen Feldern dieser Welt hatte. Ich lächle auf die Holzbretter hinab, und ja, ich fühle mich schon viel besser nach diesem Gebet. Ich sage nur noch eines ganz leise, bevor ich das Amen an meine innigen Sätze hänge: »Bitte, pass gut auf mich auf bei allem, was da jetzt kommen mag, denn ich fühle, es wird einiges kommen.«

Für meinen letzten Abend ziehe ich mich noch einmal hübsch an, allerdings ohne High Heels, denn High Heels sind auf einer Ranch einfach nicht tragbar. Dafür schminke ich mich umso aufwendiger, sprühe und frisiere und marschiere im Anschluss daran über die Prärie, hinab zur Kitchen Barn. Dort gibt es meine Henkersmahlzeit, einen schmackhaften gekochten Schinken mit Kartoffelbrei und allerhand Salat dazu sowie Eis zum Nachtisch. Ich unterhalte mich notgedrungen mit den neu angekommenen Amerikanerinnen aus Chicago.

Dana aus Texas, die ja schon bei der großen Tour am Fuße der Pryor Mountains mit dabei war, ist mir als Einzige der neuen Gäste trotz aller Verschiedenheit recht sympathisch. Sie sitzt mir in eleganter Pose gut gekleidet auf der Holzbank gegenüber. Was macht nur eine ältere Texanerin hier oben in Montana auf einer Rinderranch? Sie sieht aus wie eine echte Grande Dame aus Houston. Sie ist klein, aber drahtig, mit einer schicken rötlichen Kurzhaarfrisur. Sie trägt auffällige goldene Ohrringe und überhaupt recht teuren Schmuck, und sie ist ehemalige Rodeo Queen. Was, Rodeo Queen? Ja, Dana hat beträchtliche Reiterfahrung mit ihren sechsundsechzig Jahren, denn so alt ist die schicke Lady aus den Südstaaten. Mir fällt an dieser Stelle wieder ein, dass Dana beim Ritt durch das Crow-Indianerreservat auch gern mal im Schneidersitz in ihrem Sattel saß und auch sehr geübt im Jagdgalopp neben mir herdonnerte. Ja, reiten kann die ältere Dame, das war nicht zu übersehen.

Dana erzählt mir von ihrer Jugend, und ich kann es kaum glauben, sie ist tatsächlich auf einer riesigen texanischen Rinderranch aufgewachsen. Kein Wunder also, dass es sie nach all den Jahren mal wieder in die Landwirtschaft gezogen hat und natürlich auch hinaus aus der Stadt. An einigen Stellen erwähnt sie ihren Vater, wohl hat sie die meiste Zeit ihres Lebens mit ihren Eltern zusammengelebt. Und eine stattliche Anzahl Pferde gab es wohl auch auf ihrer Ranch. Ach, was für eine herrliche Jugend muss unsere Dana nur gehabt haben! Dann habe sie geheiratet, aber das sei nur wenige Jahre gut gegangen. Sie habe sich dann scheiden lassen. An dieser Stelle frage ich nicht näher nach, denn Dana wird nun still, Verbitterung und Kummer breiten sich in ihrem Gesicht aus.

Ich möchte sie aufheitern und frage sie nach ihrer Zeit beim Rodeo. Und da strahlt die Dame aus Texas sofort wieder bis zu den Ohren und erzählt, wie sie einst wie ein geölter Blitz mit ihrer Stute um die Ölfässer schoss und auch mal gern einen Mustang zuritt, wie sie mitsamt ihrer Stute gegen eine Zeltstange ritt und das Zelt dann über ihr und ihrem Pferd zusammenbrach. Da kommt sie ins Lachen, und ich lache trotz meiner schlechten Stimmung wegen meiner Abreise mit, denn neben ihren Geschichten liebe ich ihren ausgeprägten Südstaatenakzent, das breite, kaugummiartige Texanisch mit seinem melodiösen Klangteppich unter den Worten.

Kurz und knapp erzähle ich Dana von meinem eigenen Kummer, dass ich morgen früh abreisen muss und dass ich solche Angst vor zu Hause habe, weil mich dort einfach nichts

Gutes erwartet. Sie nickt, denn sie hat meine wenigen Worte verstanden. »Man hat immer eine Wahl im Leben, weißt du, immer«, sagt sie mit ihrer tiefen samtigen Stimme und faltet nachdrücklich ihre Hände vor der Brust. »Man kann immer Schritt für Schritt die Dinge in die richtige Richtung lenken, es ist nie zu spät.«

Dann wendet sie langsam ihren Blick in Richtung Brandon, der sich gerade eine Kugel Eis aus dem Topf schabt. Ich folge ihrem Blick, und sie ruft zu Brandon hinüber: »Brandon *honey*, könntest du mal eben zu uns herüberkommen?« Brandon setzt sich bereitwillig zu uns an den groben Holztisch und löffelt aus seiner Eisschale. »Brandon, heute ist Julias letzter Abend auf der Ranch«, sagt Dana zu ihm. »Willst du sie nicht noch mal mit dem *Four Wheeler* zu der Büffelherde hinter dem Hügel rausfahren, damit sie ein letztes Bild von den Königen der Prärie mit nach Hause nehmen kann?« Mir wird abwechselnd heiß und kalt, und meine Finger streichen nervös über das kleine Astloch in der Tischplatte.

»Oh, ja, natürlich«, antwortet Brandon, »ich hole nur schnell meine Jacke.« Er steht auf und verlässt die Scheune.

Ich warte, bis die Tür hinter ihm zugeschlagen ist. *»Oh my God, Dana! How can I ever thank you enough!«*, sage ich vollkommen entgeistert und ergreife mit meiner Hand ihren Arm. Dana schmunzelt mir verschmitzt zu und legt ihre Hand auf meine. *»Darlin, this isn't my first Rodeo!«*, was auf Texanisch so viel heißen soll, wie: Ich mache das schließlich alles nicht zum ersten Mal!

Auch ich schnappe meine Jacke, denn der Wind bläst heute Abend kühl über die Prärie. Ich steige zu Brandon auf das Quad, und wir fahren langsam und behutsam über die Feldwege, um den malerischen Hügel herum. Die Abendsonne wirft goldene Strahlen über die ockerfarbene Prärie, der Yellowstone River funkelt in der Ferne, und die Hügel leuchten in feurigem Rot wie Kegel aus der Landschaft empor. Brandon spricht nicht viel und beantwortet nur knapp meine gelegentlichen Fragen. Aber er scheint den abendlichen Ausflug zu genießen, denn er lächelt still und zufrieden vor sich hin. So tuckern wir von dannen und durchkreuzen eine Bachsenke mit riesigen *Cottonwood Trees,* die knorrig und verschlungen aus dem saftigen grünen Gras emporwachsen.

Plötzlich stoppt Brandon den *Four Wheeler* und geht durch das hohe Gras. Er hebt ein paar Federn vom Boden auf, wunderschöne große Federn, die, wie er mir berichtet, von den wilden Truthähnen stammen, die es in dieser Gegend so zahlreich gibt. Die langen Federn sind schwarzweiß gestreift, und ich habe sie schon in den Ausstellungsvitrinen des Crow-Indianer-Museums bewundern dürfen. Die Indianer scheinen sie für ihren üppigen Kopfschmuck zu verwenden.

Brandon freut sich wie ein Kind und vermutet, dass es in dieser Senke einen Kampf unter Truthahnmännchen gegeben hat. Deshalb würden hier so viele Federn herumliegen. Er sucht wie mit Adleraugen den ganzen Boden nach diesen Schätzen ab und hat nach einer Weile tatsächlich einen stattlichen Strauß zusammen. Auch ich habe ein paar Federn im hohen Gras gefunden und sie seinem Strauß hinzugefügt. Nachdem der letzte Zentimeter der Bachsenke abgesucht ist, löst er die größte und schönste Feder aus seinem Strauß heraus und überreicht sie mir verlegen. »In Montana überreichen wir den Damen keine Blumen, sondern lieber schöne Federn.« Schmunzelnd nehme ich die Feder entgegen und verspreche, gut auf sie aufzupassen, sie mit nach Deutschland zu nehmen und ihr in meiner Wohnung einen gebührenden Platz zuzuweisen.

Nachdem alle Federn ordnungsgemäß verstaut sind, fahren wir noch ein Stückchen weiter um den Hügel herum auf eine kleine Anhöhe, von der aus man die Koppel mit den Buffalos gut sehen kann. Und da unten stehen sie auch schon, die lockigen Urkühe, diese aggressiven amerikanischen Nationalhelden, und wer auch nur im Traum auf die Idee kommen könnte, ich sei hier wegen der Zottelkühe, der hat sich ganz massiv getäuscht. Ich tue so, als sei mir kalt, und rücke noch ein bisschen näher an Brandon heran, auf der ohnehin schon engen Sitzbank des Miniaturfahrzeugs.

»Hast du dich nun entschieden, was du gegen Ende des Jahres machen wirst, wenn die Saison hier auf der Ranch vorüber ist?«, frage ich Brandon zaghaft. Brandon weiß es noch nicht genau. Er wünscht sich über alles, endlich Europa bereisen zu können, und er hatte die letzten Tage immer seine persönliche Weltkarte bei sich, damit die Gäste darauf Kreuze am Ort ihrer Heimat machen konnten; auf der Rückseite sollten sie dann ihre Adresse aufschreiben. Erst gestern hat sich Brandon auch meine Adresse notiert, um mir vielleicht eines Tages während einer ausgedehnten Europareise einen Besuch abzustatten. »Du kannst jederzeit bei mir wohnen«, sage ich zu ihm und denke: Vorausgesetzt, ich setze meinen Mitbewohner vorher auf die Straße, denn der fände es vermutlich nicht so toll, wenn er sich überraschend mit dem schönsten aller Cowboys das Bad teilen müsste.

»Wie geht's bei dir weiter, wenn du nach Hause kommst, Julia?«, fragt mich Brandon. »Also, ich denke, ich werde langsam anfangen, mein Leben umzukrempeln, obwohl ich schreckliche Angst davor habe.« Brandon antwortet: »Es ist immer gut, früh mit diesen Dingen anzufangen.« Auf diesen altklugen Universalsatz hin müssen wir beide ordentlich lachen. Dann geht alles wie von höheren Mächten gesteuert.

Brandons Schultern beugen sich leicht nach vorn und zur

Seite, und ich schiebe meinen Kopf ganz langsam in den Nacken. Unsere Körper finden sich wie von Zauberhand geleitet in einer innigen Umarmung wieder, in Zeitlupe, behutsam, unerfahren. Unsere Wangen berühren sich, meine Stirn streicht über seine. Meine Hand fährt behutsam über sein Gesicht, durch sein helles weiches Haar, meine Lippen fahren über seinen Nasenrücken. Er berührt mit seinen Lippen meine Wange, ich drehe mein Gesicht und finde seine Lippen auf meinen, ganz sanft. Es folgt ein leidenschaftlicher Kuss, Brandon zittert, ich spüre seine Unsicherheit, er hat nicht viel Erfahrung mit seinen dreiundzwanzig, ich ziehe ihn fester an mich. Meine Hände haben sich tief in sein abgetragenes Hemd vergraben. Er duftet nach Heu, Holz und Wiesenblumen, aber auch noch nach etwas anderem, seiner sanftmütigen Männlichkeit.

Die Sonne verschwindet mit ihren wärmenden Strahlen langsam, aber stetig hinter dem Horizont, meine Hände streichen über Brandons Rücken, ich spüre seine Hände in meinem Nacken. Nie wieder will ich ihn loslassen, ich möchte hier in der Wildnis sitzen bis ans Ende aller Zeiten, nur wir zwei.

Es wird kalt, Brandon startet den Motor, und wir fahren zurück. Auf dem Parkplatz vor der Kitchen Barn lädt Lillian gerade mit der einbrechenden Dunkelheit Kisten von der Ladefläche ihres Pick-up-Trucks. »Kannst du mir helfen, Brandon?«, ruft Lillian schon von Weitem, und der magische Moment, wie ein einziger Atemzug, wie ein einziger Herzschlag im Universum, ist vorüber. Es war, als sei die Zeit stehen geblieben, als seien wir für einen Moment ausgetreten aus Zeit und Raum, aus dieser Welt. Nun ist es vorüber. Ich bin mir nicht einmal mehr sicher, ob ich all das nicht nur geträumt habe. War dies ein Streich meiner Fantasie, und diese letzten Stunden haben nur in meinem Kopf stattgefunden? Ich weiß es nicht mehr. Ich atme ein mit geschlossenen Augen, ich kann ihn noch riechen, Brandon, meinen Brandon, kann ihn noch fühlen, aber er ist fort und in der Kitchen Barn verschwunden.

Ich steige langsam aus dem *Four Wheeler* und gehe hinauf zu meiner Hütte. Auf der Veranda drehe ich mich noch einmal um, blicke hinüber zum Yellowstone River und hinab zu den Stallungen, dann trete ich ein in mein geliebtes Zuhause, das ich nun verlasen muss. Mein Geist ist wach, so wach wie schon lange nicht mehr. Ich bin aufmerksam, sehe jede Maserung im Holz, jede Masche in meiner Bettdecke. Mein Puls ist ruhig, aber ich spüre mein Herz schlagen. In Zeitlupe lege ich meine Kleider zusammen und befülle meinen riesigen Koffer mit allen mitgebrachten und neu gekauften Habseligkeiten. Es dauert eine Weile, bis alles für die Abreise vorbereitet ist, dann lege ich mich auf mein Himmelbett und warte, bis es Zeit ist.

Meine Gedanken sind klar und ruhig und überraschend gut sortiert. Ich fühle, dass jetzt alles in Ordnung ist, dass meine große Reise zu einem guten Abschluss gekommen ist, zu einem letzten Aufbäumen der Gefühle, zu einem letzten Ausbruch der Leidenschaft, zu ihrem fabelhaften Höhepunkt. Ich weiß so sicher wie das Amen in der Kirche, dass ich jetzt gewappnet bin für alles, was da kommen mag, ich bin gestärkt, bekräftigt und entschlossen – und alles wird gut werden. Ich spüre es.

Tief in der Nacht um drei Uhr höre ich Motorengeräusche. Es ist der Halbindianer mit dem langen Pferdeschwanz und dem hoffnungslos verrosteten lila Auto, das er als Taxi verwendet, das einzige Taxi in dieser Gegend weit und breit. Seine Scheinwerfer leuchten auf meine Hütte und zu meinem Fenster herein. Ich steige in voller Reisemontur aus meinem Himmelbett, geschlafen habe ich nicht. Ich hieve meinen Koffer und den Seesack zur Tür hinaus, hinab über die Prärie und durch das Kleefeld zum Auto. Da rast die fünfköpfige Hundemeute auf mich zu und wirft mich beinahe über den Haufen. D.O.G. greift sich mit den Vorderpfoten mein Bein, Wolfy schiebt seinen ganzen Körper unter meinen Arm, Blue Dog stellt sich vor mich und versperrt mir den Weg. Es ist, als wollten sie mich alle am Gehen hindern.

Da kann ich mich nun nicht mehr halten; ich falle zu D.O.G. auf die Knie und weine, dass es meinen ganzen Körper schüttelt. Wolfy leckt mir das Gesicht und Blue Dog schiebt mir seine Nase ins linke Ohr. Die Dackel hüpfen wie wild geworden und in heller Aufregung vor mir auf und ab. »*Good buy my sweethearts, I love you very much, please be good and look after your selves.*« Ich bedecke die Hunde mit meinen Tränen und umarme D.O.G. die kleine Cocker-Spaniel-Dame, die Brandon in der Mülltonne auf einem Rodeo gefunden hatte. Sie schmiegt ihre Wange an meine.

»Es ist schwer für Sie, nach der langen Zeit auf der Ranch abzureisen«, sagt der Fahrer, nachdem wir losgefahren sind.

»Ja, oh ja, es ist sehr schwer«, sage ich unter Schluchzen. »Aber ich komme wieder, so viel ist sicher. Bis dahin werde ich dieses Land in meinem Herzen bei mir tragen. Was immer im Herzen gut verstaut ist, kann nicht verloren gehen, durch nichts und niemanden«, zitiere ich meine innere Stimme. Und ich tauche ein in die Dunkelheit der Wildnis, ein letztes Mal, in die Wildnis von Montana.

Epilog

Mein Flugzeug landet holprig in dichtem Nebel auf der Landebahn in Stuttgart, und ich stehe kurz darauf verloren neben dem Gepäckband in der Ankunftshalle. Mir graut es vor allem, was nun auf mich zukommt. Die Begrüßung mit Hans-Dieter, der mich nach all den Monaten vom Flughafen abholt, wir haben nur kurze Textnachrichten in den letzten Wochen ausgetauscht, der Anblick des wolkenverhangenen Himmels und das diesige Wetter, die grauen Häuser und die ganze entsetzliche schwäbische Tristesse, die ich schon aus der Luft ausmachen konnte. Da ist nichts, tatsächlich rein gar nichts, auf das ich mich bei meiner Rückkehr freue. Ich würde am liebsten, wenn ich nur irgendwie könnte, den nächsten Flieger zurück nach Montana nehmen und in die Weiten der Wildnis entfliehen, zu den Pferden und Wildtieren in die einsamen Berge ... zurück in Brandons Arme ... ach, mein Herz ist immer noch bei ihm.

Wie nur soll ich mich in Deutschland wieder einfinden? Was erwartet mich? Als ich mich das frage, schaue ich direkt in Hans-Dieters traurige Hundeaugen. Er steht hinter der Absperrung und nickt mir zu, als käme ich gerade von einem Einkauf aus dem Supermarkt zurück. Meine Ernüchterung könnte größer nicht sein, und ich möchte Hans-Dieter, meinen Lebensabschnittsgefährten, am liebsten gar nicht ansehen und schon gar nicht in den Arm nehmen. Wir stehen voreinander wie zwei entfernte Bekannte, und um die Situation zu retten, drücke ich ihm unter verbalen Belanglosigkeiten meinen schweren Koffer in die Hand.

Als wir schließlich im Auto sitzen, stelle ich erleichtert fest, dass ich nicht das leiseste schlechte Gewissen in meiner Magengrube ausmachen kann – dafür, dass ich so lange fort war, dafür, dass ich mich so selten gemeldet habe, und auch dafür, dass ich mich unsterblich in den jungen Brandon verliebt habe. Es mag auch daran liegen, dass Hans-Dieter nichts Besseres zu erzählen weiß, als dass er immer noch schrecklich unter seinen Schlafstörungen und der damit verbundenen Müdigkeit am Tage leidet, so wie schon die letzten fünfzehn Jahre. Er ist so beschäftigt mit seiner Erzählung, dass ich gar nichts erwidern muss, ich wüsste auch gar nicht was. Stattdessen ärgere ich mich, dass ich nicht noch ein paar weitere Tage frei habe, sondern gleich morgen auch schon wieder ins Büro muss, in mein Bürogefängnis, wie Chase es genannt hatte. Mich schüttelt es innerlich, wenn ich an den kommenden Morgen denke.

Zu Hause angekommen, zieht sich Hans-Dieter schon bald ins Schlafzimmer vor den Fernseher zurück – auf die Idee, für mich zu kochen oder mich in ein Restaurant einzuladen und mich bei einem Wiedersehensessen so richtig nach meinen Reiseerlebnissen zu befragen, kommt er nicht – und das ist wohl auch besser so. Das Läuten des Telefons lenkt mich ab, und nach einem kurzen Gespräch mit meinen Eltern, die neugierig auf meine Erlebnisse und all die tollen Fotos sind, die ich gemacht habe, versuche ich, meine Gedanken etwas zu sortieren, aber es will mir nicht gelingen; also stürze ich mich erst einmal aufs Auspacken.

Am nächsten Morgen im Büro ist noch alles beim Alten: der Chef, dem das Wohl seiner Mitarbeiter grundsätzlich gleichgültig erscheint und der die meiste Zeit des Tages lieber seine eingeschränkte Macht auf fragwürdige Weise demonstriert, herumschreit und Unsinn befiehlt – und dann sind da auch noch die alten Kollegen, die sich den ganzen Irrsinn gefallen lassen. Ich fühle mich wie ein Fremdkörper, der nicht hierherpasst und auch nicht hierhergehört. Als ich an meinem Schreibtisch sitze, bemerke ich eine dünne Staubschicht auf der Arbeitsfläche und den Schreibutensilien, rechts und links von mir liegen ein paar aufgestapelte Akten, und ich frage mich, ob diese Unterlagen schon vor meiner Auszeit in Montana dort lagen.

Als ich mich überwinde und endlich den Computer anwerfe, erscheint das kleine Feld fürs Passwort. Ach, wie heißt es denn noch gleich? Ich überlege und überlege, es will mir einfach nicht mehr einfallen. Hatte ich nicht einen Merkzettel für Passwörter? Ich schaue in allen Schubladen nach, kann ihn aber nirgends finden.

Schwermütig blicke ich aus dem Fenster und betrachte die hässliche graue Betonwand, die Außenfassade des Nachbargebäudes. Mein wirklich netter Kollege Marcus, der mir gegenübersitzt, lächelt mich immer wieder verständnisvoll und aufmunternd an. Auch beschwert er sich nicht, als ich ein paar Fotos von Montana, die sich zum Glück noch auf meinem Mobiltelefon befinden, ausdrucke und mit Tesafilm an die Wand klebe. Schon zum dritten Mal heute früh reißt der Chef aggressiv die Bürotür auf, dieses Mal wirft er seinen abfälligen Blick nicht auf mich, sondern auf die Bilder an der Wand mit Pferden und Prärielandschaft im Hintergrund. Dann schlägt er auch schon wieder die Tür zu.

Ich ahne schon jetzt, dass es mehrere Monate dauern wird, um wenigstens meine elementare deutsche Funktionsfähigkeit wiederherzustellen, einen Betrieb auf Sparflamme sozusagen. Die meiste Zeit werde ich im Büro nur abwesend vor mich hin starren. Jedoch wird auch nach dieser Phase der trübsinnigen Lethargie nichts mehr so wie früher sein, denn meine Exkursion in den Wilden Westen kann nun mal nicht mehr ungeschehen gemacht werden – ich habe mich verändert.

Äußerlich ist dies bereits am nächsten Tag zu erkennen. Meine dunkle Geschäftskleidung tausche ich durch Bluejeans mit ausladender Gürtelschnalle aus, was meinem Chef überhaupt nicht gefällt, aber fortan ignoriere ich seine Meinung. Auch verbanne ich die guten High Heels in den Keller, ebenso wie die zahlreichen Blazer und Jacketts aus meinem Kleiderschrank, der rote Nagellack wandert in den Mülleimer.

Meine äußere Wandlung ist dabei nur das deutliche Zeichen dafür, dass sich mein Inneres und mein Blick auf das Leben verändert hat. Denn ohne es allzu konkret bemerkt zu haben, habe ich seit meiner Rückkehr aus Montana auf einmal Horizonte vor Augen, Ideen, neue Wege und Straßen, auf denen ich gehen könnte. Bevor ich meine große Reise antrat, lebte ich von Tag zu Tag, überstand ein Jahr nach dem anderen und klopfte mir am feuchtfröhlichen Silvesterabend oft selbst auf die Schulter, weil ich das eben zu Ende gegangene Jahr mit nicht lebenskritischen Blessuren überstanden hatte. Dennoch hatte es mir jedes Mal aufs Neue eine geballte Ladung blauer Flecken, mehr graue Haare und ein wachsendes Gefühl der Sinnesleere beschert. Mein Leben war bis zu meiner Reise nach Montana mehr ein Überleben als ein Erleben gewesen. Durch meine Erlebnisse im Wilden Westen, meine dort gewonnenen Erkenntnisse und das Zurückfinden zu mir selbst ist meine ganze bisherige Lebensausrichtung nachhaltig erschüttert worden, es haben sich nun Träume und Vorstellungen aufgetan, die viel konkreter und viel realer sind als die kindlichen Sehnsüchte einer Fünfjährigen.

Nun habe ich klare Visionen und Ideen vor Augen, die tagtäglich einen ungeheuren »Drive« in mir auslösen und die eine neue, ungeahnte Lebensenergie in mir hervorbringen. Ich fühle es ganz deutlich in der Magengrube – obwohl ich nun täglich wieder in meinem grauen Büro sitzen muss, hat mein Leben dennoch einen Sinn bekommen.

Der erste wichtige Schritt in mein neues Leben ist nun zweifelsohne die unvermeidliche Trennung von Hans-Dieter. Obwohl mir das natürlich schon in Montana völlig klar war, brauche ich noch ein paar weitere Wochen, um all meine Kräfte zu sammeln, und mehrere klärende Gespräche mit meiner guten Freundin Benita, um das unschöne Vorhaben in die Tat umzusetzen. Während dieser Wochen leben Hans-Dieter und ich wie schon vor meiner großen Reise teilnahmslos nebeneinanderher, bilden lediglich eine Wohn-, aber keine Lebensgemeinschaft. Ich verbringe die meisten Abende allein am Schreibtisch zu Hause, um all meine Gedanken, Ideen und Erkenntnisse aufzuschreiben und meinen wild schwirrenden Geist zu sortieren. Hans-Dieter liegt in gewohnter Manier bereits früh im Bett, wo er sich ohnehin am liebsten aufhält, und sieht fern.

Abend für Abend, Schritt für Schritt skizziere ich einen Plan aufs Papier, den ich mit dickem Filzstift überschreibe, denn dies ist der wichtigste Aspekt meines Vorhabens: Ich möchte auswandern. Ich möchte mich dort niederlassen, wo ich mich so sehr zu Hause gefühlt habe, wo Platz, Raum und Freiheit ist, Tiere und warmherzige Naturmenschen und wunderbare Landschaften ohne Autobahnen, Städte und Lärm. Ich möchte im Wilden Westen der Vereinigten Staaten leben.

Dort würde ich mich zuerst mit einem regulären Job über Wasser halten und dann mithilfe all meiner Ersparnisse und bisherigen Besitztümern Land kaufen. Um es genau zu sagen, ich habe vor, eine Ranch zu erwerben, die ich dann nach und nach in eine »Guest Ranch« umfunktionieren möchte, wie es sie in den USA so herrlich gibt. Guest Ranches sind amerikanische Bauernhöfe im guten alten Westernstil, auf denen Touristen Urlaub in der Abgeschiedenheit machen können, ohne Lärm, ohne Verkehr, ohne Stress, dafür mit tagelangen Pferdetouren und Rinderarbeit, körperlichem Mitschuften, Lagerfeuer und Barbecue, unter freiem Himmel übernachten und so weiter. Dies ist mein Plan. Die Verwirklichung dieses Traums wird die größte Herausforderung meines Lebens bedeuten, so viel ist sicher. Doch ich weiß, ich bin mit Leib und Seele Abenteurerin und habe den Mut und die Ausdauer für dieses Vorhaben – und als Schwäbin auch die finanzielle Umsicht und den scharfen Verstand.

Nur meine engsten Freunde und meine Eltern weihe ich in meine Pläne ein, ernte aber von allen Seiten großes Unverständnis. Eine befreundete Kollegin meint zu mir in der Mittagspause: »Du willst doch nicht wirklich den ganzen Tag in dreckiger Arbeitskleidung herumlaufen und zu den verrückten und waffenwütigen Amerikanern ziehen?« Meine Freundin aus Universitätszeiten bemerkt nachdrücklich: »Geh doch lieber Shoppen, zur Maniküre und in den Ferien ins Fünf-Sterne-Hotel oder, noch viel besser, gleich auf Kreuzfahrt, so wie ich.« Meine Eltern packte gar das blanke Entsetzen: »Hast du überhaupt eine Ahnung, was das alles für Arbeit bedeutet und was für Entbehrungen?« Ich sage daraufhin: »Ja, Entbehrungen allemal, damit kenne ich mich ja schon allerbestens aus.«

Nun, ich muss mir in diesen Wochen eben endgültig

eingestehen, dass ich ein Exot bin, ein komischer Vogel, ein bunt schillernder Fisch, der gegen den Strom schwimmt, ein wildes Tier im Zoo, das sich nichts sehnlicher wünscht als seine Freiheit. Kaum jemand konnte meine undeutsche und völlig aus dem Rahmen fallende Lebensvorstellung nachvollziehen. Außer meiner besten Freundin Benita, die mich an Abenteuerlust und ungebremster Reisewut noch um einiges übertrifft. Sie ist in ihrer uneingeschränkten Weltoffenheit überzeugt, dass ich ein Leben im Wilden Westen durchaus in die Tat umsetzen könnte. Auch meine heißgeliebte Freundin seit Schultagen, Eva, die einst ihren französischen Ehemann im afrikanischen Busch kennenlernte, weil er ihr tagtäglich beim Zeltaufbau half, und der sie dann zu meinem größten Kummer für immer nach Frankreich entführte, hat absolut Verständnis für meine Umsiedlungsfantasien und freut sich mit mir.

Aber wo sollte ich vernünftigerweise mit meinem Plan bloß ansetzen? Was hatte meine innere Stimme unter dem Sternenhimmel im Indianerreservat der Crow zu mir gesagt? Auf schon bebauten Grundstücken kann man nicht bauen. Man muss erst die alten Gebäude abreißen, bevor man neue darauf bauen kann. Ja, so waren die Worte dieser seltsamen inneren Stimme, vor der ich mich zu diesem Zeitpunkt auch geängstigt hatte. Was genau ist es also, was ich nun einreißen soll, um einen hübschen Neubau an dessen Stelle zu setzen?

Ich brauche nicht lange zu grübeln. Ich muss mich von Hans-Dieter trennen. Bisher fehlte mir noch das letzte Quäntchen Mut, nicht, weil ich an dieser Entscheidung zweifle, sondern weil ich gleichzeitig auch akzeptieren muss, wieder allein zu sein. Und vor dem Alleinsein hatte ich Angst.

Es ist ein trostloser verregneter Sonntag im Herbst, als Hans-Dieter und ich schweigend nebeneinander auf meinem guten weißen Sofa sitzen und ich die unausweichliche Frage stelle: »Wie machen wir nun weiter von hier aus, mein lieber Hans-Dieter? So oft schon waren wir an diesem toten Punkt.«

Hans-Dieter schaut auf seine Hände hinab und erwidert zögerlich: »Ja, das ist wahr.«

Es folgt ein längerer Moment des Schweigens. Wie schon so oft zuvor darf ich ihn heute nicht aus diesem wichtigen Gespräch entweichen lassen, und auch ich darf mich nicht selbst wieder auf einen späteren Zeitpunkt vertrösten – nein, hier und jetzt müssen die Dinge in die Tat umgesetzt werden. Denn genau das war es, was uns in den letzten beiden Jahren gefehlt hatte. Unsere Wohngemeinschaft funktionierte zwar tadellos, wir hatten alle häuslichen Arbeiten und Aufgaben gut untereinander aufgeteilt, der Alltag verlief reibungslos, und zunächst führten wir auch eine vertrauensvolle Freundschaft auf höchstem Niveau. Aber eine Partnerschaft, ein echtes gemeinsames Leben mit geteilten Interessen und gemeinsamen Aktivitäten, die Perspektive auf eine gemeinsame Zukunft mit Plänen, Ideen und Zielen, das war es nun mal nicht.

Über all das sprechen wir an diesem grauen Herbstsonntag, ohne uns gegenseitig Vorwürfe zu machen oder den anderen für etwas anzuklagen. Beide wissen wir, was unsere Worte bedeuten: Wir werden jeder für sich nun allein im Leben weitergehen. Dann schweigen wir und blicken nachdenklich zu Boden. Ich fühle mich erleichtert, ich fühle, wie sich Ruhe in meinem aufgeregten Geist breitmacht. Ein zweites Mal hole ich tief Luft und mache Vorschläge, wie Hans-Dieter am besten seine wenigen Möbel in den nächsten Tagen abtransportieren könnte und dass er schon am nächsten Samstag seine Brüder um Hilfe bitten könnte, um die sperrigen Utensilien in sein Büro zu transportieren, wo er vorübergehend wohnen möchte.

Alles ist nun geklärt. Ohne Drama, ohne Tränen, ohne Verzweiflung, weil ich in der Tiefe meiner Seele weiß, dies ist der richtige Weg. Wir umarmen uns zum Abschied, und ich besuche noch am selben Abend Benita, die mir sofort anbietet, mir für die kommenden Nächte ihr Gästezimmer zu überlassen. Und so war das Gespräch mit Hans-Dieter auf meinem guten weißen Sofa das Letzte, was ich je von ihm hörte oder sah. Die gemeinsamen Jahre der beschaulichen Wohngemeinschaft waren zu Ende.

Nachdem Hans-Dieter ausgezogen ist, stelle ich die Möbel in meiner Wohnung um, kaufe ein paar neue dazu und hänge Bilder von Montana an die Wände. Ich verteile Erinnerungsstücke in allen Zimmern – hübsche Federn, die Feder von Brandon bekommt einen besonderen Platz, rostige Hufeisen, ein schmutziges Montana-Nummernschild, das ich auf einem Feld gefunden hatte, und vieles mehr. Mit all diesen Erinnerungsstücken fühle ich mich mit Montana fest verbunden, beschützt und ständig daran erinnert, wohin ich gehöre. Dies gibt mir Kraft und Hoffnung und den tiefen Glauben, dass alles gut werden wird.

Dagmar und Ulf, meine Abenteuerkollegen und neuen Freunde, bestärken mich liebevoll in den kommenden Wochen in meinem wahnwitzigen Vorhaben, das sie wie niemand anders verstehen und nachvollziehen können. Ich besuche die beiden des Öfteren in der Gegend von Frankfurt und stelle regelmäßig in meiner Wohnung Feldbetten und Klappmatratzen auf, um sie bei mir zu beherbergen, denn nur unter meinen gleichgesinnten Wildnisgefährten fühle ich mich die Tage so richtig wohl und unbeschwert.

An einem Morgen nach der Trennung von Hans-Dieter finde ich sogar ein Carepaket im Hausflur, das Dagmar mit der Post geschickt hat, mit einem karierten Westernhemd darinnen und lauter netten Andenken aus Montana, einer ansehnlichen Menge Süßigkeiten zum »Kummerfressen«, wie auf der beigefügten Karte steht, und einer Flasche Whisky zum »Kummersaufen«, eingewickelt in das karierte Hemd.

Und dann ist da noch diese Rolle aus grauer Pappe unten im Paket. Vorsichtig öffne ich sie, und es verschlägt mir im selben Moment die Sprache, ich erkenne das aufgerollte Papier sofort. Es ist eine antike Karte, an manchen Stellen schon vergilbt und eingerissen, das Papier dünn, brüchig und stellenweise verschmutzt. Es ist eine uralte Landkarte von Montana. Da kann ich mich dann wirklich nicht mehr halten, und die Tränen fließen mir tief ergriffen in den Schoß.

Diese alte Karte hatte ich in einem Trödelgeschäft in Augusta gesehen. Mehrmals war ich an ihr vorbeigestreift und hätte sie so gern gekauft. Es war mir aber kurz davor das Bargeld ausgegangen, und wie sollte ich das empfindliche Stück auch unbeschadet nach Deutschland transportieren? Und schließlich war ja schon am nächsten Tag der Beginn der Rocky-Mountain-Überquerung angesagt. Da konnte ich diese Antiquität nun wirklich nicht gebrauchen. Aber ich hatte während der tagelangen Ritte in den Gebirgen der Rocky Mountains Dagmar von der Karte erzählt, da mich dieser alte Schatz wohl gedanklich noch beschäftigt hatte. Die ungeheuren Eindrücke der unvergleichlichen Berglandschaft und die atemberaubende Wildnis hatten mich die Karte dann zu guter Letzt doch vergessen lassen.

Meine wunderbare Abenteuergefährtin hatte sie allerdings nicht vergessen und war heimlich nach unserer Rückkehr nach Augusta in den Trödelladen gegangen, um sie für mich zu kaufen und nach Hause zu transportieren. Nie werde ich Dagmar diese Geste unvergänglicher Seelenverwandtschaft vergessen. Die antike Karte von Montana hängt seit jenem Tag in meinem Arbeitszimmer und erinnert mich täglich an meine Träume und meinen eingeschlagenen Weg. Sie gibt mir Kraft, wenn ich des Nachts bis in die frühen Morgenstunden wach liege und mich über die Umsetzung meines Vorhabens sorge, über die beunruhigenden gesellschaftlichen und politischen Entwicklungen in den Vereinigten Staaten und über die Finanzierbarkeit meines waghalsigen Unterfangens.

Seit einigen Wochen stehe ich nun wieder allein im Leben, ohne Lebensabschnittsgefährte und Mitbewohner, und es fühlt sich gar nicht mal so schlecht an. Es ist niemand mehr da, zu dem ich mit schlechtem Gewissen am Abend nach Hause eilen muss, obwohl ich doch viel lieber noch woanders bleiben möchte.

Als ich dann an einem Spätnachmittag im Herbst kurz vor Sonnenuntergang in die nächstliegende Tankstelle einbiege und mich nach dem Kraftstoffzapfen am Ende der Kassenschlange einreihe, fällt mir ein uniformierter Mann vor mir in der Reihe auf. Er trägt einen regelrechten Kampfanzug aus Camouflage. Als er sich umdreht, sehe ich die amerikanische Flagge und ein Namensschild auf seiner Brust prangen. Ach ja, natürlich, denke ich mir, wir haben in Stuttgart ja so viele Amerikaner stationiert.

Auf dem Heimweg kommt mir eine Idee wieder in den Sinn, über die ich schon in der Vergangenheit immer mal wieder nachgedacht hatte, ich hatte nur nie die Zeit gefunden, sie in die Tat umzusetzen. Gibt es in der Stadt nicht eine Art Club für all die vielen Amerikaner? Ich hatte während der letzten Jahre mehrfach davon gehört. Was machen diese Leute wohl mit ihrer Freizeit, und wäre es nicht total nett, einige von ihnen zu kennen und über Montana zu philosophieren, sich wieder wie im Urlaub zu fühlen und überhaupt mal wieder guten amerikanischen Slang zu hören und zu sprechen, bis dass mir der Kiefer hinterher schmerzt?

Zu Hause angekommen, recherchiere ich im Internet und entdecke gleich mehrere verdächtige Organisationen in der Schwabenhauptstadt. Noch am gleichen Abend melde ich mich im Stuttgarter Internations Club an und notiere mir deren Veranstaltungen im Kalender. In den folgenden Wochen nehme ich an fabelhaften Club-Events in den schicksten Bars von Stuttgart teil, mit hochinteressanten Menschen aus aller Welt. Ich gehe zu Dinnerpartys in exotische Restaurants, zu Stadtwanderungen und Kunstvorträgen, Weinproben und Kulturveranstaltungen. Mein Eintritt in den Internations Club stellt sich als ganz hervorragende Entscheidung heraus.

Und dann steht an einem sonnigen Wochenende, am Tag der Deutschen Einheit, eine Kunstführung in der Staatsgalerie an. Es werden zu dieser Zeit die einschlägigen Impressionisten dort ausgestellt und ein fachkundiges Clubmitglied hat sich bereit erklärt, Kunstinteressierte durch die Räume zu führen. Danach ist noch ein Zusammensitzen in der Amadeus-Kneipe geplant.

Nach der enthusiastischen Kunstführung marschiere ich also beschwingt auf ein Glas Weißwein in die besagte Trinkstube, nur – es ist außer mir gar niemand da. Ich drehe mich in der stadtbekannten Wirtschaft in alle Richtungen, aber außer einem wohlgenährten dunkelblonden Mann mit Lesebrille auf der Nase und einem Laptop vor sich auf dem Bartresen scheint tatsächlich niemand hierhergekommen zu sein. »*Hi there!*«, ruft mir der Lesebrillenmann zu. »Waren Sie auch in der Ausstellung?« – »*Yes, yes, of course*«, antworte ich. Auch ich kann mich nicht an ihn erinnern. Ich trete zu ihm an die Theke, und schon bestellt er mir in amerikanischer Manier ein Glas Weißwein auf seine Rechnung, eine freundliche Geste, die einer Frau, gleichgültig welcher Schönheitsausprägung, im Schwabenland höchstens einmal im Schaltjahr widerfährt.

»Ich bin Mike, ich komme aus Texas«, stellt er sich ganz selbstverständlich auf Amerikanisch vor und blickt etwas schüchtern über den Rand seiner Brille, die seine Augen so vergrößern, dass er wie eine Eule aussieht. »Julia, aus Stuttgart, und durch und durch deutsch. Freut mich«, entgegne ich und proste ihm mit dem Wein zu. Für eine Weile sitzen wir schweigend auf den Barhockern und blicken auf die Gläser vor uns. Nach mehreren Momenten der hilflosen Stille schiebt er mir sein iPhone rüber, um mir zu meiner größten Überraschung YouTube-Videos seiner neuesten Lieblingsserie zu zeigen. Na, dieser Mann weiß, wie man eine fremde Frau beglückt ... Ich bin nach einer halben Stunde so schrecklich gelangweilt, dass es fast wehtut, und ich versuche, den richtigen Moment auszumachen, um mich halbwegs höflich zu verabschieden. Dieser findet sich dann auch gleich, und ich ziehe meinen Mantel an. »Hey Julia, kann ich vielleicht deine E-Mail-Adresse haben? Es wäre großartig, sich auszutauschen, wann die nächsten Club-Events stattfinden.« – »Natürlich, warum nicht?«, antworte ich und kritzle dem Texaner meine E-Mail-Adresse auf die Serviette unter seinem Weinglas. Mehr aus Höflichkeit denn aus Überzeugung.

Nach diesem seltsamen Zusammentreffen bekomme ich jeden Tag eine Textnachricht von Mike aus Texas geschickt oder auch mal einen netten, kurzen, unverfänglichen Anruf. Nachdem ich abends ja nun reichlich Zeit habe und auch nicht wirklich etwas Besseres zu tun, lasse ich mich hier und da zum Burger-Essen einladen, zu Partys bei seinen Freunden, zu Treffen in einschlägigen Stuttgarter Kneipen und dann wieder zum Burger-Essen. Amerikaner müssen nämlich mindestens einmal die Woche Burger essen, ansonsten werden sie krank oder depressiv, so erfahre ich von Mike.

Nach einem fröhlichen Trinkgelage in der Eckkneipe Ciba Mato einige Wochen später, bei dem seine sturzbetrunkenen Freunde – viele davon in Stuttgart stationierte Soldaten – mit den Bedienungen Lambada tanzten, ist dann leider alles zu spät, und ich muss mein Auto stehen lassen. »Du kannst auf meinem Sofa schlafen, wann immer du magst«, lautet das Angebot meines YouTube-fanatischen Amerikaners. Es hilft alles nichts, und ich lasse mich stark schwankend vom texanischen Retter in der Not zu sich nach Hause führen und schlafe dort den Schlaf der Gerechten auf einem grottenhässlichen, aber durchaus komfortablen Plüschsofa, das zweifellos ein Erbstück seiner Großmutter ist.

Am nächsten Morgen klimpert es laut in der chaotischen Miniküche, und irgendetwas brutzelt auf dem Herd. Meine Überraschung ist immens, als der Texaner mit einem Tablett ins Wohnzimmer stolziert, auf dem sich ein riesiger Stapel amerikanische Pfannkuchen mit Bananen und Blaubeeren und geröstetem Speck mit Spiegeleiern befindet. Sapperlot aber auch! Und so sitzen wir dann also auf dem grottenhässlichen plüschigen Behelfsbett und essen die von Mike zubereiteten amerikanischen Köstlichkeiten.

Es ist nicht ohne Weiteres in Worte zu fassen, was zwischen mir und dem lustigen Texaner in den nächsten Wochen geschieht. Seine YouTube-Ausflüchte waren nur ein Zeichen von Unsicherheit gewesen, denn schon bald führen wir herrliche Gespräche über sein Land, die dortige Politik, seine momentane Arbeit als Diplomat im südlichen Afrika und überhaupt über alles, was es an kulturellen Unterschieden zwischen unseren beiden Ländern so gibt. Nach jedem Besuch in meiner Wohnung lässt er eine weitere Tasche bei mir zurück, was mich doch sehr verwundert. Will dieser Mann vielleicht schleichend bei mir einziehen? Als ich ihn geradeheraus darauf anspreche, antwortet er staubtrocken: »*Yes, of course, I want to move in!*« Hm, nun ja, warum eigentlich nicht ...?

Denn dieser drollige und knuddelige Amerikaner entpuppte sich über die Wochen und Monate als liebevoller Weggefährte, als einfühlsam und unterstützend, als Frohnatur und Spaßvogel, der mich täglich zum Lachen bringt. Er ist fürsorglich, umsichtig und zärtlich und sehr darauf bedacht, dass es mir gut geht. Und dann ist da auf einmal wieder diese vorlaute innere Stimme, die mich auf meiner langen Reise so verfolgt hat. Mittlerweile erschreckt sie mich nicht mehr, denn ich habe mich an sie gewöhnt. Sie sagt: »Dieser Amerikaner hier steht mit beiden Beinen im Leben, scheint seelisch gesund zu sein und bringt dich andauernd zum Lachen. Es scheint auch so, als könne man Pferde mit ihm stehlen. Schau ihn dir doch mal genauer an.« Und das tat ich dann auch.

Zwar dachte ich noch immer ungefähr zweihundertmal täglich an Brandon, aber ich musste mir schmerzvoll eingestehen, dass meine heißblütige Liebe dabei war, langsam einer nüchternen Brieffreundschaft zu weichen. Alle Hirngespinste darüber hinaus hatten ja auch einfach keine Zukunft und würden für immer Fantasie bleiben. Und so schrieb ich Brandon sachlich, aber herzlich alle paar Tage eine E-Mail, die er auch immer brav beantwortete. Dabei konnte ich zwischen den Zeilen erkennen, dass sein Leben in Montana Schritt für Schritt weiterging und dass ich mit jedem weiteren Tag eine geringere Rolle darin spielte. Nun, auch ich musste weitergehen.

Der robuste und lebensfrohe Colonel, ein amerikanischer Gentleman alter Schule mit herrlichem Südstaatenakzent und noch herrlicherem Südstaatenhumor, tritt kurz darauf an den Samstagen zum Reitunterricht bei mir an – in seinem silbernen Skihelm. Ich konnte ihn mit dem Argument aufs Pferd locken, dass ein texanischer *»Cowboy on a Steel Horse«* sich auch schleunigst auf einem *»Real Horse«* einfinden müsse, denn es sei absolut undenkbar, dass er als Texaner nicht reiten könne. Auch mache ich ihm deutlich, dass es für mich undenkbar wäre, einen nicht reitenden Mann zum Partner zu haben – wie sonst solle er mich auf meiner nächsten Abenteuerreise nach Alaska begleiten, hoch zu Ross den Yukon River hinauf mit Zelten und Packmaultieren im Schlepptau?

Es wird mir bald zu einem täglichen Vergnügen, zu sehen, wie mein neuer Lebensgefährte in seinen schweren Stiefeln und dem beigegrünen Tarnanzug die schwäbischen Nachbarn in Schach hält. Kaum wer traut sich mehr, etwas zu sagen, wenn meine mit reichlich Pferdemist versehenen Reitstiefel über Nacht vor der Tür stehen und das Treppenhaus beduften oder gar die präzise Parkordnung nicht eingehalten wird, von der berühmt-berüchtigten schwäbischen Kehrwoche ganz zu schweigen. Kurze Zeit später ist dann auch mein morgendliches Vollkornmüsli den Rühreiern mit Speck gewichen und die leichte elegante Pasta am Abend dicken saftigen T-Bone-Steaks. Ich weiß heute, Texaner mögen kein Vollkorn und schon gar keine kleinen Portionen, und wer sie je zu Vegetariern machen möchte, hätte sie für immer zum Feind.

Der herzensgute Texaner muss mir direkt vom Himmel geschickt worden sein. Ich möchte ehrlicherweise hinzufügen, dass ich den lieben Gott ein paarmal in den einsamen Nächten nach meiner Rückkehr darum gebeten habe, und wie das so ist mit innigen Gebeten: »Sieh dich vor, worum du bittest, denn es könnte dir gewährt werden.« Und so ist es dann auch gekommen. Monate später, nach unserem ersten Zusammentreffen, erfahre ich von Mike, dass auch er ungefähr zur gleichen Zeit den lieben Gott um Hilfe gebeten hatte, ob er ihm nicht eine passende Gefährtin schicken könne nach all den traurigen Jahren der Einsamkeit. Und da hat sich der liebe Gott dann wohl gedacht: Die beiden muss man zusammenführen.

Als ich meinem bezaubernden Texaner nach einer Weile behutsam meine Träume von einem Leben in Montana offenbare, ist er einer der wenigen, der meine Ideen nicht für Humbug hält, ganz im Gegenteil. Er ist begeistert von meinem Plan – und er will mitmachen! Auch er ist felsenfest von der Umsetzbarkeit meiner Vorhaben überzeugt und lässt sich auch nicht von den zahllosen bekannten und unbekannten Hindernissen abhalten. Im weiteren Verlauf der Zeit wird er sogar derjenige sein, der sich nicht von »unserem« Plan abbringen lässt, obwohl die desaströsen politischen Entwicklungen in den Vereinigten Staaten ein Verschieben unseres Vorhabens auf einen ungewissen Zeitpunkt in der Zukunft erzwingen. Obwohl er als überzeugter Demokrat der neuen rechtsradikalen und antidemokratischen Regierung in seinem Land vorübergehend die Loyalität aufkündigen muss und ein Zurückkehren in die Heimat für ihn nicht mehr erstrebenswert geworden ist, hält er mit Blick in die Zukunft eisern an unserem Vorhaben fest, während meine Standhaftigkeit immer wieder bröckelt.

Nur ein Jahr nach unserem Kennenlernen reisen Mike und ich nach Südmontana und Wyoming, um mit Pferden, Maultieren und Zelten den Yellowstone-Nationalpark und einen Teil der Absaroka Mountains zu durchqueren. Es ist zu dieser

Zeit schon September, und wir werden von Schnee und eisiger Kälte heimgesucht und von den wüstesten Platzregen, die man sich vorstellen kann. Jeden Morgen bei Wind und Wetter bringt mir mein Märchenprinz gut gelaunt und voller Tatendrang heiße Schokolade an meinen klammen Schlafsack, nachdem er schon Holz gehackt, ein Lagerfeuer errichtet und Flusswasser in einer eisernen Kanne erhitzt hat. Zwischen Buffalos und Bären wächst er mir inmitten der Wälder des Yellowstone-Nationalparks noch mehr ans Herz, und es wird mir immer klarer, dass ich mit diesem Mann wirklich Pferde stehlen kann. Ja, mit diesem Prachtexemplar von Amerikaner will ich nur allzu gern zusammen sein, für immer. Er reitet mit mir durch tosende Flüsse, galoppiert an meiner Seite durch Büffelherden und verfolgt mit mir unter Einsatz von Leib und Leben einen alten gigantischen Elchbullen in den Bergen Wyomings, von dessen Schönheit ich verzaubert bin.

Im Winter des gleichen Jahres nach unserer Yellowstone-Expedition, eingehüllt in dicke Mäntel auf dem mittelalterlichen Esslinger Weihnachtsmarkt unter einem schneebedeckten Mistelzweig, fällt mein texanischer Traumprinz unerwartet auf die Knie und zieht eine kleine Schachtel aus der Tasche. Ich traue meinen Augen nicht und hoffe so sehr, dass ich mir die weiteren Geschehnisse nicht einfach einbilde. Denn mit einem funkelnden Diamantring in der Hand und den Augen voller Liebe bittet er mich, seine Frau zu werden.

Nun sind wir doch tatsächlich verlobt. Ich habe mir in meinen wildesten Träumen ja so allerhand Verrücktheiten vorgestellt, aber dass ich eines Tages mal heiraten würde und noch dazu den absoluten Traummann, um den mich mittlerweile sämtliche Freundinnen und Kolleginnen beneiden, denn keiner ist so lustig, liebevoll und fürsorglich wie er, nein, so etwas habe ich mir nie vorstellen können.

Als wir am Heiligabend meine Eltern darüber informieren, ist mein Vater so verwirrt und ungläubig, dass er erst mal eine geschlagene Stunde nachdenklich vor sich hin starrt, um das Ganze zu verarbeiten. Dann erst bricht er in Tränen aus.

Aber wo sollen wir nur heiraten bei all der internationalen Verwandtschaft aus aller Welt? Da kommt mir plötzlich ein lang vergangenes Ereignis wieder in den Sinn. Vor einigen Jahren war ich Freundin Benita mit einem Tretboot auf dem Lago Maggiore in Norditalien unterwegs – oben ohne wohlgemerkt, denn wir wollten in der Sonne keine Bikinistreifen abbekommen. Und weil wir am Mittag auch viel zu viel gute italienische Pasta gegessen hatten, strampelten wir hochmotiviert die Kalorien wieder herunter, indem wir tapfer die halbe Seelänge durchquerten, eine Strecke, die laut dem Bootsvermieter noch nie jemand in den letzten zwanzig Jahren zurückgelegt hatte. Während dieser Mördertour kamen wir an einer alten Jagdresidenz vorbei, einer imposanten Gebäudeanlage aus dem 16. Jahrhundert mit dem schönsten mediterranen Rokokogarten, den je ein Mensch gesehen hat. Es war das atemberaubend schöne und tief romantische Camin Hotel Colmegna. »Also wenn ich jemals heiraten sollte, liebe Benita, was überaus unwahrscheinlich ist, dann möchte ich gern genau hier heiraten«, sagte ich damals zu meiner Busenfreundin. Dann lachten wir heftig über diese obskure Idee, und die Sache war wieder vergessen. Bis jetzt.

Schon bald darauf fahren wir nach Italien, um alles zu organisieren und einzufädeln, schließlich sollen die Gäste eine ganze Woche lang am Lago Maggiore bespaßt, gut verköstigt und unterhalten werden. Damit fangen dann auch schon die ersten größeren Herausforderungen an. Wie organisiert man eine Hochzeit in Italien, wenn man kein Wort Italienisch spricht? Mit Zeichensprache. Dazu möchte ich mit den Worten eines Finanziers aus der Fahrzeugindustrie sagen: Die geschäftlichen Risiken der Unternehmung sind immens, tatsächlicher Schaden tritt alle paar Tage auch tatsächlich ein und lässt sich beim besten Willen auch nicht im Vorfeld absichern, und die Nerven liegen blank.

Die Blumen werden für den falschen Tag bestellt, da wir die italienischen Wochentage durcheinanderbringen, der falsche Friseur wird in der falschen Stadt reserviert, der Hochzeitsredner wird von der italienischen Steuerbehörde gesucht und muss kurz vor unserem großen Tag in den Untergrund abtauchen. Die italienischen Behörden wollen Mike nicht verheiraten, weil seine texanischen Papiere unter italienischem Recht keine Gültigkeit haben, und die italienische Übersetzerin scheint ebenfalls Steuerprobleme zu haben, denn auch sie ist plötzlich wie vom Erdboden verschluckt und nicht mehr erreichbar. Kurz gesagt, es ist ein organisatorischer Albtraum.

Als wir dann zu guter Letzt mit Paradeuniform und Hochzeitskleid zum großen Tag über die Schweizer Alpen fahren, geht die Verkettung von ganz unglaublichen Geschehnissen erst so richtig los. Meine Schwiegermutter und Schwägerin sind nach mehrfachem Verlorengehen auf den italienischen Straßen zwischen dem Mailänder Flughafen und dem Lago Maggiore endlich – jedoch am Rande des Nervenzusammenbruchs – im Hotel angekommen. Noch nie zuvor haben sie einen Fiat-500-Mietwagen mit Gangschaltung genießen dürfen, geschweige denn je überhaupt so ein kleines Auto zu Gesicht bekommen; sie hielten den von uns für sie gebuchten Wagen bei der Abholung für ein Spielzeug.

Als meine Schwiegermama sich nach Ankunft im Hotel dann endlich frisch machen kann und ihre Haare mit dem mitgebrachten Haarföhn trocknet, führt das augenblicklich zu einem totalen Stromausfall im winzigen Dörfchen Colmegna, denn das amerikanische Gerät mit schwächerer Wattzahl hatte sämtliche Sicherungen im Dörfchen herausspringen lassen. Es muss erst ein Trupp Elektriker anrücken, bevor mit allen weiteren Aktivitäten fortgefahren werden kann. Schließlich haben wir einiges mit unseren über fünfzig Gästen vor, denn alle sollen in entspannter Urlaubsatmosphäre die Chance haben, sich erst einmal kennenzulernen, bevor wir in zwei Tagen heiraten.

Am nächsten Tag fahren wir mit der kompletten illustren Hochzeitsgesellschaft in einem gemieteten Partyboot auf den Lago Maggiore hinaus, um uns auf dem Deck gemütlich in den Sesseln zu räkeln und den Rausch des ersten gemeinsamen Abends stilvoll zu verarbeiten, zu tanzen und die entzückenden italienischen Dörfchen am Ufer des Sees zu bewundern. Nachdem es im Lago Maggiore einige bezaubernde kleine Felseninseln mit alten Ruinen darauf gibt, beschließen wir, ins Wasser zu springen und zu einer dieser Inseln zu schwimmen. Dort angekommen, ist der Horror jedoch groß, denn die kleine Felseninsel ist wohl ein Biotop für Ringelnattern, eine recht große, aber ungiftige schwarzgraue Schlangenart. Ungiftig oder nicht, die Damen kreischen wie von Sinnen, und die Männer stehen unbeholfen vor einem kollektiven Herzinfarkt. Noch mehr entsetzt über den spontanen Besuch sind die Schlangen selbst, die sich zahlreich panisch in den See stürzen, was zur Folge hat, dass kein Hochzeitsgast mehr in den See steigen will, um zum Boot zurückzuschwimmen. Dieses ist mittlerweile auch ein ganzes Stück abgedriftet, und der Kapitän samt Barkeeper scheint bei lauter Musik, die dumpf zur Insel herüberschallt, mit den eigenen Cocktails beschäftigt zu sein. Niemand auf dem Schiff hört unsere Rufe.

Die Hochzeitsgesellschaft inklusive mir und Bräutigam ist also auf einer unbewohnten Felseninsel mit Ruine gestrandet und wartet auf eine Notevakuierung. Die lässt jedoch auf sich warten, während wir schnatternd vor Nässe und Kälte auf den Felsen sitzen und hoffen, dass alle Schlangen auch wirklich Reißaus genommen haben. Erst nach einer gefühlten Ewigkeit tuckert das Partyboot zu uns zurück und legt seine Schiffstaue um den halbzerfallenen Anlegesteg, um uns endlich zu retten.

Noch am selben Abend beschließt meine Schwägerin Laura, in einem fremden Fiat 500 auf dem Rücksitz Platz zu nehmen. Im Übrigen hatten alle Hochzeitgäste, die mit dem Flugzeug über Mailand angereist waren, Fiats 500 von den Mietwagenfirmen bekommen, denn dieses entzückende Fahrzeug gilt in Italien als Standard und war wohl in dieser Woche im Sonderangebot erhältlich, und ich besitze ja schließlich auch eine perlmuttfarbene Version davon, *Designed by Gucci,* versteht sich. Für übergewichtige Amerikaner ist das Miniaturfahrzeug allerdings nicht geeignet, wie wir an diesem Abend feststellen müssen.

Laura ist zwar hinter dem vorgeklappten Vordersitz irgendwie in den Fiat hineingekommen, aber das Aussteigen will ihr nicht gelingen. Irgendwie ist sie abgerutscht und mit ihrem nicht ganz so schlanken Hinterteil in den winzigen Fußraum gerutscht, der definitiv nur für ein paar schicke High Heels gemacht ist, aber nicht für einen amerikanischen Popo. In den ersten Minuten lachen wir noch alle Tränen, dann ist das Missgeschick allerdings nicht mehr so lustig, denn Laura kommt tatsächlich nicht mehr aus dem Auto heraus. Wir sind nach einer halben Stunde kurz davor, die Feuerwehr zu rufen, um den Fiat zersägen zu lassen und die Schwägerin mit dem Schweißbrenner zu befreien. Irgendwie schafft es meine Schwester Linda dann aber doch mit ruckartigem Ziehen, die arme Schwägerin zu befreien, die nach ihrem Malheur recht ordentlich verletzt ist und neben Schürfwunden auch grausige blaugrüne Flecken an den Hüften davonträgt.

Die wilde Discoparty in der darauffolgenden Nacht, abgehalten im uralten Turmzimmer des Hotels, wird zur Schau der umwerfenden älteren Damen. Großtante Marie-Luise aus Nürnberg tanzt mit ihren zarten fünfundachtzig Lebensjahren bis zum Morgengrauen, unter anderem zu *I am sexy and I know it*. Sie hat vom guten Grappa so viel getrunken, dass sie sich in der Nacht derart in ihrem Leintuch verheddert, dass ihr Sohn ins Zimmer kommen und sie befreien muss. Auch meine Großmutter Anna mit ihren noch zarteren sechsundneunzig Lebensjahren tanzt in ihrem atemberaubend schönen blauen Kleid in die Nacht hinein und amüsiert sich königlich.

Meine Freundinnen verkünden mir am nächsten Tag, dass sie sich ab sofort vor dem Altern nicht mehr fürchten, denn sie hätten meine weibliche Verwandtschaft ja nun kennengelernt und wie gut es allen geht in solch gehobenem Lebensalter und wie glücklich und fröhlich die Großmütter doch seien, da müsse man sich nun wirklich keine Sorgen mehr über die Zukunft machen.

Am nächsten Tag marschiert die Hochzeitsgesellschaft geschlossen an den Strand. Alle sind standesgemäß in Badeanzug oder Bikini gekleidet – außer mir selbst. Ich habe schwungvoll meine kurze Hose abgelegt und stolziere zwischen den Liegestühlen hin und her, um mit allen ein bisschen zu plaudern. Ich habe allerdings in meiner Übermüdung nicht bemerkt, dass ich nur das Bikinioberteil anhabe, als Unterteil trage ich noch meine Hochzeitsunterwäsche: vorn durchsichtig und mit traumhafter Spitze bestückt und hinten offen mit rosa Schleifchen über dem Po. Mir selbst ist dies überhaupt nicht aufgefallen. Die deutschen Gäste finden mein Unterteil entzückend, aber die Amerikaner verstummen entsetzt; sie trauen sich nicht einmal ein Witzlein darüber zu reißen und schauen bloß gehemmt in eine andere Himmelsrichtung. Mike findet mein Missgeschick so herrlich, dass er mich für eine ganze Weile absichtlich im Unklaren lässt. Noch Wochen danach wird in der US-Kaserne über die neue freizügige Ehefrau gesprochen.

Zu unserem großen Glück taucht der untergetauchte Hochzeitsredner und Trauungsbeauftragte wenige Stunden vor der Trauung endlich doch wieder auf, und wir einigen uns im persönlichen Gespräch auf einen nicht religiösen Ablauf der Zeremonie – kurz und knackig soll die Trauung sein, und dann soll es gleich weitergehen zum Sektempfang. Diese Absprache hat er anscheinend kurz darauf wieder vergessen, dafür bringt er lebende weiße Tauben mit und zahllose religiöse Symbolartikel, und wir bekommen eine hochreligiöse Hochzeit verpasst, wie sie vom Papst in Rom höchstpersönlich nicht besser und ausführlicher hätte durchgeführt werden können – und natürlich dauert die Trauung ewig. Ich trage vor dem Altar einen weißen Cowboyhut auf meinem geflochtenen Haar und auch ein weißes Märchenkleid aus Plisseespitze.

Der bildschöne italienische Hochzeitsredner mit leuchtend lackierten Fingernägeln lässt am Ende der Zeremonie die weißen Tauben für uns fliegen, nachdem er in solch rührenden Worten von Mike und mir und unserem Kennenlernen erzählt hatte, dass allen im Saal ausnahmslos die Tränen über die Wangen flossen.

Ich staune nicht schlecht, als die angereisten Offiziere ihre Säbel zum Appell ziehen und ihre Klingen über unseren Köpfen zum Torbogen und zum ewigen Schutze emporstrecken. Pavarottis gottgleiche Stimme schwingt mit *L'aurora di bianco vestita* im Hintergrund aus dem Lautsprecher zum Crescendo auf, und wir schreiten im Rosenblätterregen aus dem Traungssaal hinaus, entlang des funkelnden Lago Maggiore, dem Paradies des Lebens entgegen, hin zu einer Zukunft im Glück, einer Ehe voller Liebe und einem Leben, wie ich es mir damals auf dem Klettergerüst des kleinen Spielplatzes im Dörfchen Reusten erträumt hatte.

Mit dem Sektglas in der einen Hand und dem Säbel meines Soldatenmannes in der anderen werfe ich eine Kusshand über den funkelnden See: Für dich, meine kleine Julia, mit deinen braunen Knopfaugen und Beinen, so dünn wie Zahnstocher, weil du so klug warst, so weise, schon damals auf deinem Klettergerüst im Kindergarten. Weil du uns beide auf den rechten Weg gesetzt hast, dort oben in deinem Sattel, weil du am Horizont die Richtung nicht verloren hast, ich danke dir, meine Liebe, danke!

Unter völliger Übermüdung und am Ende halb bankrott verbringen wir noch ein paar Tage mit allen Gästen am herrlichen Lago Maggiore. Die Hochzeitsreise danach ist dann aber auf *low budget* geplant; wir fahren als Hippies mit dem VW-Bus durch Kanada und fangen unser Essen in den westkanadischen Pazifikfjorden selbst, denn Mike stellt sich als hochkompetenter Angler heraus.

Seit unserer Heirat verging kein einziger Sommer, in dem wir nicht nach Montana reisten. Inzwischen haben wir viele Freunde dort, die uns nicht nur liebevoll beherbergen, sondern uns auch in allem unterrichten, was Rancher so wissen und können müssen. Mit Bärbel, alias Brünhild, und Star und ihren großartigen Söhnen verbindet uns mittlerweile eine innige Freundschaft. Durch die Freundschaft mit Bärbel habe ich noch tiefere Einblicke in die Kultur und das Leben der Crow-Indianer gewinnen dürfen und zwischenzeitlich auch Stammesmitglieder kennengelernt, was ein seltenes Geschenk ist und nur wenigen Weißen vergönnt. Auch Mike, der nie zuvor in der montanischen Wildnis war und auch nie Kontakt mit amerikanischen Ureinwohnern hatte, ist von allem, was er an Neuem über sein Heimatland erfährt, tief beeindruckt.

Seit unserer Hochzeit schmiede ich mit Mike gemeinsam an den Plänen für die Umsetzung unseres Vorhabens; ich überdenke die Logistik, sortiere die Finanzen und eigne mir umfangreiches Wissen an, welches für jedes selbstständige Unternehmen unerlässlich ist. Ich habe auch eine Kochausbildung begonnen, um eines Tages die gute deutsche Küche in die amerikanische Wildnis zu tragen. Mike wiederum hat sich eine imposante bayrische Bierbrauanlage zugelegt und bringt sich zurzeit in Eigenregie das Bierbrauen bei, ganz nach deutschem Reinheitsgebot versteht sich, die hocherfreute Nachbarschaft trinkt seitdem alle erdenklichen Sorten Weizenbier Probe.

Auf meiner weiten Reise und in der Zeit danach habe ich einiges an Lebensweisheiten dazugelernt. Nämlich dass es für jeden Topf einen Deckel gibt, selbst für die krummen, eingedellten und exotischen Töpfe mit bizarren Vorlieben, wie ich einer bin. Und man darf getrost so ein krummer delliger Topf sein und zu seinem Charakter und seiner Persönlichkeit stehen, auch wenn im Schwabenland manchmal nicht allzu viel Verständnis dafür vorherrscht. Allerdings findet man den passenden Deckel nicht immer gleich in der nächsten Nachbarschaft, sondern man muss dafür vielleicht sogar weit reisen, um ihn zu finden – oder aber von einer weiten Reise zurückkehren mit einem anderen Blickwinkel auf die Welt und ihre

Bewohner. Und man sollte höflich die höhere Macht der Wahl darum bitten.

Auch gibt es für jeden Menschen den richtigen Platz und den richtigen Ort im Leben, man muss nur sehr genau in sich hineinhören, um diesen Ort zu erkennen und zu finden. Und man muss viel verreisen, um die vielen Orte kennenzulernen, die auf unserem herrlichen Planeten zur Verfügung stehen. Diese Erkenntnisse haben mir zu einer gewissen inneren Sorglosigkeit verholfen, die ich vorher nicht kannte. Und sie haben mich in meinen Plänen so verfestigt, dass nicht einmal der größte Hurrikan sie mehr umhauen könnte. Wie alles kommen mag, wie sich mein Leben in den Vereinigten Staaten entwickeln wird, kann auch ich heute noch nicht absehen. Aber ich werde diesen Weg weitergehen, und ich werde auch diesmal davon erzählen und dieses größte meiner Abenteuer aufschreiben. Vielleicht finden sich dadurch noch ein paar andere Frauen im Schwabenland oder auch darüber hinaus, die nur ein klein wenig Inspiration benötigen und einen kleinen Schubs, um auch die Beine unter die Arme zu klemmen und ihren Träumen eine Chance zu geben. Bis dahin sage ich Adieu, meine Lieben, und bis bald!

Ach, und noch etwas: Ich habe mir mittlerweile alle »Bonanza«-Folgen auf DVD gekauft.

Life is for living

Alexander Eischeid
VESPARICANA
Mit der Vespa von Alaska
nach Feuerland
384 Seiten
mit Abbildungen
ISBN 978-3-7857-2594-8

Mit Vespa »Elsi« auf großer Fahrt: 22 Monate waren sie unterwegs, haben Amerika von Nord nach Süd durchquert und 71.000 km zurückgelegt. Elsi hat acht Kolben und fünf Satz Reifen verschlissen. Sie haben Wüsten, Berge und Schotterpisten bezwungen und ungeahnte Gastfreundschaft kennengelernt. Mit dieser Reise hat sich Alex Eischeid einen Traum verwirklicht und die größte Herausforderung seines Lebens bewältigt, aber auch das großartigste Abenteuer überhaupt.